反東京オリンピック宣言

小笠原博毅・山本敦久 編

The Anti-Olympic Manifesto:
Against Tokyo 2020 Olympic and Paralympic

eds. Hiroki Ogasawara, Atsuhisa Yamamoto

航思社

反東京オリンピック宣言

目次

第Ⅲ部　運動の継承

第Ⅳ部　アスリート

反東京オリンピック宣言

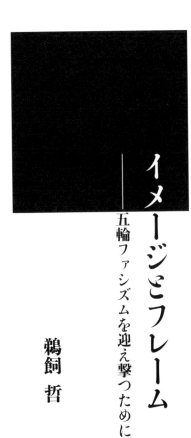

イメージとフレーム
――五輪ファシズムを迎え撃つために

鵜飼　哲

1　パンとサーカス

異常な事態はすでに二〇一二年に始まっていた。この年の八月二〇日、東京の銀座では、ロンドン五輪で二位になった女子サッカーチームの凱旋パレードが行われた。参加者数は五〇万人とも言われたが、そこには間違いなく、当時高揚していた反原発運動から人々の耳目を逸らし、同時に二〇二〇年五輪招致に向けて東京都民の支持率を力づくでアップさせるという、二重の目的をもったメディアの動員戦略が働いていた。事実、都民の支持率は立候補時の四七％から、最終的には七〇％まで上昇したとされる。

それでも、マドリード、イスタンブルとの招致合戦で、東京が勝ち残ると予想していた人は、当時はまだ少数派だった。福島第一原発の爆発事故からわずか二年、生々しい傷口からわずか二〇〇キロあまりの日本の首都に、全世界からアスリートと観客を呼び集めて一大スペクタクルを挙行しようなどという考えは、およそ現実離れした、ありえないことと感じられていたからだ。原発事故が収束からほど遠く、廃炉や除染の作業に多くの労働者が日々大量の被曝を被りながら従事しているときに、地震と津波で壊滅した東北沿岸部の復興工事のための資金、資材、労働力が明白に不足しているときに、数十万の被災者が将来の展望を見出せないまま困難な避難生活を強いられているときに、首都圏も放射能汚染の圏外ではなく、あちこちにホットスポットが発見されているときに、どう考えてもオリンピックどころではないという「良識の声」は、二〇一三年の夏にはまだ、東京の外に一歩出れば、世論の多数派を構成していただろう。

ところが悪夢のような同年九月七日、ブエノスアイレスで開かれた国際オリンピック委員会（IOC）総会で、二〇二〇年オリンピックの開催地が東京に決定されたのである。投票に先立つ演説における安倍晋三首相のいわゆる「アンダーコントロール」発言については周知の通りだが、首相官邸のホームページに掲載されている翻訳によって再度想起しておこう。

> フクシマについて、お案じの向きには、私から保証をいたします。状況は、統御されています。東京には、いかなる悪影響にしろ、これまで及ぼしたことはなく、今後とも、及ぼすことはありません。[*1]

これほど公然たる嘘の前で、人はともすると虚を衝かれ、息を飲んでしまう。すでに多くのことが語られてきたこの凶悪な言語行為について、ここであらためて付け加えることは何もない。問題はこの欺瞞から紛れもない事実が生産されつつあること、そしてそのメカニズムを然るべく解体するためには、嘘を真実と、虚構を現実と対比して告発すること以外に、いくつかの作業が必要となることである。

この時期たまたまフランスに滞在していた私は、五輪開催地が東京に決定したという報に接したフ

＊1　http://www.kantei.go.jp/jp/96_abe/statement/2013/0907ioc_presentation.html

ランス緑の党のある女性責任者が、「これではまるでパンとサーカスではありませんか!」という嘆声を発したことをよく覚えている。ローマ帝政期の愚民政策のモットーとして、時間と空間を超えて人口に膾炙してきたこの表現が、二一世紀の東アジアの帝国主義国家の、大規模核災害後の民衆統治との関連で呼び出されたことは、いくつもの意味で示唆的だった。それはまず「スペクタクル」と「政治」が、資本主義の覇権確立にはるかに先立ってつねにすでに不可分だったこと、私たちが直面している状況にはある種の古典性が、「政治」とその年齢を同じくする、ほとんど太古的とも形容すべき性格があることを思い出させてくれる。

ギリシャ語の距離の単位から派生した「スタディオン」という語で呼ばれる競争場は、円形劇場と同時期に古代ギリシャの諸都市に現れた建造物である。万余の民を観衆として収容したローマの円形競演場「シルクス」(circus)は当初は競馬場だったが、それが「サーカス」の語源そのものになった。古代ギリシャを西洋文明の起源とする歴史の語りが近代ヨーロッパの構築物であることは、少なくともマーティン・バナールの『黒いアテナ』(一九八七)以来もはや定説だろう。そのことは、近代オリンピックの理念についても、根底的な問い直しを迫るはずである。その一方で、最大規模の「スペクタクルの政治」としてのオリンピックがローマ帝国の呪われた遺産を継承していることは、一九三六年のベルリン大会、ナチス・ドイツによる第三帝国五輪以来明白だった。そして近年、その傾向はいっそう顕著になるばかりなのだ。

2 イメージとフレーム

「政治」が元来「スペクタクル」と切り離せないとすれば、「政治」はもとより真理と相性が悪いことになる。この点を、全体主義の時代経験と戦後の西側諸国で支配的になった政治文化を参照しつつ強調したのは「真理と政治」(一九六七)のハンナ・アーレントだった。アーレントは、ライプニッツ以来の「理性の真理」と「事実の真理」の近代的区別を暫定的に前提したうえで、「事実の真理」が権力政治の前でいかに傷つきやすいかを指摘する。

（ホッブズの言葉を用いれば）「支配権」（dominion）は、理性の真理を攻撃する場合はいわば自らの領土を踏み越えるが、これに対して、事実を捏造し嘘をつく場合には自らの陣地で戦闘している。事実の真理が権力の攻撃から生き残るチャンスは、じつに微々たるものである。*2

今日とりわけ核や原発、より一般的には環境や医療にかかわる知と権力の関係が問題になるとき、アーレントがここで前提している二つの真理の区別に、私たちはもはや、暫定的にであれ依拠することは難しい。ブエノスアイレスの安倍発言は、権力政治の土俵の上で「事実の真理」を扼殺することによって、「理性の真理」の領域にも、同時に越境攻撃を仕掛けているのである。そしてこのような権力の作用、意図的な虚偽による「事実」の作為は、チェルノブイリ以降の核の国際管理体制のもとで、いわば原理的なレベルで可能にされてきていたことにあらためて思い至る。

ここでは同論文中のアーレントの、もうひとつの重要な指摘に注目したい。それはイメージの構築を通じて作用する構造的な嘘の問題である。歴史修正主義から過酷事故の隠蔽まで、私たちの時代の情報環境で生産され流通する政治的な嘘の大半は、明らかにこのタイプに属しているからである。

現代の政治の嘘は、秘密でないどころか実際には誰の眼にも明らかな事柄を効果的に取り扱う。このことは、歴史を目撃している人びとの眼の前で現代史の書き換えを行なう場合にはっきりしている。しかし、それはあらゆる種類のイメージづくりにも同様にあてはまる。イメージづくりの場合、いかなる周知の既成事実であろうと、それがイメージを傷つける恐れがあるときにはやはり否定されるか、無視される。イメージは旧来の肖像画とは異なり、リアリティに媚びるのではなく、リアリティの完全な代用品を提供すると考えられているからである。いうまでもなくこ

*2 ハンナ・アーレント「真理と政治」、『過去と未来の間』引田隆也・齋藤純一訳、みすず書房、一九九四年、三一三頁。

の代用品は、現代技術とマス・メディアによって、オリジナルが以前そうであった以上に公衆の眼に触れる。[*3]（…）

アーレントの分析のポイントは、第二次世界戦争以降の支配の技術の根幹をなすこのようなイメージの構築がひとたび軌道に乗ると、「欺かれる集団と欺く者自身の双方とも、プロパガンダのイメージに手をつけないでおこうと骨折る」ようになるという点にある。二〇二〇年の東京開催が決定すると、「事実の真理」を根拠に返上を主張する声はたちまち周縁化されていった。すべての論理が転倒し、五輪をやることになった以上福島原発事故のリスクはもうたいしたことはないとでも言わんばかりの虚偽論理が、公然とまかり通るようになっていった。反原発運動の主流もこの攻撃の本質を見抜くことができず、二〇一四年三月の東京都知事選の候補者のなかに、反原発は掲げても、反五輪を訴える候補はすでにほとんどいなかった。やはり同じ時期、参議院議員会館で開かれた在特会等の街頭差別煽動に反対する初の院内集会でも、五輪開催予定地でこのような排外的言動は許されないというたぐいの発言が繰り返しなされた。このように、「五輪」というフレームが嵌められたことで、なにもかもが歪んだ解釈を受けるようになり、能動的、受動的なさまざまなレベルで、幾重もの共犯関係が、ほとんど自動的に形成されていったのである。

現時点で一兆八〇〇〇億円と見積もられている運営費の財源すらさだかでないこの五輪の経済効果については、合理的な懐疑論がいまも優勢である。それにもかかわらず、二〇二〇年東京大会の先取りされたイメージは、なぜこのような力を発揮するのだろうか？　決定されたからには五輪に抗えないという風潮は、なぜこれほど急速に形成されたのだろうか？

それは一九六四年大会が過去の成功体験として集合的記憶の対象となっており、経済成長期の日本が郷愁をこめて想起される際のアイコンの位置を占めていることと無関係ではありえない。そもそも二〇二〇年に先立つ二〇一六年大会への東京の立候補は、一九八八年に韓国のソウル、二〇〇八年に中国の北京でオリンピックが開催されたのちの東アジアの新たな歴史的、政治的な拮抗関係のなかで、民族差別主義者の石原慎太郎都知事によって提案されたものである。当初有望だった福岡案を蹴散らして東京に候補地を引き戻したとき、アジアに開かれた福岡案のプレゼンテーションを担当した姜尚中に対し、石原が差別的な暴言を吐いた事実を忘れてはならない。隣国の首都でもオリンピックが開催された以上、東京も仲良く一回きりということは、石原の頭のなかではあってはならないことだったのだ。[*4]

それに対し安倍晋三は、すでに民主党政権下で進められていた招致計画を引き継ぎ、福島原発事故を隠蔽し、反原発運動を分断し、原発再稼働の社会的条件を整備するとともに、明文改憲に向けたナショナリズム煽動の体系的展開のための恰好のツールとして、五輪を国家レベルの戦略に組み込んだのである。とはいえ石原のアジア蔑視は、力点こそ異なるとはいえ、安倍にも共有されていることは言うまでもない。今回の招致のコンセプトに当初から含まれていた民族差別的要素は、開催決定時の都知事だった猪瀬直樹のイスラーム差別発言にも見られるように、石原の引退後も引き継がれた。そしてこのようなコンセプトが、前回大会は成功だったというイメージのうえに構築されている以上、二〇二〇年大会に反対する思想＝運動は、一九六四年を別様に想起する作業を省略することはできない。

3　一九六四年のカウンター・ナラティヴ

前回のオリンピック開催時に小学校四年生だった私にとって、「東京」と「オリンピック」という二つの言葉の連なりには、ある名状し難い、鳥肌が立つような感触がある。半世紀前の記憶をたどれ

＊3　同書、三四三頁。
＊4　この経緯については以下のインタビューにおける谷口源太郎氏の発言を参照。「東京五輪をスポーツ・ナショナリズムの『終わりの始まり』の契機に」（インタビュアー・鵜飼哲）、『インパクション』一九四号、二〇一四年四月。

ばいくつものイメージが浮かびあがる、食い入るようにテレビを見ていたからこそ刻み込まれたイメージが――。

体操の遠藤幸雄が鞍馬の演技中に一瞬止まってしまった時の動揺の表情。国立競技場に入ってから追い抜かれて三位になったマラソンの円谷幸吉の悲壮な表情。オランダのアントン・ヘーシンクに押さえ込まれた柔道・無差別級の神永昭夫の無念の表情……。女子バレーボールの「東洋の魔女」の活躍で子供たちは回転レシーヴの真似に興じていたし、重量挙げの三宅義信も人気があったはずだが、記憶の底には明るいイメージはほとんど残っていない。

なぜだろうか？　ひとつには、日の丸と君が代に席巻されたあの日々の記憶が後年私のなかで塗り直され、当初明るく印象されたはずのイメージ群に抑圧が働くようになったからだろう。しかし、おそらくそれだけではない。アジア・太平洋戦争敗戦の年から一九年、昭和天皇裕仁の国際社会への復帰の場でもあったあの五輪には、戦争が、周到に覆い隠されながら、なお生々しくその影を落としていたからに違いない。国の名誉を背負って戦う選手たちの表情に、戦後の経済成長期の「少国民」の視線は、否応なく吸い寄せられていたのではなかったか。

ことはおそらくオリンピックだけに限られない。戦後日本社会におけるスポーツの変容について、一九二二年生まれの社会学者・作田啓一は、一九六四年七月に書かれた「高校野球と精神主義」という一文を次のように始めている。

戦前の中等野球から今日の高校野球にかけて、私は長いあいだ熱心なファンであった。もちろん今もそうである。むかしは選手たちは負けて泣き、勝っても泣くことが多かった。今はそんなに泣かなくなったけれども、それでも春と夏の全国大会の優勝戦や優勝の望みをかけた試合のあとで、選手たちが泣くこともある。私もしばしば泣きたいような気持になり、そして同時にこんな状況に容易に同一化する自分がいやになってしまう。戦前のオリンピックでも日本の選手はよく泣いた。私の若い友人は、日本でのオリンピックの開催に反対する運動を起こしたいと口癖のように語っていたが、私もそれに賛成だ。この人も選手といっしょに涙ぐむほうなのだろう。[*5]

感動してしまう自分がいやだからオリンピックに反対する――。集合的記憶に残るほどの反対世論は結局顕在化しなかったあの年に、戦争体験の苦さを噛みしめつつ絞り出された、このような屈折した反対意見が存在していたことは、今日あらためて想起されてよい。作田によれば高校野球も、「戦後が若かった頃」(海老坂武)はまったく様相が違っていた。バント戦術に代表される「安全第一主義」や「魂の野球」の「精神主義」は、「一九五一年の講和・安保二条約を境に」、「もはや戦後ではない」というかけ声とともに回帰してきたのだという。

戦前の日本の軍隊と、今日にいたるスポーツのあり方に看過しえない連続性があるという認識は、今日ではむしろ常識に属するだろう。しかし、認識はひとたび常識化されると、往々にしてその含意を十全に伝えなくなる。作田はここで、「国家のために、母校や郷土の栄誉のために」戦う選手が「負けて泣くほど勝利を希求」してしまう圧力にさらされる日本社会、「権力と道徳とがつねに結びついてきた」この社会では、「勝敗への異様な執着」の奥に、ある宗教的な次元が潜んでいることを指摘する。

日常生活に対し、宗教儀礼と(スポーツが本来そこに含まれるべき)遊戯には、①非実利的、象徴的な本質、②それらの営みの特定の時間、空間への限局、③それらの活動だけに適用される厳格なルールの存在という、三つの共通の属性がある。しかし、日常生活からの両者の「離脱の方向」は逆である。宗教儀礼が「真剣」「真面目」「厳粛」(serious)であるのに対し、遊戯は文字通り「遊び」「戯れ」(playful)だからである。ロジェ・カイヨワの『人間と聖なるもの』を参照して整理された以上の図式からは、宗教儀礼がシリアスという点で実生活と結びつき、ある種の中間的位置を占める構造的

＊5 作田啓一「高校野球と精神主義」、『恥の文化再考』筑摩書房、一九六七年、二五七頁。

必然性が見えてくる。だからこそ、「反世俗性という媒介項を通じて宗教的儀礼のきわめて濃厚な厳粛性が、ほんらいシリアスではありえないところの遊戯の形式の中に、かなり自然に盛り込まれること」にもなりうるのである。

作田はさらに、神を集団の象徴、宗教を集団の自己崇拝と考えたエミール・デュルケームの説を援用して、日本社会では勝敗の帰趨が、集団の栄枯を左右する儀礼とみなされる傾向が強いことに注意を促す。彼が引用するタカクラ・テルによれば、戦前の日本では「各地方の産業の実力の程度が、中等野球のチーム力に敏感に反映した」という。この関係を反転させれば、「強いチームを育てた地方は繁栄するであろう」（強調作田）というかたちで、宗教的儀礼の論理がそっくり現れることになる。このような社会では選手は一種の「司祭」なのであり、勝敗に共同体の浮沈がかかっているとみなされる。戦争中、「代表意識にかり立てられ」た幾多の人の死を目撃した作田にとって、スポーツにおける精神主義と戦争の構造的相同性は火を見るよりも明らかだった。論考の最後は、こう結ばれている。

> 東京オリンピックが近づいている。オリンピックは国際的なコンテストであるという点で、戦争と重なる。それにもかかわらず、あたかも戦争がなかったような顔をしてオリンピックが行なわれようとしている。ところがじつは、二十年前に死んでいった日本人とよく似た選手や観衆がスタディアムにあらわれるだろう。その状況は日本民族の哀しい側面を浮き上がらせるであろうから、そしてその哀しい側面に愛着があるから、オリンピックは日本ではなく、どこか遠いところでやってほしい。[*6]

4　ポスト五輪ナショナリズム

オリンピックの喧噪と比べればほとんどささやきにひとしかった作田啓一の以上のような洞察は、メキシコ・オリンピックを控えた一九六八年一月の円谷幸吉の自死を正確に予期していたと言えるだろう。川端康成から野坂昭如までの政治的スペクトルで、円谷の遺書が「遺言文学」の傑作として賛美されて現在に至っていることも、戦後日本社会とスポーツの関係についての彼の分析が、正鵠を射ていたことの証左である。

しかし、私の遠い記憶では、オリンピックの目的は単なる国威発揚ではなく、青少年が広く世界に目を開くためのまたとない機会として喧伝されてもいたはずだ。勝つことばかりが目的ではない、創設者クーベルタン自身によれば、オリンピックは「参加することに意義がある」。最近あまり見かけないこの言葉を、当時は耳にたこができるほど聞かされたものだ。

若い世代の国際的な視野を磨くという目標は、JOC、日本政府、東京都など、当時のオリンピックの開催主体によって、そもそもどれだけ本気で追求されていたのだろうか。今回の招致活動のためにひどく場当たり的に考案されたとおぼしい「お・も・て・な・し」という標語にも、同質の底の浅い啓蒙主義の劣化版が透けて見える。しかし、それが浮薄であるがゆえに強力な動員のイデオロギーになりうることを、けっして軽視すべきではないだろう。

作家の小田実によれば、一九六四年大会を通じて実現したことはある浮薄なナショナリズムの蔓延だった。一九六六年の「平和の倫理と論理」のなかで、六年間の予備校での教育活動を振り返りつつ、彼は書いている。

私はここ六年間予備校の教師をつとめて、日々、二十歳前後の若者に接する機会をもつが、六年の時間のひろがりのなかで、若者たちの意識の変化は、対ナショナリズム、対国家観に関してもっともはげしい。私の直接体験を比喩を使って言いあらわせば、六年前、私の接する十人の若者のなかで、「日本をどう思うか」という私の問いに対して「日本は立派だ」と答える若者は、おそらく一人だったろう。そして、彼は、自分は日本に必ずしも満足していない。しかし、自分

＊6　同書、二六七頁。

は日本人だから、日本をそんなふうに認めるのだと、あまり明るいとは言えない表情でつけ加えたことだろう。同じ若者が「国を愛する」ということを、気恥しげに、しかし、それなりの決意をこめて言い切ったにちがいない。外敵が侵略して来たら、きみは自分の生命を投げ出して国を護るかと訊くなら、たいていが笑って、逃げますよ、と答えただろう。一人が真面目な顔で、それはさっき「国を愛する」と言い切った若者と同じ若者なのだろうが、「国を護る」というのはどういうことか、国の何を護るというのか、と反問して来たにちがいない。

六年たった今ではどうか。実際に何度か試してみたことがあるのだが、十人のうち、まず、八人までが「日本は立派だ」と答えるだろう。そして、それでいて、日本のどこが立派なのかと訊くと、一様に口ごもる。「国を愛する」ということも同じ。国の何を愛するのかという問に対して確とした返答がないのも同じ。「国を護るか」――同じように、ほとんどすべてがそれを自明のこととして答える。特攻隊のような行為によってさえ「国を護る」と答える若者も、半数はいる。しかし、それでいて、国の何を護るのか、何のために国を護るのか、という問には明確な答はない（余談だが、こうした無責任なナショナリズムの高揚について、オリンピックは、やはり、大きな効果をはたしたと思う。そして、オリンピックが期待されたもう一つの効用、インターナショナリズムへの道はほとんど効果をあげていない。これは、現場教師としての率直な感想である。もう誰もオリンピックのことを問題にしなくなったので、特に書いておきたい。今こそ、人はオリンピックについて論じるべきだろう）。[*7]

「政治の季節」という六〇年代後半についての定型化されたイメージが、それもひとつの遠近法的錯視であることを、この一節はよく教えてくれる。小田が捉えたポスト五輪のナショナリズムの特徴は、戦争が開いた国家原理と個人体験の「裂け目を結び合わせる便利な接着剤としてのナショナリズム」である。このタイプのナショナリズムでは、国家原理と個人体験が双方から、「個別的な被害者体験、加害者体験の重みの下に普遍原理が存在する」ことの発見を通して（再）統合の（不）可能性を模索、検証する困難な過程がまるごと捨象される。それは一方では、戦後憲法体制下の国家原理が、「すくなくとも機構上は、普遍原理と個人体験を大幅に体内にとり込むことができる」ことを条件としている。また他方では、「被害者体験の集大成として民族の被害者体験を考え、それをそのまま国家（原理）の被害者体験（国家もまた、その原理が完遂されなかったという「被害」をもつ）に転位することで、個人の被害者体験と国家（原理）のそれとを同一視させる」という「しかけ」を持っている。

小田はこのナショナリズムを「私たちがかつてもたなかった新しい型」と考えている。作田の考察が日本のナショナリズムの特殊な性格に力点を置き、どちらかと言えば過去からオリンピックを照射していたのに対し、小田が記述するのはオリンピックの効果として生産された、「欧米先進国」にも見られる、一見普遍主義的な、「これからの」ナショナリズムなのである。ヴェトナム反戦運動にすでに深く関与していた彼は、当時のアメリカの青年たちとの議論の経験をも踏まえてこの診断を下している。戦後日本の歴史修正主義の最初の顕著な現れとも言える林房雄の『大東亜戦争肯定論』も、このポスト五輪ナショナリズムのなかで受容されていったのだった。

5　スペクタクルを解体するために

安倍政権のもとで二〇二〇年大会の開催準備を通して組織されつつある今日のナショナリズムは、その系譜のなかに、この二つのタイプを同居させている。今回の招致も前回同様、ある意味では前回以上に、「国家原理と個人体験の裂け目」を強引に縫い合わせるという、きわめて攻撃的な性格を持っている。国立競技場、エンブレム、裏金、そして次々にひきずり降ろされる東京都知事と、問題だらけの、目も当てられない「二度目の喜劇」と化しつつあるように見えるオリンピック騒動だが、支配勢力の第一の狙いが、二〇一一年三月の複合災害によって引き起こされた社会的亀裂、国家的危

---

*7　小田実「平和の倫理と論理」、『展望』九二号、一九六六年八月、四一－四二頁。

機を、スポーツ・ナショナリズムの鞭を全力で振るって正面突破しようとしている点にあることは、自明とはいえ、繰り返し確認しておく必要があるだろう。

作田啓一のオリンピックに対する異議を動機づけていたのは、自分のなかにも否認し難く流れている、日本近代史の主旋律と言うべき悲哀の誘惑に対する抵抗だった。小田実の場合も、日本人の被害者体験の悲しみは、「加害者体験の歴史が書かれても」「依然として歴史の底にあるにちがいない」と認めつつ、「しかし、私は、今、その悲しみに流されないで、ことの真相をみきわめたい」と述べていた。五年前の地震、津波、そして原発事故は、列島社会の底流であり続けてきたこの悲しみを、あらためて現在の地表の上にとどめようもなく溢れ出させた。津波によって近親者を失い、放射能汚染によって生活を破壊され、未来を奪われた被災地の人々の巨大な悲痛を、圧迫し、無視し、愚弄し、懐柔し、水路づけ、制御しようとする、一連の施策の総仕上げのように、今回の五輪招致は構想されたのである。

高祖岩三郎は「オリンピック──かくもおぞましきスペクタクル」で、ギー・ドゥボールの『スペクタクルの社会』および近年のシチュアシオニスト系の理論展開を参照しつつ四種のスペクタクルを区別している。第一のスペクタクルは「集中的」である。それは全体主義国家が組織するスペクタクルであり、「従属せよ！」という指令語を発する。第二のスペクタクルは「浸透的」である。それは自由主義的資本主義社会における商品生産と外延を同じくするスペクタクルであり、「買え／消費せよ！」という指令語を発する。それに対し、第三のスペクタクルは「統合的」と呼ばれる。第一と第二のスペクタクルの統合形態であり、二つの指令語を「完全に置換可能」にする。オリンピックというスペクタクルは総じて第三のスペクタクルに収斂されるが、都市と時代の状況に応じて、第一の、あるいは第二の属性が優位になる。一九三六年のベルリン大会はすぐれて第一の、地元資本の大量投下によって営利的成功を収めた最初の大会である一九八四年ロスアンジェルス大会はすぐれて第二のスペクタクルだった。

二〇〇四年のアテネは、高祖によれば、第三のスペクタクルが自壊の端緒を印した大会となった。

現在に至るギリシャの経済危機の連鎖は、このオリンピックを契機として起きたからである。そして二〇一六年のリオデジャネイロは、下層民衆を中心とした五輪反対勢力と治安部隊が、公然と対立するなかで開催される最初の大会となるだろう。それは第三のスペクタクルの内的矛盾をいっそう激化させるに違いない。

高祖が参照するマッケンジー・ワークは、ドゥボールによって記述された以上三種のスペクタクルに加えて、第四のスペクタクルの類型を提案する。それは「崩壊するスペクタクル」と呼ばれる。みずからの「構築から発生する反スペクタクルによって浸食される」ことをその生理とするこのスペクタクルは、「リサイクルせよ！」をその指令語とする。それは自然破壊、気候変動、資源枯渇等、一切の破局を糧に生き延びるスペクタクルであり、その本質は現代オリンピックにともなう暴力的開発に端的に露呈している。災害便乗型資本主義の最悪の形態として強行されつつある二〇二〇年東京大会の、主要な特性となるのがこのタイプのスペクタクルであることは想像に難くない。

> 東京２０２０オリンピックは、第四項「崩壊するスペクタクル」を全面的に推進してゆくだろう。（…）だがここでついに、われわれは立ち止まらざるをえない。この決定的な事実の前で……。放射能汚染はリサイクル不能であり、決してスペクタクルにはなり得ない。（…）核分裂は「絶対的反スペクタクル」あるいは「純粋出来事《ピュア・イヴェント》」なのだ。そして皮肉なことに、おそらくここにこそ、東京２０２０オリンピックに対抗する為の契機が介在している。[*8]

以上の正確な分析に、日本政府が依然固執している核燃料サイクルの不可能性もまた、「リサイクルせよ！」という指令語の限界を印すものとして加えてもいいだろう。この第四のスペクタクルを解

＊8　高祖岩三郎「オリンピック――かくもおぞましきスペクタクル」、『インパクション』一九四号、前掲、八九-九〇頁。

体するために第一に必要な作業は、「東京における放射能汚染の実態を、あらゆる形式の『情報』として世界中に流し続け」(強調引用者)ることである。それはハンナ・アーレントの次のような洞察と、はるかに響き合う提案だろう。

多数の独立国を覆う今日の世界的な規模のコミュニケーション・システムのもとでは、現存の権力のうちで、自らのイメージをそっくり押しつけうるほど強大なものはどこにも存在しない。したがって、イメージの平均余命は比較的短い。(…)世界政府ができた場合でも、あるいはそれとは別の現代版パークス・ローマーナのもとでさえも、イメージの平均余命が著しく延びることはありえないだろう。(…)イメージはつねに説明可能で、真実味を帯びたものにすることができる。それによってイメージは事実の真理に対して一時的に優位に立つが、しかし、イメージは安定性の点で、しかじかであって別様でない端的に存在するものには到底及ばない。[*9]

とはいえ私たちの「情報」戦は、いまだ十分に〈組織〉されているとは言えない。それは民衆のさまざまな層が抱いているオリンピックに対する多様な異議や違和感を〈組織〉する方途が、いまだ発見/発明されるべく残されていることと並行している。さしあたり必然的なこの欠乏を見据えること、愚民政策と棄民政策が一体となった究極の「スペクタクルの政治」を迎え撃つ闘いはそこからしか始まらない。リオから私たちが引き継ぐべきは利権まみれの「聖火」ではなく、いまやグローバル・ファシズムと化した五輪攻撃と対決する、民衆闘争の国際主義的な大義である。

＊9 アーレント、前掲書、三四九-三五一頁。

第I部

科学者／科学論

私のオリンピック反対論
――スポーツはもはやオリンピックを必要としない

池内 了

「抒情から戦場へ」の道に対して

第二次世界大戦中、かの北原白秋が数多くの抒情性豊かな戦争協力・戦意高揚の詩を創っており、その詩句を口にして多数の若者が戦場に赴いたことを、知人の中村さんが「抒情から戦場へ」と形容した。白秋にとっては、心の籠もっていない単なる形式的な言葉の遊びにすぎなかったのだろうが、ロマンチシズムに溢れた青年たちにとっては、愛国心を掻き立てて国家に命を捧げる誘いの言葉として響いたのではないか、と彼は考えたからだ。抒情的感覚で包まれた愛国を鼓舞する言辞は、集団催眠のようになって人々を陶酔させ、知らず知らずのうちに国家の動向に身を委ねる気分を育てることになる。こうしてファシズムの根っこが広がっていく。抒情は愛国心と相性がよく、愛国心は戦争と結びつく、こうして「抒情から戦場へ」の道がつながるのである。

今のオリンピックが、この抒情的愛国主義を高揚させるための重要な一つの装置になっていることは誰も否定しないだろう。選ばれた選手たちは、国家の代表としての重責を担わされて過酷なトレーニングに励み、表彰式での日の丸掲揚を目指して自分を奮い立たせている。殉教者的姿を振りまいて、周囲の人々の抒情的感情を擽《くすぐ》っているのである。他方、試合を見る観客は、一様に日の丸入りの鉢巻き姿で日章旗を振り、「ニッポン、ニッポン」と声を揃えて一体感に酔いしれている。殉教者を称える民衆役を買って出ているのだ。

このようにオリンピックは抒情的愛国感情で人々を結びつけることによって、国家との紐帯意識を強化させている。「かつては愛国心の衝突によってすぐに戦争が始まったものだが、今はオリンピックが代用して戦争を回避している」と嘯《うそぶ》く向きもあるが、それはやはりお伽噺というべきだろう。今や国家間の戦争はそう簡単に引き起こせなくなっているのが真相であり、オリンピックは国家間の戦争回避に何の役割も果たしていないからだ。私はオリンピック（のみならず、国家意識を奮い立たせるような抒情感覚をもたらすイベントすべて）に違和感を持つだけでなく、さらに抒情性を喚起しそうな機会に遭遇しないよう逃げ回っている。私たちは、抒情的雰囲気に弱く、情緒的に迫られると、つい甘い気分になって大勢に順応してしまう傾向があるからだ。

儀式において君が代斉唱や国旗掲揚があれば、そこに流れる抒情的厳粛ムードによって人々は一体感に包まれ、周囲の人間すべてを同志だとして親近感を持つ（そうでない人間は白眼視して排除する）。小中高で国歌・国旗が強制され、今や大学にまで及ぼうとしているのは、上意下達が容易な幼い子どもから青年へと、順次、同調意識を養おうとの魂胆からであると思っている。その行き着く先が、オリンピックはすべての国民が歓迎し、そこで勝利することを誰もが同じように望んでいると考えるのを当然とする思考癖である。だから、それに同調しない人間の存在に驚き慌てて、「非国民」であるかのように見做すのだ。見事な中央集権的国民錬化の方法ではないか。しかし、それはまさしく「抒情から戦場へ」の道に直結しており、私はそのような同調圧力を拒否したいのである。

オリンピックの経済的利用に対して

オリンピックが巨大公共事業の口実となっているということは誰でも知っている。資本主義社会は自由競争を専《もっぱ》らとしているようだが、実は国家に大きく寄生したシステムでもある。経済活動を円滑に進めるために必要なインフラ（道路、橋梁、港湾、飛行場、鉄道、交通管理など）の建設や運用の費用は国家が提供しており、それは社会的費用として国民の税金で賄われているからだ。インフラがある程度整ってしまうと公共事業で潤っている土建業などの企業が干上がってしまうから、口実を設けて設備やインフラの更新・新設を行う必要がある。その格好の口実がオリンピックで、競技会場や交通網を整備し、外国からの訪問客のための施設を整え、国家の威信を高めるため都市の見映えをよくするために莫大な税金を投下する。いわば、カンフル注射を打つ（あるいは麻薬を使う）ことで企業が潤い持続するための手助けをしているのである。

面白いのは、公共事業というような大きな金が動くときには、必ず政治家や官僚が歩調を合わせて動き出すことだ。公共事業の中身や規模や進め方に介入して泡銭を稼ごうとするためだろう。彼らの特徴は、国家の金（本来は国民の税金なのだが）をあたかも自分が調達したかの如く私物化して平気で無駄遣いすることで、巨大な競技場にしたり、余分な設備を重複して発注したり、裏金や謝礼を大盤振る舞いではずんだりする。まさに国家に寄食しているのだ。ところが、オリンピックという大義名分によってそれが許容されてしまう。これは国際的な傾向のようで、見るに見かねて国際オリンピック委員会（ＩＯＣ）は費用の高騰を抑える勧告をしているほどである（そう言わなければＩＯＣ自身の未来も危ういからだ）。しかし、特に日本では聞く耳を持たない政治家が多く、財界からの献金もあって（むろんそれ以上に稼ぐのだが）政財官の利権集団がこぞってオリンピックを食い物にしているといえる。

つまり、オリンピックは国民の税金を堂々と私物化するための体のよい名目で、そこに群がる政界や財界の面々が自己の利益を最大化する絶好の機会として捉えているのである。スポーツ競技は客寄せのための超人的アクロバットであり、使い捨てされる選手だって盛りの間に稼いでおこうと、ついドーピングなどに手を出してしまう（国家優先主義の国々では国が先頭に立ってドーピングを行ってきた）。テレビなどに選手が出演して「日の丸を掲げたい」などと語ると、人々は感激して「麗しいスポーツ物語」が紡がれ、その背後で大きな金が動いている現実が隠されてしまうのだ。このオリンピックの巧妙な経済的利権構造を考えれば、私たちがいかに搾取されており、未来世代に多大な借金を残すことに加担している愚かさがわかると思うのだが……。

オリンピックの政治的利用に対して

二〇一三年のＩＯＣ総会において、安倍首相が福島原発の汚染水問題で「汚染水は完全にブロックされている」「原発の状況はコントロールされている」「健康問題について全く問題ないと約束する」という、ウソと空手形を乱発して真実を覆い隠し、東京へオリンピックを誘致することに成功した。原発事故から五年経った現在においても、汚染水は完全にブロックされておらず、原発内部の状況は相変わらず不明であり、健康問題についても疑問符が残ったままである。そのことを考えれば、安倍首相がいかに無責任な発言をしたかがわかろうというものなのだが、もはや咎める人間はいない。多くの国民は東京オリンピックを誰しもが賛成し、誰しもが歓迎していると思い込み、異論があろうとは爪の先も考えていないからだ。

特にマスコミは、オリンピック賛歌を合唱しなければならないと決められているかのように、異口同音に同じ歌を繰り返し声を揃えて歌っている。私は、このような状況が引き起こされると予想したがために、「中日新聞」二〇一三年九月一八日号と雑誌「月刊住職」の二〇一四年七月号に「東京オリンピックへの異論」を書いた（後者は『人間だけでは生きられない――「科学者として東京オリンピックに反対します」』（興山舎、二〇一四年）に収録している）。全国紙ではないしマイナーな雑誌なので世間の注目を浴びることはなかったが、そこに書いたいくつかのことが現実化している。

例えば、「オリンピックの成功」を口実としてテロ対策のための警備強化を図り、安全保障のための国防軍の設置と憲法の改悪を狙って「戦争のできる国にする」、そんな安倍首相のもくろみのことだ。それを書いてから、集団的自衛権の行使容認から安全保障関連法の成立まで、矢継ぎ早に打ち出された軍事化路線、そして緊急事態法の制定や憲法改悪の動きとなっており、私の文章はまんざら無責任な戯言ではなかったことがわかるだろう。オリンピックの成功を前面に出すことによって人々の思考を停止させるという安倍首相の戦略は見事に成功しており、これぞまさしくオリンピックの政治的利用といえるのではないだろうか。

オリンピックより地震対策を

最後に科学者としての論点を述べておきたい。一九二三年の関東大震災から九三年が経った現在、いつ関東地震に襲われるかわからず、さらに東海・東南海・南海の三つの地震が近いうちに連動して起こる可能性も指摘されている。このことを考えれば、オリンピックにムダ金を使うのではなく、天災に強い国造りのほうが先決である。四月に起こった熊本地震では、死者の数に比べると、住宅や公共建築物が崩壊して家を離れざるを得ない人々が非常に多数出た。住宅の耐震工事は自己責任だとされていて公共の手が差し伸べられていないためで、これでは住宅が密集した大都市ではさらに膨大な犠牲者が出ることは明らかである。住宅の耐震化は自己責任とせず、公費を使って進めることが緊急事といえるのだ。

今最も心配されるのは首都圏の直下型地震で、これに襲われれば日本の政治・経済が致命的ダメージを受けることは確実である。しかし、「昨日まで地震がなければ明日もない」との鈍感な思いが蔓延しているのか、どの政治家も関東地震のことを真剣に考えようとしない。私は、もはや時間の猶予はないと思っており、政治家が「国民の安全と安心」と口をそろえて述べながら、現実にはオリンピックのことしか頭にないという状況を信じられない思いで見ている。

以上、オリンピック反対論を縷々述べてきたが、今の日本ではそのような意見がまともにマスコミに取り上げられることなく、「オリンピック万歳」しか論じられないことに大きな懸念を抱いている。日本は言論の自由が保証されている国とは言えなくなっているからだ。そのような民主主義の原点すら守れない日本は、果たしてまともな文化国家と言えるのだろうか。

災害資本主義の只中での忘却への圧力

――非常事態政治と平常性バイアス

塚原東吾

オリンピックの招致決定後は、あまりにも同調的な言説が流布している。オリンピック礼賛とも呼べるような言説が溢れているなかで、そもそもオリンピックに懸念を持つ声がかき消されるような状況に至っている。

「アスリートに夢と希望を与える」とか、「ニッポンに感動を」とか、キャンペーン言語には事欠かない。いわゆる「感情動員ビジネス」である。そこには実に多くの資本が投下されて、さまざまなチャネルのメディアが全面展開している。こういうことが「ポスト三・一一の日本」で行われるのは、「総体として」まずいのではないのか。トレーニングに精をだす高校生や、競技者として集中力を研ぎ澄ます努力をしている人たちに釘をさそうというほど無粋ではない。そうではなく、オリンピック礼賛の方向は、「全体として気持ち悪い」ことをまず指摘しておきたい。

オリンピックの開催について社会科学や人文学の立場から根本的に考え直してみることは、いまやそれだけでも、「国賊」の誹りを受けるかのごとき、あまりに抑圧的なメディアの風潮が作られている。また国家の一大事業に抗するとは、「非国民」との揶揄さえ、覚悟せねばならないという緊張感さえ感じる。しかし筆者（たち）は、「国賊」そして「不逞不敬の輩ども」などという罵詈雑言を浴びせられるなら、まさにそのような讒謗の存在こそが、オリンピック反対の謂いでもあると考えている。オリンピックについて、いまや誰も何も言わないのは、まずいことなのではないのか。少なくとも、なんらかの議論をするべきではないのか。礼賛一辺倒のメディアは、あまりに不気味である。戦争の時もそうだったのだろう。戦争が終わってから、「本当はあの戦争には反対だった」というのは、（まさに後出しジャンケンのようなことは）、少なくとも言論に関わる人間として、あるまじきことである。

だからまずはこの場、この時に、この問題をソクラテス的基礎に立ち返って考察しようとしている人間がいるということを、社会科学的な概念と分析的な言葉で、すなわち社会的・思想的な問題として表現しておきたい。

筆者は東京オリンピックに向かっている日本の現状には、二つの顕著な特徴を見出すことができると考えている。本稿はその二つの特徴を軸に分析を進めていく。

まず一つめの特徴は、オリンピックが三・一一を強制的に忘却させる機能を持たされていることだ。オリンピック招致にあたって、フクシマの状況は「アンダー・コントロール」だと言われていたが、フクシマの危機は日々悪化している。それを隠蔽することが、オリンピックに課せられた最大の使命であるかのようである。オリンピックの開催は、フクシマに日常（ノーマルシー）に戻れと命令する、「ノーマルシー・バイアス（平常性バイアス）」を強制的にかけ、忘却を推し進めることであると分析できる。

二つめの特徴は、オリンピックが、三・一一を契機にした「エマージェンシー・ポリティクス（非常事態政治）」のなかでの、典型的な「災害資本主義」の発動であることだ。災害資本主義とは、惨事利用型資本主義ともいわれるものである。三・一一で日本は大きな転換点を迎えていた。そのなかで東京オリンピックは、災害資本主義の駆動のための最大の契機として設定されている。東京オリンピックは、非常事態を利用し、資本主義的な収奪システムを再編し、格差の構造を強化するための、格好の事業である。

この二つの特徴は、相互に補完的である。つまり二〇二〇年の東京オリンピックは、「エマージェンシー・ポリティクス（非常事態を切り抜けようとするための政治的作為）」の真っ只中で行われる、「ノーマルシー・バイアス（平常性を希求する偏向）」の発露であると考えられる。危機のなかでの日常性を欲望するというシンボル的なイベントであり、幻惑的なスペクタクルである。オリンピックはノーマルシーを願望するマインドにとって最も好適なイベントであり、同時にエマージェンシーが招来したものにほかならない。それは日本にとって、一九六四年オリンピックの再現を夢見る「高度経済成長ノスタルジア」でもある。本稿はそのような歴史的・社会的文脈のなかで、二〇二〇年の東京オリンピックが欲望されていることを検討する。

1　ノーマルシー――オリンピックは三・一一の「強制忘却」として機能している

筆者の専門は、科学技術の歴史であり、テクノサイエンスの現代史も射程に入れている。その立場から見ると、現在の日本は非常にまずい状況にあると考えている。それは近過去のフクシマでの原発事故を学ぶなら、明らかに論証できる。少なくともフクシマでの放射能が逓減するには、まだまだ程遠い状況である。たとえば九州大学の吉岡斉は「(福島原発事故から)五周年が過ぎたが、この事故は物理的にも社会的にも収束に至っていない。物理的には、安定冷却が実現していない。また原子炉が外部環境から隔離されておらず放射能が漏れ続けている。周辺に飛散した大量の放射能も一部しか回収されておらず多くはむきだしの状態にある。社会的にはいまだ十万のオーダーの被害者が生活再建を果たしておらず、コミュニティーの再建も難航しており、放射性汚染物の処分も進んでいない。この事故の収束には数十年を要するだろう。福島原発事故は『エンドレスな災害』である」[*1]としている。さらに言うなら放射性物質の動態は、あまりに複雑で、つかみきれていないことが多すぎる。また廃炉に向けての工程や汚染水の処理は、一定のメドが立っているとはまさか思えない。つまり東日本の状況はフクシマを焦点としてつとに厳しく、いまだに多くのリスクや危険《ハザード》を抱えている。

筆者はフクシマの状況について、もちろん多くの論争があることなどは承知のうえで、このような判断をしている。権力がらみで発せられる安全宣言や、きわめていい加減で恣意的とさえ思われるような「データ」に基づく「科学的評価」には、もう辟易している。ここはそれらの数値の「質」を検討する場ではないが、そもそも、かなり大きなバイアスのなかでしか論議されていない。そのようなバイアスを加味したうえで、全体として判断するなら、フクシマは「アンダー・コントロールではない」というのが、出発点でもあると考える。コントロールはおろか、まともな現状認識さえ権力的に歪められている現実がある。また認知さえされていない核種の放射性物質の動向も考えに入れるのなら、今のフクシマの状況は、「ビヨンド・アンダースタンディングである」。アンダースタンドさえできていない、ということ、またアンダースタンドするための努力さえ政治的に阻まれている状況を鑑みるなら、今のフクシマは手に負えないというのが議論の前提になる。

家をなくし、いまだに流浪の避難生活を余儀なくされている一七万を超えるとも言われる人々は落ち着いていない。そして特に、甲状腺がんで多くの子どもたちが苦しんでいる現状がある。神戸大学の山内知也によると、有病率は明らかに高く、侵襲性の高い小児甲状腺がんが多発しており、手術は過剰診断ではないという[*2]。

甲状腺障害の多発と原発事故の関係を否認するのは、もはや「未必の故意」という罪状を適応できるほどではないだろうか。科学や医学のパラダイム的言説を盾にとり、原発事故との関係を否認することは、医学的なモラルの問題として、すでに大きなハザード要因となっている。甲状腺がんだけではない。福島の事故を経験した子どもや大人に、複合的なからだやこころの障害が発生していることは、頻繁に耳にする。このことはアメリカの落合栄一郎が心筋梗塞など放射能との関連性が疑われるいくつかのほかの疾病についても、他県との比較データを拾って検討している。[*3] いくつかのケースではかなりシリアスな健康被害が広がっていることが報告されており、まだ詳査が必要な面もあるという留保はつくにしろ、戦慄を感じさせるものである。

ここでの最大の問題は、これらの健康被害や生活の支障が、まともに対処されていないことである。つまり研究のための調査や統計さえ「権力的な」視線からのバイアスで圧し曲げられ、まともな制度として進められていない。福島原発が引き起こした問題は、大きな政治的磁場のなかで、すべてが歪んでいることだ。

そのような状況を認識するにつれ、またフクシマやその周辺の子どもたちの間で甲状腺がんが多発するこの期に及んで、オリンピックなどやるべきではない。

除染については多くの議論がある。だがそもそも、福島原発の事故で汚染されたすべての範囲を除染するというのに無理があることは、多くの人たちが気づいている。また避難中の住民の多くのケースで、帰還は基本的に無理であること、そして汚染地域での生活はやめたほうがいいことを、誰かがどこかで判定しなくてはならない。帰還という希望をつなぎ、元の生活に戻りたいという、すがるような気持ちや希望は切ないほどのものだ。しかしそのような気持ちを質に入れて、帰還者の身体や地域全体を、放射能の被検体として、あたかも「安全安心」という政治的仮説を証明するためのテスト・ケースとして扱ってはいけない。いま住民たちが無理をして帰還することは、原発事故の犯罪性を反故することにつながってしまうという苦しい矛盾もある。つまりそこでは「故郷に帰りたい」という切ないまでの気持ちが、原子力犯罪の

＊1　日本科学史学会、二〇一六年シンポジウム「歴史としての福島原発事故」企画趣旨文より。日本科学史学会第六三回年会、研究発表講演要旨集（二〇一六年、工学院大学）に所収。

＊2　日本科学史学会、二〇一六年度シンポジウム「チェルノブイリ三〇年」、発表要旨集「東京電力福島第一原発事故による小児甲状腺ガンの多発」、日本科学史学会第六三回年会、研究発表講演要旨集（二〇一六年、工学院大学）に所収。

＊3　Eiichiro Ochiai, "The Human consequences of the Fukushima Daiichi Nuclear Power Plant Accidents," *The Asia-Pacific Journal*, vol.13, Issue 38, no.2, September 28, 2015.

うやむや化に加担してしまうという、あまりにも酷な構造がある。

だからここでは、汚染の実態を（ほんとうの意味で）明らかにして、「ここにはもう住めない」ときちんと「諦めること」（仏教用語的に、明らかにして悟るということでもあって、覚悟をすることを意味する）が必要であるのだろう。そして汚染の実態を正確に認知し、向き合うことが必要なのだ。可能な限り広範囲の住民の撤収の方針を確定し、代替地の選定や生活の補償こそ行うべきことだと考える。オリンピックどころではないはずだ。

福島第一原発自体の処理については、地下も含めた石棺化とその保全が、今はせいぜいできることではないのか。除染や炉心溶融した原子炉の解体は、技術的にかなりの無理がある。このことの詳細な理由づけについては「原子力市民委員会」のレポートや提言などが最も信頼できる参照となる。たとえば汚染水を遮蔽するはずの凍土壁はなかなか凍らないという情報も伝わっている。そもそも汚染水を凍らして封じ込めるために、常に電源を供給しなくてはならないというのは、いったい、どういうことなのだ。なぜここまでして電力を使う必要があるのだ？　このことからは、原発を進めてきた側の「自己保存」システムがあらゆる局面で働いていることが見て取れる。

これらの処理を、専門家を自称する集団に任せることは、もはや得策とは言えない。科学者コミュニティの分析を行うパラダイム論以降の科学技術論、なかでも科学社会学の観点から言うなら、福島原発の処理は、専門家コミュニティの内部的処理では限界にきていると考えていいだろう。専門家集団は、いまや公益性を担保する集団ではなく、自己保存をより優先する集団になっているというのが、科学社会学の慧眼が、三・一一の苦い経験からわれわれに教えたことでもある。

これまでの技術的な失敗のうえに、さらに技術的な失敗を上塗りすることはやめたほうがいい。それだけではなく、何かの強制力（法的もしくは政治的）をもって、この技術的閉塞状況から抜け出すべきだろう。失敗の悪循環という連鎖があまりに明白に見えている。これはまさに「日本テクノロジーの『もんじゅ化』現象」とでも言えるレーム・ダック状態と同根である。未来に汚点になるような「技術の泥沼《テクノ・ピットホール》化」の典型が、現在の福島原発の処理をめぐって出現している。これは「テクノロジーのガラパゴス化」というような、呑気な南太平洋の比喩でさえない。テクノロジーの自己閉塞的破滅過程である。二〇世紀後半、特にバブル以降の日本のはまっている技術史の負の轍であり、どこかでここから抜け出さないと、未来世代に大きな債務を負わせることになる。いやすでに、未来世代はかなりの負債を課せられていて、現役世代でも年金などの社会保障をあまり期待できないことがほぼ確実になっている。

当然のことだが、東京からの首都機能の部分的移転も早急に進めなければならない。フクシマの歪みの元凶のひとつは、「東京」の存在でもある。リスク管理などという啓蒙主義的な低レベルの話ではなく、ほんとうの意味での長期的展望と維持可能性に基づいた国家規模での危機管理を急がねばならない。東京への一極集中の状態が大規模災害やさまざまな危機に弱いということは、すでに三・一一で学んだはずではなかったのか。その東京である、オリンピックによって、さらなる投資と基盤整備を集中させようとしているのは。[*4] 日本人は、災害から何かを学ぶことを忘れたのだろうか。いま必要なのは、東京の機能的な解体、そして効率的な分散であるはずだ。日本の持てる技術力や知性を結集して、国土の多拠点化による強靭で広域的な柔構造への再編が必要なはずだ。すなわち何かがあったときの行政・経済・文化機関の代替機能や大規模な救援救助ネットワークを持つ、広域防災・減災システムの構築に本気で取り組むべきだ。それこそが日本のサイエンスとテクノロジーに与えられたより大きな課題のはずなのだが、これはオリンピックとは真逆ではないのか。オリンピックは瞬時のテクノ・スペクタクルを幻視しようとする中央集権的なお祭りだ。スポーツ・イベントは、それ自体、瞬時の高潮と、視覚による同時的な共有が欲望される。そしてさまざまなストーリーが付加された感情ビジネス、感動の押し売りがきわめて短期間に消費される。だがいま必要とされているのは、オリンピックとは違う、より長期にわたる真の維持可能性《サスティナビリティ》の追求である。視覚と感情を動員するスペクタクルではない。思考と理性が必要な、合理的な社会計画《ソーシャル・プランニング》なのである。ましてやスタジアム程度の建築物についてとやかく論じることや、そのデザインを競うことなどという、些末なレベルではない。「東京のもつさまざまな社会的機能のテクノ的な分散」、そして揺れ続ける大地の上に生きていくことにサイエンティフィックに向き合うこと、そのようなテクノ・リアリズムを、維持可能的かつ組織的に追求することが、より必要なことだ。

三・一一については、否認と忘却が進んでいる。忘れろ、あれはもう大丈夫なのだ、という無言の命令が下されている。想起される場合は、ロマン化やノスタルジアのなかでの曖昧化がせいぜいだ。フクシマは「アンダー・コントロール」である、だから受け入れて「もてなせ」、そして帰還して、日常生活を再現せよというのが、国家レベルの命令のごとく発せられている。その只中ではそもそも、危険性は調査される

＊4　たとえば、朝日新聞、二〇一六年六月五日の吉見俊哉によるエッセイ・レビュー「ひもとく　2020東京五輪　地域つなぐ文化力に価値転換を」などに典型的な東京再編論である。このような立場に同情しないでもないのだが、筆者（たち）の立場から、共感はできない。それはオリンピックの本質的問題性には目をそらす、情けない折衷的態度ではないだろうか。

ことさえ拒否されている。危険性という概念さえも、発話することが禁じられているかのようだ。ある種の「正常性《ノーマルシー》」に戻ることが希求されている。「元に戻りたい」という心理的な願望が表明される。そのとき、被害の実態は曖昧化され、危険は過小評価されるというバイアス（ノーマルシー・バイアス）が是認される。

そのうえ、そこでは言葉のトラップが多く準備されている。「安全」は「安心」とパラフレーズされ、安全なのだから、安心しなさいという同義反復のなかで、危険に対する感性は麻痺させられるか、鈍化させられている。まるでビッグ・ブラザーである。「リスクは安全」、「安全は安心」というのは、「戦争は平和」と繰り返される、ジョージ・オーウェルの『1984』の「ニュー・スピーク」のようだ。だから危険を案じる場合は「心理化」され、考えすぎだとか非科学的なゼロ・リスク信仰だとか決めつけられ、揶揄とともに封じ込められている。笑って楽しく日常を過ごせば、放射能があってもがんにはならないとは、けだし名言である。そもそも調べるのは「危険性」ではなく「安全性」なのだから、安全が前提となるという。そこには法的な規制さえもがかけられている。その典型であった福島における県民健康調査の現状などは、日野行介による『福島原発事故――県民健康管理調査の闇』（岩波書店、二〇一三年）や、津田敏秀の所説を参照にするなら、ほとんどカトリックの異端審問に近い論理構造を持っていたことがわかる。反オリンピックを主張する危険を感じたカナリアは、いまや現代のガリレオであり、彼らの神の法廷に引き出されんばかりだ。

だが、ミラン・クンデラが、権力との闘いとは、忘却との闘いであると言ったことを想起しよう。過去の悲劇は忘れよ、そしてオリンピックに感動せよ、という忘却と感情動員の同調圧力こそが、拒否しなくてはならないことだ。三・一一を、きちんと思い出そう。そして言い続けなくてはならないのは、「それでも地球は回る」とうそぶいたガリレオになぞらえて（ガリレオがこれをほんとうに言ったかどうかは別にしても）、「それでもフクシマは危険なのだ」と、つぶやき続けることだろう。憔悴しきったガリレオが隠棲のなか、オランダに自著『新科学対話』を弟子に密輸させて出版したように、粘り強くやらないといけない。「フクシマはアンダー・コントロールだ」という、あからさまに虚証である政治的な宣言をしてまでも、オリンピックをゴリ押しする意味を考え続けよう。

2　エマージェンシー――オリンピックは「災害資本主義」の発動の典型的形態である

東京オリンピックの科学技術論的・科学技術史的な背景を考えてみたい。二〇二〇年の東京オリンピックは、まさに「災害資本主義」の典型的な事業（イベントであり、そしてエンタープライズである）と、位置づけることができる。

「災害資本主義」とは、ナオミ・クラインが、著書『ショック・ドクトリン』のなかで論じた概念である。大きな災害を好機ととらえ、収奪的な資本主義が市場を席巻する事例を批判したものである。だからこの概念は、「惨事利用型資本主義」とか「災害に便乗した型式による新たな収奪システムの形成」とも定義される。またこれは、歴史的に見るなら、新自由主義的な市場が世界的に拡張した際に典型的な形態であったともされている。その背後にはアメリカの経済学者が、いつもいる。それは「シカゴ学派」であることを、クラインはわれわれに教えている。

このタームを持ち出すだけで、十分だろう。三・一一という災害は、ある種の資本主義者にとって「好機」として利用されている。たとえば「除染」もビジネスとして展開されている。「復興」の名を冠した予算の無茶な使い方は、一部の者たちにとっては笑いが止まらないだろうが、復興を心から望む者たちにとっては、絶望的でカフカ的な迷宮であるだろう。そして三・一一という惨事は、オリンピックというイベントを招致する好機にすげ替えられた。オリンピックを通じて、一部の者たちに資本主義的な「もうけ」が集中するようにできている。標葉隆馬は、このような災害資本主義が三・一一以降の日本で「日常化」しつつある状況を、松本三和夫による「構造災」（自然災害と人災が組み合わされたもの）などの概念を使い分析している。標葉によると、災害資本主義は、「現在進行的に『うめこまれつつある』可能性」があることが示唆されている。[*5]

ここでもう少し詳しく災害資本主義について振り返っておこう。クラインの著書では、ソ連崩壊、天安門事件、九・一一とイラク戦争、スマトラの津波、ハリケーン・カトリーナなどを契機としてアメリカ主導で新自由主義政策が導入されてきたプロセスを検討している。大きな事件・自然災害・戦争などを利用して新自由主義的政策を一気に進める手法を「災害（利用型）資本主義」と名づけたのである。いわゆるエマージェンシー（非常事態）における経済構造への政治的介入であり、エマージェンシー・ポリティックスの発動形態の一つともいえる。ナオミ・クラインは、チリのピノチェトによるクーデターと独裁、そして経済の新自由主義化（一九八〇年代）をその起源と考えているのだが、冷戦崩壊の直後からに、中国やロシアに一気に資本主義を展開させたことも、災害資本主義の枠組みで議論している。

これらの背景に、経済政策の立案者としていつもいたのが、アメリカのシカゴ学派の経済学者たち、いわゆるシカゴ・ボーイズたちである。その領袖は、ノーベル経済学賞も受賞

＊5　標葉隆馬「災害資本主義を日常化するもの」、『グローカル研究』三、二〇一六年、四五-五七頁。

しているミルトン・フリードマンである。彼は、真の変革は、危機状況によってのみ可能となる、また、市場改革を実現させるには、天災・人災を問わずに「大災害」が不可欠であると論じている。この危機とは、民主的なコントロールの利かなくなる段階のことであり、それを好機として、新自由主義的な政策を展開するべきであるというのだ。つまり、自然災害・戦争や経済危機は、民主主義的に守られた社会に対して「ショック」として機能し、それによって判断力を一時的に喪失した状態において、彼らが提唱する新自由主義的な経済社会政策をすみやかに適応するように、常に準備を怠るべきではないという。このような主張をクラインは「災害資本主義」による「ショック・ドクトリン」と呼び、いわゆる「危機状況」や「恐怖」が急進的な市場主義改革を強行するために利用されてきたとしている。

アメリカの影響力を考えるなら驚くべきことではないのかもしれないが、一九九九年までに、シカゴ学派のフリードマンの弟子たちは、アメリカにおける重要ポストにとどまらず、二五ヶ国以上の政権の大臣ポストを占め、また一二ヶ国以上の中央銀行総裁となっている。一大学の一学部、さらに一学派としては全く異例のことである。いうまでもなくシカゴ学派は「大きな政府」や「福祉国家」をさかんに攻撃し、国家の役割は可能な限り民営化し自由競争による市場に委ねよと説いてきた。また公共的な事業の民営化(私有化)を推し進め、ビジネスのアウト・ソーシング、雇用の縮小を提唱してきた。シカゴ学派が敵対したのはケインズ主義や政府の関与による公共資本の開発主義である。

すなわち災害資本主義は、自由主義の名のもとに国家が経済をコントロールする巨大なシステムであって、一九世紀のレッセフェール資本主義や、二〇世紀前半のニューディール政策などとは異質な資本主義である。アメリカの主流経済学は、金融工学を含め、総じて金融資本主義を広げるための役割を担ってきた。こうした手法の最終部隊がＩＭＦであり、かつては資本主義的な過度の競争や景気の浮沈の激しさに対する防波堤だったはずだが、いまやシカゴ学派の影響下にある。新自由主義は強力な政治イデオロギーであり、また経済戦略にもなっていて、危険きわまりない。日本では竹中平蔵などをはじめとするアメリカ系の経済エリートたちが、そのエージェントの代表格だと考えていい。

災害資本主義の特徴のひとつは、軍事化や経済の民営化、そして社会生活全般の市場化である。これは日本の例でも当てはまる。例えば今回の震災で信頼を回復したものが二つある。それは自衛隊と天皇(皇室ポリティックス)であろう。緊急時の救援活動によって自衛隊への無条件の信頼が醸成され、天皇への信頼感が高まっている。なかでも若年層には自衛隊への信頼が激増している。三・一一以降の避難所などでのテレビのインタビューでは、「大きくなったら、自衛隊に入って人を助けたい」と語る子どもの姿が、けなげにも人助けを志す立派な「少国民」よろしく、テレビに映し出されている。熊本の震災で親友を亡くした高校生は、「彼の分も頑張る」ために、「警察官か自衛官になる」と涙ながらに言っている。災害などの「危機的状況」が、自衛隊という軍事装置、すなわち国家にとっての暴力装置のために、格好のアピール・チャンスになっていたことは見逃してはならない。そしてこの危機において立ち現れる家族イデオロギーやコミュニティ幻想に、皇室の役割がじわじわと迫ってくる。絆とは原義どおりに、動物を縛るための縄であるのだからその大元締めはオール・ジャパンの皇室なのだ。国家的暴力装置をハード面とするなら、天皇制は家族主義的懐柔というソフト面として、まさに表裏一体になっている。[*6]

また三・一一後、政府による大規模な放射能の除染活動が取り組まれたことは、災害資本主義の典型的な発動であると考えていいだろう。復興について、もちろん現地で困窮している人々に、すぐにでも生活保障と手当をするべきなのは当然だが、神戸の復興の例を見ると、そもそも「復興」とは何かという点から、根本的な疑義を発せざるをえない。神戸の「復興」とは、公共事業による神戸の蹂躙だった。ゼネコンと行政によるブルドーザ効果は、道路を通し破壊された家々をさらに押しつぶし、すでに壊されていたコミュニティを根底から破壊した。そのあまりに杜撰な地域「復興」のいい例が、長田の駅前の荒廃だろう。無意味に巨大な「鉄人28号」の鉄像の下、ガラガラのコンクリート商店街は、近未来SFで描かれる世界のようである。さらに神戸を笑いものにしているのは、使い物にならない「神戸空港」だろう。また「神戸バイオ」と呼ばれる神戸市沖合の埋め立て地に出現した「国際医療都市」も忘れてはならない。人体改造や臓器売買の一歩手前まで、「震災復興事業」の名のもとに進められている。ここで起こったのがSTAP細胞事件であったことを想起すれば、テクノ・モラルの崩壊が進行していたことがわかるだろう。神戸の開発行政にとって震災は、既存の開発計画を一気に推し進めるまたとないチャンスとなっていたことは確かである。

復興の名のもとに何が行われるか、すでに神戸では経験済みであった。東北地方の建設業界や地元経済界は、この「巨大公共事業としての復興」に、生き残りを賭けている。しかし神戸の時がそうであったように、地元にお金が落ちるのではない。市場化＝自由競争の名のもとに地元企業を押しのけ

＊6　二〇一六年七月一三日、天皇の生前退位のニュースが入った。憲法問題もさることながら、ここにもオリンピックとの関係が濃厚に示唆されている。たしかに在位中の天皇が重篤な状態にあったり、国民が喪に服すなかでのオリンピックというのはダブルバインドだ。この問題は注視を要するだろう。

て東京のゼネコンが復興事業をもぎ取り、地元にはお涙の、まさにおこぼれ頂戴程度にしか、お金は落ちてこないのが現実だった。そこでは古い利益誘導型政治と相乗りしながら、旧態以前とした自民党による利権政治に回帰していき、ますます東京への一極集中が進んでいる。そのなかで東北「地方」の東京という「中央」への従属が、さらに進行していることは、だれの目にも明らかなのではないのだろうか。オリンピックはそれに追い討ちをかけている。

　復興は、その名のもとに財源が政府から出るにもかかわらず、巨視的にみるなら、TPPのような世界レベルの「自由化」の進行と並行して進められている。このように、災害が契機となって、経済のさらなる市場化、すなわち「新自由主義プログラムの進行」に、拍車がかけられる。

　そして挙げ句のはてが、このオリンピックなのだ。九・一一と三・一一は、自由主義路線の展開という意味では、共通性がある。災害は「機会として利用された」のだと考えていいだろう。

　今回の原発事故にもかかわらず、「耐震性を増すための工事を行うから原発は安全だ」と呟くような「懲りない人々」が数多く現れているし、それを提唱する自民党安倍政権が選挙での支持を多く集めてしまった。自民党政権はかくして、三・一一の経験の否認と、原発事故への居直りを前提として、成立しているのである。だから我々は「復興」のかけ声のもとに開発主義的なテクノクラシーを進めようという懲りない確信犯を相手に、震災の経験や歴史を語らなくてはならない。かなり古い形の経済ポリティクスとポピュリスト政治が出現してきている。今やテクノロジー状況が全く異なり、労働（認知労働）も大衆（マルチチュード・コグニタリアート）という概念も、かつてとは大きく異なってきているなかで、この古い形態の経済ポリティクスにどう向き合うかが問われている。

3　エマージェンシーのなかでのノーマルシー

　大きな災害のあとには「ノーマルシー・バイアス」と呼ばれるものが見られる。ノーマルシーとは、ノーマルの名詞であり、非常事態《エマージェンシー》に対応する概念である。そもそもは第一次大戦後の、アメリカ合衆国大統領ウッドロウ・ウィルソンの後を決める大統領選で使われた言葉だ。この時の選挙で負けたウォレン・ハーディングは、この言葉をキャンペーンで使用した。すでに戦争も終わり、戦時ではないので戦時経済《エマージェンシー・エコノミックス》から、「平時にもどろう（return to normalcy）」という言葉で、戦時出費を抑える政策とともに言い出した言葉であり、この時の造語である。造語としても評判は悪かったようで、また当時は英語の音的にもよい響きではないとされ、あまり利用されてこなかった。

　しかしアブ・ノーマル（異常・病的な）、ア・ノーマル（非正規・規定外な）など、いわゆる通常性・普通であることについて、またそこからの逸脱について、いくつかの差異化とその定義が必要となってきた。なかでもこのノーマルシーという言葉を採用した「ノーマルシー・バイアス」という概念が採用されたのは心理学である。それは突然の非常事態や災害・惨事に遭遇し、大きな被害を受けた人が、その非常事態やそこにおける被害の大きさを否定し、「たいしたことはなかった」とか、「大丈夫だ、自分は普通だ」と、被害や心理的なダメージをきわめて小さく自己評価することを言う。これは非常事態の存在自体を回避したり否定したりして、被害を過少評価して「平常性（この場合非常事態に対するものとして）」を希求する、もしくは偽って主張したり、装ったりする（pretend/feign）心理的規制の一種であり、ある種の自己合理化の作用である。

現代日本のエマージェンシーとは、三・一一によって惹起された状況性である。同時にこの非常事態のなかで、「平常に戻りたい」ということが希求されている。しかしこの希求は、被害やダメージの過小評価が知らず知らずのうちに織り込まれるというトリックが働く。

この心理学用語は、社会的に敷衍できるだろう。日本社会にとっての「正常性」（通常性・日常性）とは、高度経済成長であり、自民党の安定政権もしくは五五年体制であり、またアメリカの核の傘であるともいえる。ある危機状況のもとで「元に戻りたい」という強い希望と、「非常事態＝災害」による「被害の大きさ」を否定したいという願望が、相互に結託したら、どうなるだろう。このような共犯関係が、今の日本に生まれている。

このようなノーマルシーの希求は、エマージェンシーの存在によって成立する。このエマージェンシーは、強力な政治の介入を招くことになる。それが「災害資本主義」であることは、前述のとおりである。そのなかで、ノーマルシーを願望する強い心理規制が社会的に存在している。このエマージェンシーのなかのノーマルシー願望に相乗りして、オリンピックがもくろまれている。オリンピックは、両者をつなぐ格好の契機である。

そもそもオリンピックは、日本の戦後社会にとって、ある種の「成功経験」をノスタルジックに追想させるものである。それは言うまでもなく、一九六四年の東京オリンピックである。あの時、日本はまさに、高度経済成長への曲がり角にあったのだ（さらにもう一つ言うなら、一九四〇年の東京オリンピックも、遠景で共鳴している。皇紀二六〇〇年事業の一環として大東亜共栄圏構想とともに計画されていたものだが、ここではこれ以上論じる紙幅はない）。新幹線が開通し、東京の首都高が近未来さながらの光景をみせ、テレビ放送が爆発的に普及し、民放も開局した。日本にとって、帰るべき「元の生活」であると想起され、麗しい記憶とともに蘇るのがあの「昭和」の懐かしい日々であり、そして所得倍増や高度経済成長の輝かしい記録だというのはわからないでもない。しかし、それはあまりにロマン化された認識でしかない。現実の昭和は戦災と貧困の記憶も生々しく、核戦争の危機に常にさらされながら、冷戦のスパイ的な恐怖におびえ、ベトナム戦争は激化して、日本の多くの人々は高度経済成長の裏面である公害問題に苦しんでいた。そのなかで行われていたのが、一九六四年の東京オリンピックではなかったのか。

二一世紀の日本は、二〇一一年の三・一一という大きな曲がり角を経ている。われわれが生きているのは科学哲学者・金森修に言わせるなら、〈ポスト三・一一ワールド〉という新しい世界なのだ。この世界で、われわれは二重の現状認識の板挟みにあっている。それは「非常事態」と「平常性」の板挟みだ。われわれは、どちらの世界に住んでいるのだろう？　その二つの世界の両方から欲望されるイベントが「東京オリンピック」なのである。

だからわれわれは、この〈ポスト三・一一ワールド〉で、粘り強く問い続けなければならないだろう。その「非常事態」とは何によって惹起させられたのか。自然災害だけではなく人災であり、また構造的災害ではなかったのか。帰るべき「平常性」とは何なのだ？　われわれはどこに帰り、何をもって「元の生活」に戻ったと言いたいのか。

4　小結

二〇二〇年のオリンピックが、三・一一による非常時の政治（エマージェンシー・ポリティクス）と、平常性への偏向的な希求（ノーマルシー・バイアス）の絶妙の組み合わせのなかで行われるスペクタクルであるということを、以上、簡単ながら論じてきた。

これをどうするか。基本的には、オリンピックはやめるべきだと言わざるを得ない。まだ遅くないと思う。返上すべきだ。そしてやるべきことをやろう。まずは、ポスト三・一一のエマージェンシーを隠蔽しようとするノーマルシー・バイアスを見抜いていかなくてはならない。

言論封殺の風潮が高まっている現在の日本では、オリンピックが、エマージェンシー・ポリティクスとノーマルシー・バイアスをつなぐものであることを本稿は論じてきた。スペクタクルに浮かれている場合ではない。金森が喝破したように、「われわれは、〈ポスト三・一一ワールド〉に生きている」ことこそを噛みしめなくてはいけないのだ。三・一一的状況を生み出した、科学技術と社会の界面を、何度も再確認しながら。

第II部

レガシー

先取りされた未来の憂鬱

――東京二〇二〇年オリンピックとレガシープラン

阿部　潔

1　オリンピックにどうして「レガシー」が求められるのか?

近年、オリンピック開催との関連で「レガシー(legacy)=遺産」という言葉が頻繁に用いられる。二〇一六年八月に開催される第三一回リオデジャネイロ大会の公式ホームページには、「レガシー」に関して以下のような記述が見て取れる。

> 二〇一六年リオデジャネイロ大会は、単なるスポーツイベントではありません。それは、リオデジャネイロにとってだけでなくブラジル全体にとって、レガシーを残すことでしょう。その遺産は、教育・文化・持続可能性などを含む多種多様な領域に及ぶものなのです。
> (https://www.rio2016.com/en/legacy、原文英語)

このように開催都市・国家にとって、オリンピックを単なるスポーツの大会と捉えることにとどまらず、後世に向けて意義ある遺産を残す国家プロジェクトとして位置づけることは今では当たり前となっている。だが、どうしてオリンピックの招致・開催においてレガシーが重要だとされるだろうか。なにゆえに、オリンピックは華やかなスポーツの祭典であることに加えて、開催都市・国家になにかしらの遺産を残すイベントであることを求められるのであろうか。

その理由は、第二次世界大戦後における近代オリンピックの変貌の歴史を振り返ることによって明らかとなるだろう。広く知られているように戦前一九三六年のベルリン大会は、ヒトラー率いるナチスによって主導されたきわめて政治色の強いオリンピックとして人々に記憶された。続く四〇年大会は東京での開催が決定していたが、日本軍の中国大陸侵略により「返上」され、一度はヘルシンキでの開催が決定されたが、その後の世界情勢のさらなる悪化により開催自体が見送られた。[*1]続く四四年大会は、ロンドンでの開催が予定されていたが、厳しさを増す戦況の最中で再び中止を余儀なくされた。こうした戦時期における軍事・政治的な世界情勢に翻弄されることで生じたオリンピック開催の危機という苦い経験をへて、第二次世界大戦後のオリンピックは四八年のロンドン大会から再開されたのである。全世界を巻き込んだ未曾有の大戦という人類全体に関わる悲惨を経験した当時の時代において、オリンピックというスポーツの世界的な大会が同時に平和の祭典として期待されたことは想像に難くない。だが、そうした理念への期待とは裏腹に、実際には戦後の東西冷戦構造と地域紛争がオリンピックに暗い影を落としてきたことは、これまでに諸研究が明らかにしてきた通りである。[*2]

大国間のイデオロギー的対立に代表される政治によるスポーツへの介入とならんで戦後オリンピックに突きつけられた大きな課題は、開催の回を重ねるごとに巨大化するスポーツイベントを長期間にわたり準備し、世界から多くの人々を招いて成功裡に開催するうえで要する関連経費の高騰であった。大会ごとに参加国数・参加人数が増えていくことは、オリンピック運動（Olympic Movement）の発展を意味した。だが同時にそれは、開催都市・国家にとってオリンピックの招致・開催に莫大な経済的負担がともなう事態を引き起こした。その結果、たとえ無事に大会を開催しえたとしても、スポーツの祭典はその後の都市財政に深刻な影響をもたらすようになったのである。この問題の典型事例は、七六年のモントリオール大会に見て取れる。オリンピック開催により膨大な財政赤字を抱えることになったモントリオール市は、その負債を三〇年以上にわたり背負うことを余儀なくされた。その後、日本を含む多くの西側諸国がボイコットした八〇年のモスクワ大会をへて八四年のロサンゼルス大会では、オリンピックの準備・開催を行政ではなく民間の手ですべて賄うという画期的な試みがなされ、黒字計上という成功を収めた。民間主導の理念と方法は、当時からオリンピックとスポーツを商業化する道筋をつけたと評価／非難された。だが、オリンピッ

＊1　橋本一夫『幻のオリンピック――1940年大会　招致から返上まで』講談社学術文庫、二〇一四年。坂上康博・高岡裕之［編著］『幻の東京オリンピックとその時代――戦時期のスポーツ・都市・身体』青弓社、二〇〇九年。

＊2　清水諭［編著］『オリンピック・スタディーズ――複数の経験・複数の政治』せりか書房、二〇〇四年。

クの商業化の是非を論じる際には、ロサンゼルス大会において徹底した民営化・商業化がなされた背景に、モントリオール大会に代表される従来の開催都市における深刻な財政問題があったことを見逃すべきではないだろう。

以上見てきたように、戦後の近代オリンピックが直面した課題のひとつが巨大なスポーツ・メガイベントと化したオリンピックの開催にともなう資金問題であったことを理解すると、現在オリンピック開催に際してレガシーの意義がことさらに唱えられる理由が明らかになるだろう。開催にともなう経費高騰とそれが都市財政にもたらす悪影響は、開催都市の市民・国民の批判と非難を引き起こしてきた。多くの場合において多額の公的資金を用いてオリンピックが準備・開催されることを踏まえれば、それは当然であろう。生活者・納税者の立場から見れば、たとえオリンピックが四年に一度の世界のスポーツの祭典であったとしても、わずか二週間ほどの開催期間のために、その後の自分たちの日常生活が窮地に追いやられるのであれば、それは容易には受け入れがたい。要するに、多大な経費を用いて大会を開催してもその後になにも残らないのであれば、「オリンピックを開催する意義」を市民・国民に対して明確に提示しえないのである。

こうした事情を背景として、開催都市・国家にとってなにかしら有益な遺産を残す／継承することを目標に掲げるオリンピック・レガシーという理念が提唱されたのである。[*3] 例えば、開会式や陸上競技の主要会場となるメインスタジアムに関して言えば、大会期間中のみ利用される巨大な施設に終わらせるのではなく、大会終了後も多目的利用（コンサートやイベントの会場としての使用）が可能な総合型の施設として建設することが、あらかじめ計画されることになる。オリンピック期間中の使用のためだけに造られた巨大な施設は、その後使い道がなく大きな姿のみが残ることから、ときとして揶揄を込めて「白い巨象（white elephant）」と呼ばれてきた。それと対照的にレガシーの理念のもとでのオリンピック開催においては、大会終了後に「白い巨象」を生み出すことがないように、競技関連施設の有効利用を招致計画の段階から検討することが開催都市・国家には求められる。たとえ莫大な公的経費を要するとしても、大会後に豊かな遺産が各方面において残されるのであれば、オリンピック開催には相応の意義がある。それを明確に示すキャッチフレーズが、近年声高に唱えられるオリンピック・レガシーなのである。その意味で各方面においてレガシーを残すという理念は、一方で大会開催にともなう無駄や浪費を少しでも減らし、他方で大会を通して得られる利益や価値をできるかぎり高めようとする、現実主義的な発想と計算に基づいたものである。

ここまで見てきたように、膨大な経費を要するメガイベントと化したオリンピック開催にともなう財政的な課題、ならびにそこに向けられる開催地の市民・国民からの厳しいまなざしを踏まえて、二〇〇〇年代以降ＩＯＣ（国際オリンピック委員会）はオリンピックの新たな理念の一つとして、自然環境や社会の持続可能性を考慮して「レガシーを残す」ことを明確に打ち出すようになった。こうして、スポーツと文化の祭典として始まった近代オリンピック運動に新たに目指すべき目標として「レガシー」が組み入れられた。その最たる理由は、大会招致を目指す都市・国家が「オリンピックを開催する意義」を当該市民・国民に納得してもらううえで、オリンピックが都市・地域・国家・国民にとって有意義な遺産を残すことを、大会開催に先立ちあらかじめ明確に示す必要があったからである。こうした事情は二〇二〇年の東京オリンピックにおいても同様であろう。[*4] すでに大会準備に要する経費については、新国立競技場建設をめぐる一連の騒動の中で繰り返し取り沙汰されてきた。たしかに一方で、東京オリンピック開催は経済効果や感動の共有という点において大いに期待されている。だが他方で、不透明な組織運営や世間の目には不当なまでに高額に映る関連経費に関して、厳しい批判に曝されてもいる。来るべき二〇二〇年の東京オリンピックを取り巻く現在の政治・経済・社会の情勢において、オリンピック・レガシーはどのように語られているのだろうか。次節では開催主体が刊行した公式文書を読み解きながら、そのことについて考えていこう。

2　二〇二〇年東京大会のレガシープラン――「アクション＆レガシープラン　二〇一六　中間報告」

東京オリンピック・パラリンピック競技大会組織委員会（以下、ＴＯＣＯＧ［The Tokyo Organising Committee of the Olympic and Paralympic Games］と表記）は、二〇一六年一月に「東京2020 アクション＆レガシープラン 2016～東京2020大会に参画しよう。そして、未来につなげよう。～ 中間報告」（以下、「中間報告」と表記）を公開している。「中間報告」には、二〇二〇年東京大会に向けてどのようなアクション（参画）を通して、どのようなレガシー（遺産）を作り上げていくのかの基本方針が述べられると同時に、二〇一六年初頭の時点でどのような具体的取り組みが検討されているかが明らかにされている。以下では「中間報告」の内容を検討

＊3　「オリンピック・レガシー」についての体系だった研究としては、Leopkey, B. and Parent, M. "Olympic Games Legacy: From General Benefits to Sustainable Long-Term Legacy," *The International Journal of the History of Sport*, vol. 29 (7): 924-943, 2012、Preuss, H. "The Conceptualization and Measurement of Mega Sport Event Legacies," *Journal of Sport & Tourism*, vol. 12 (3-4): 207-227, 2007、を参照。

＊4　間野義之『オリンピック・レガシー――2020年東京をこう変える！』ポプラ社、二〇一三年。

しながら、東京二〇二〇大会に向けた「オリンピック・レガシー」の特徴について考えていく。

「中間報告」は冒頭で、一九六四年のオリンピック東京大会が日本社会を変えたのに対して、今回二〇二〇年大会は「世界に改革をもたらす大会とする」ことを目標に掲げると高らかに宣言する。日本国内だけでなく世界にとって意義のある大会を実現することがTOCOG側の目標であり、それに向けて後世に残すべき遺産＝レガシーについて論じることが「中間報告」の趣旨とされる。ここで注目すべきは、招致過程の段階から繰り返し語られてきた六四年東京大会からの継承だけでなく、四〇（昭和一五）年に予定されていた「幻の東京オリンピック」について言及されていることである。具体的には「1940年大会は、明治の開国以来の発展した日本の姿を、そして1923年の関東大震災から復興した東京の姿を世界に示したいということが招致の理由」とされ、六四年大会は「戦後の焼け野原から復興・復活した東京・日本の姿を世界の人に知ってもらう機会」となったことが確認される（写真1）。そのうえで、二〇二〇年大会では「「東日本大震災からの」復興に寄せられた世界中からの支援にどう感謝の意を示すか、スポーツが復興・社会に寄与する姿をどう発信するか」が問われていると述べられる（「中間報告」一〜二頁）。それぞれの歴史上の時期において「復興」が重要な位置を占めていた／いる点を強調することで、首都東京でオリンピックを開催する歴史的な意義を読者に訴えかける手法が、そこでは採られている。だが、ここで語られる東京とオリンピック開催をめぐる歴史は、いささか奇異なものである。その理由は、従来であれば、戦前・戦中の軍国主義との関連で記憶されてきた「幻のオリンピック」は、少なくとも公的な歴史の語りにおいて否定的に論じられてきた（あるいはその存在自体が忘却されてきた）であろうし、オリンピックの歴史記述においても、前回ベルリン大会との類似性において軍事・政治によるオリンピック理念の侵害（自国の国威発揚による政治的利用）の事例として語られるのが常であったからだ。[*5] しかし「中間報告」では、そうした歴史上の事実は見事なまでにかき消され、当時計画されていた四〇年大会が幻と化した理由は「結果的には、国際情勢が不安定となり中止」とだけ言及される。そこでは、日本自らが引き起こした「不安定」（中国大陸への侵略）が、まるで他人事のように「結果」として語られる。さらに言えば、同大会には関東大震災から復興した東京の姿を世界に示すこと以上に、同じく四〇年に開催が計画されていた「万国博覧会」とともに「皇紀二六〇〇年祝賀」のための国家イベントとして計画されていたことにも、当然のごとくなにも言及はない。[*6] 震災からの「復興」のために計画された四〇年大会は、残念ながら国際情勢に振り回されることで実現しなかった。そのように「幻のオリンピック」の歴史が淡々と語られる。

写真１　64年東京大会のレガシーのひとつ、代々木第１体育館（設計：丹下健三）。
photo: Joe Jones

ここに見て取れるのは、戦前についての歴史認識・解釈におけるある種の修正主義である。それは六四年大会の位置づけにも共通する。東京オリンピック開催を戦後日本の復興を象徴するイベントとして理解する語りは、戦後の繁栄を礼讃する立場におけるクリシェ＝決まり文句である。だが、真摯に歴史と向き合うならば、輝かしい繁栄の陰で急速な近代化・産業化にともなうさまざまな社会のひずみが蓄積されていった事実が浮かび上がらざるをえない。日本各地で生じた「公害問題」は、その最たるものであろう。だが奇妙なことに、一方で「中間報告」は現在の環境問題や持続可能社会という課題への取り組みとの関連で、かつて日本はその高い技術力によって公害問題を解決したことをことさらに強調する。だが他方で、公害を生み出した当時の社会・経済的な諸状況への反省は見当たらない。六四年大会が象徴する戦後復興と経済繁栄は、後世が受け継ぎ、人々によって懐かしく思い出

＊5　*The International Journal of the History of Sport*, vol. 24 (8), Special Issue: The Missing Olympics: The 1940 Tokyo Games, Japan, Asia and the Olympic Movement, 2007.

＊6　一九四〇年（皇紀二六〇〇年）に計画されていた東京オリンピックと万国博覧会については、古川隆久『皇紀・万博・オリンピック――皇室ブランドと経済発展』中公新書、一九九八年、夫馬信一『幻の東京五輪・万博１９４０』原書房、二〇一六年を参照。

されるべき遺産としてのみ記憶されている。このように六四年大会を戦後復興の証としてのみ位置づける「中間報告」の語りは、現在にとって都合のよい事実だけを取り立てて強調する点で、修正主義的な歴史観と言えよう。

以上述べたように、東京における一九四〇・一九六四・二〇二〇という三回のオリンピック開催の意義と連続性を「復興」をキーワードに示したうえで、「中間報告」は二〇二〇年大会を「人々の記憶に、そして歴史に残る大会としたい」との願望を語る。それに向けた今後の具体的対策として「大会開催前から計画的にアクションに取り組み、各分野にハード・ソフトの両面にわたるレガシーを創出することで、次代の日本社会の姿を子供達に示すことを目指していきます」（二頁）との基本方針が提示される。その方針のもとでオリンピックの遺産を残すべく、二〇二〇年に向けて「5本の柱」ごとに「アクション&レガシープラン」の詳細が述べられる。「5本の柱」とは、①スポーツ・健康、②街づくり・持続可能性、③文化・教育、④経済・テクノロジー、⑤復興・オールジャパン・世界への発信、である。以下順を追って、その内実を見ていこう。

①スポーツ・健康――オリンピックがスポーツの祭典であることを考えれば、ここで目指されるレガシーは最重要であると想定される。だが、少なくとも「中間報告」を読むかぎり、今後多くの人がスポーツに取り組むことは来るべき高齢化社会を見据えて「医療費の削減」を図る点で意義があるとされ、二〇二〇年大会に向けた参画（アクション）を通して「スポーツを『する・観る・支える』社会」を目指すことが謳われているにすぎない。オリンピックの根幹とも言うべきスポーツに関するレガシー形成が一般論の域を出ないことは、一見すると奇異に感じられるかもしれない。だが、それには確たる理由があると判断される。これから見ていくように、後続する各項目で提示されるレガシーは、冒頭の「スポーツ・健康」に関わるレガシーと比較して、より具体的な内実を含んだものである。ここから浮かび上がるのは、実のところ「オリンピック・レガシー」の主たる目的は、必ずしもスポーツに関する遺産形成ではないという事実である。「中間報告」が明示するように、オリンピックを通して「各分野にハード・ソフトの両面」に関わるレガシーを創出することが目指されるが、それは当然ながらスポーツ以外のさまざまな事柄におよぶ。そして見落としてならないのは、むしろそれら多様な領域において「遺産を残す」ことに「アクション&レガシープラン」の意図と意義が賭けられている点である。それゆえ、オリンピック・レガシーの本質に迫ろうとするならば、スポーツ以外の側面により多くの注意を差し向けることが求められる。

②街づくり・持続可能性――ここでは、二〇二〇年に向けて開催都市東京をどのように作り替え／直していくべきかが

論じられる。その際のキーワードは「再生」である。世界的な関心を集める環境問題や自然資源の枯渇を視野に入れて、従来のような自然を破壊し資源を浪費する街づくりではなく、未来に向けて持続可能な都市のあり方が模索される。と同時に、冒頭で述べられた東日本大震災からの復興や地方創生との関連で「日本の再生」がアクション&レガシーの目標として掲げられる。ここで注目すべきは、先に触れた戦後日本の歴史認識における修正主義的立場において等閑視される「公害問題」が、日本が自ら克服した意義ある経験として語られている点である。

> 過去において、水質汚濁・大気汚染等の公害問題を克服し、石油ショックを経て世界有数の省エネルギー国家を実現した日本は、東京２０２０大会においても率先して気候変動の抑制、地球の持続可能性に配慮した取組を進める必要がある。将来を見据えれば、東京２０２０大会をエネルギー消費、環境負荷を増大させずに経済成長を可能とする世界を実現する契機とすべきである。（三一頁）

こうした語りによって、産業化にともなう負の遺産である「公害問題を克服」できた日本は、現在世界が直面する持続可能性のある社会の実現という困難な課題に率先して取り組むことができるはずであり、二〇二〇年のオリンピックを未来に向けた挑戦の契機とすることが日本の責務であり、また残すべきレガシーであるとされる（より具体的な取り組みについては④経済・テクノロジーで述べられる）。

エコロジーや持続可能性というテーマは、IOCがオリンピック理念のひとつとして掲げているものであり、二〇二〇年東京大会に特有なものではない。だが、戦後日本の自己語りにおいて過去の負の遺産＝公害問題の「原因」へと目を向けるのではなく、その「克服」のみを受け継ぐべき遺産としたうえで、その延長線上に東京の再生を目指すことが「中間報告」では謳われる。ここに見て取れる戦後の「負の遺産」への独特な向き合い方は、そもそもTOCOGが目指す「街づくり」のレガシーとはどのようなものであり、そのもとで推し進められる首都東京の再開発が実際のところどのような帰結をもたらすのかを、いみじくも語っているように思われる。[*7]

③文化・教育――ここでは、日本人が自文化の美徳を認識し、教育を通してそれを継承していくことの重要性が強調さ

＊7　オリンピック招致と東京再開発との関連を批判的に論じたものとして、町村敬志「メガ・イベントと都市空間――第二ラウンドの『東京オリンピック』の歴史的意味を考える」『スポーツ社会学研究』一五、二〇〇七年、三―一六頁、参照。

れる。二〇二〇年東京オリンピックを開催することで、日本文化の特徴である「和の精神」を日本人が再認識し、後世へと伝えていくことが文化・教育におけるレガシーであるとされる。それを実現するうえで、小中高等学校での教育を通してさまざまな事業に取り組むことが必要であると「中間報告」は指摘する。ここには、典型的な「文化ナショナリズム」の語りが見て取れる。伝統文化だけでなくマンガやアニメなどいわゆる「クール・ジャパン」と総称される現代文化が海外で高い評価を受けていることを踏まえて、東京オリンピックは「日本の文化を国内外に発信する絶好の機会」として位置づけられる。東京大会を通じて「和の精神」に基づき世界各国の文化とのあいだで交流を深めることは、スポーツのみならず文化の祭典でもあるオリンピック理念に照らして望ましいことだとされるのだ。

さらに「中間報告」では、日本文化の特質である「和の精神」を「正しく伝え、継承する」ことの重要性が強調される。そのためにも、二〇二〇年の東京大会に向けてさまざまな文化行事を開催し、それを通して日本文化の素晴らしさを正しく受け継ぐ機会を増やすことが教育に求められる。ここで注目すべきことは、小中高等学校だけでなく、日本全国の大学もそうしたレガシー形成の重要な担い手として期待されている点である。「中間報告」には、二〇一五年一二月時点で「大学連携」の数はすでに七八六校にのぼることが誇らしげに記されている。

このように、教育を通して「和の精神」を再評価し、それを正しく継承する意義を示したうえで、「中間報告」は今現在の「若者」が次世代を担う「当事者」としての意識を持つことが肝要であると主張する。

> 若者が、東京2020大会を契機に、将来の国際社会や、わが国を担う人材としての礎を固めること、オリンピック・パラリンピックの後の次代を担うのは自分自身である、という若者自身が当事者としての意識を持つことが重要である。（四四頁）

だが、ここには奇妙な矛盾が見て取れる。「中間報告」では教育によって日本文化を継承する必要と意義が繰り返し唱えられるが、そこで想定されているのは教育機関や行政がイニシアティヴを持つ取り組みである。当然のごとく、教育を受ける側＝児童・生徒・学生は自ら進んで日本文化を担うのではなく、外部からの教育を介した働きかけの結果、後世に残すべきレガシーの担い手になりうるのだ。その意味で若者は、次世代の「当事者」となることを課される存在でもある。このように、一方で文化的レガシーの担い手として期待されながら、他方で「当事者」であることを強いられる若者。この矛盾を可能にしているのは、「文化レガシー」の名において二〇二〇年東京オリンピックに向けて人々を動員しようとする教育実践にほかならない。ここには、オリンピック・レガシーのもとで継承が目指される「日本文化」が、実のところ誰にとって／どのような点において意味あるものなのかがはしなくも見て取れる。伝統的であれ現代的であれレガシーとして継承される文化は、若者自身のなかから湧き出るものではない。「和の精神」とは、その継承が必要であるとみなす立場・世代がパターナリスティックな仕方で若者を「当事者」に祭り上げることで成し遂げようとする、あくまで国家にとっての遺産にほかならない。

④経済・テクノロジー――ここではオリンピック開催にともなう経済効果が、当然のごとく前提視されている。二〇二〇年の東京大会開催は、オリンピックというスポーツイベントとしてのみならず、多種多様な関連業界に対して経済的な効果を及ぼす。それを一過性とすることなく、今後の日本経済の一層の活性化につなげることが、目指すべきレガシーだとされる。だが、メガイベント開催と経済効果との関連を論じてきた過去の研究では、開催都市・国家、さらに関連業界が声高に喧伝するオリンピックの経済効果は、実際にはかなり疑わしいものであることが繰り返し指摘されてきた。[*8] 二〇二〇年東京大会の経済的なレガシーの内実を検討するうえでも、その点を忘れるべきではないだろう。

「中間報告」は経済・テクノロジーに関するレガシー形成の目標として、「ジャパンブランドの復権」を掲げる。その背景に、一九九〇年代以降の「失われた二〇年」を踏まえて、かつて「ジャパン・アズ・ナンバーワン」と外国から称讃され、そのすぐれた技術力によって世界を席巻した「メイド・イン・ジャパン」のナショナル・ブランドとしての優位性を取り戻そうとする国家的な経済戦略があることは、ここで改めて言うまでもない。「中間報告」では、かつて優れた半導体生産技術と価格優位性によって一世を風靡した家電製品・情報器機に代わって今後「ジャパンブランド」の活躍が期待できる分野・領域として、「ロボット技術」ならびにそれと関連した「AI（人工知能）」や「ビッグデータ」、さらにオリンピック選手村等での実験・実施が予定さている「水素社会」が挙げられる。このように二〇二〇年の東京オリンピックを、日本の高い技術力を活かせる最先端テクノロジー領域において国際的な競争力を高めるキッカケとして最大限に活用することが、大会開催にともなう経済効果を一時的なものに終わらせることのない「経済・テクノロジー」におけるレガシーだとされる。

＊8　経済効果という観点からオリンピックの問題点を検討したものとして、アンドリュー・ジンバリスト『オリンピック経済幻想論――2020年東京五輪で日本が失うもの』田端優訳、ブックマン社、二〇一六年を参照。

ここで注目すべきことは、「ジャパンブランドの復権」の鍵を握ると期待される最先端テクノロジーが、オリンピック開催にともなう特定の目的との関連で位置づけられている点である。それは、さまざまな意味における「セキュリティ」である。少子高齢化社会において喫緊の課題である高齢者の安全であれ、パラリンピックの担い手たる障害者が安心して暮らせる都市の実現であれ、東日本大震災をはじめとする日本を襲う自然災害に対する今後の防災であれ、国際関係において脅威と見なされるサイバーテロリズムへの対抗措置であれ、今日の日本が抱えるセキュリティをめぐる諸課題への対応策として「官民一体となった安全・安心を担う危機管理体制を構築する」必要があると指摘したうえで、東京大会ではその実現に向けてテクノロジーの推進と運用が目指される。その具体的な取り組みが「政府・都・組織委員会などの関係機関が連携強化し、官民一体となった危機管理体制を構築。セキュリティカメラ・システムの整備やドローン等の技術開発を行い、生体認証等を用いたスムーズな入退場管理の実施。競技観戦等における安心・安全な大会運営に活用」（六一頁）として例示される。このように「安全・安心」をキーワードとして、高度な日本のテクノロジーを世界に示すべく東京大会の競技施設や関連施設を「ショーケース（見本市）」として活用することが、「経済・テクノロジー」に関わるレガシー作りにおいて重視されるのである。[*9]

東京オリンピック開催との関連で、経済・テクノロジー領域において残すべきレガシーが論じられるとき、そこには当然のごとく「国家のために」との側面が濃厚に見て取れる。「ジャパンブランドの復権」というスローガンはまさにそれを示しているし、近年、技術力と価格の双方において近隣アジア諸国とのあいだで厳しい競争を強いられ続けている日本経済において、ロボット、ＡＩ、水素といった最先端技術の開発・企画力で優位性を保とうとする戦略には、戦後日本社会の成長と繁栄を下支えした「テクノ・ナショナリズム」の残滓とも呼ぶべきものが見て取れる。日本が相対的な経済的優位性と物質的な繁栄を謳歌しはじめた一九六〇、七〇年代以降、グローバル化のさらなる進展のもとで経済とテクノロジーを取り巻く国際的な情勢は大きく変化した。その歴史的事実を直視することなく、かつて輝いていた自らの姿を「復権」することにいつまでもノスタルジックに拘泥する現在の日本社会の窮状は、オリンピックを介して残そうとするレガシーの姿のうちに臆面もなく示されている。

⑤復興・オールジャパン・世界への発信——ここでは、二〇二〇年東京オリンピック開催を契機とするレガシー形成の総括的な議論が繰り広げられる。「復興」をキーワードに一九四〇・一九六四・二〇二〇の三回にわたる東京開催の意義と歴史を位置づける「中間報告」の立場を示したうえで、オリンピックの遺産を後世へと引き継ぐべく二〇二〇年大会に

向けて「オールジャパン」で取り組む必要性が強調される。「中間報告」によれば、このオールジャパンには二重の意味が込められている。第一に、開催都市である「東京だけでなく日本全体」にとってオリンピックを意義あるものとする。そのために、第二に「できるだけ多くの人、できるだけ多くの団体の参画、盛り上げ」のもとで大会を開催する。「オールジャパン」の名のもとで日本の国全体として、国民全員が一丸となってオリンピックを成功させ、その成果と意義を世界に向けて発信することで、オリンピック・レガシーをより意義深いものにすることが目指されるのだ。

こうした「復興」に向けた「オールジャパン」の推奨に、かつて戦時中にナショナリズムを具現化する方途として用いられた総動員体制の影を見て取ることは容易である。ただし、メガイベントに乗じた二一世紀のスポーツ・ナショナリズムには、経済における周到な戦略と打算も同時に見て取れる。それは「復興」をなし遂げた被災地域それ自体を、世界に向けた観光資源として利用しようとする発想である。

> 東京２０２０大会後も、地域の魅力や復興の姿を継続的に世界に発信し、観光客等の被災地への呼び込みや大震災の記憶の風化防止を図るとともに、産品等の活用などによる新たな観光資源の発掘や風評被害を払拭し、被災地での産業振興を図る。（六五頁）

ここで謳われるレガシーとして目指すべき「復興」とは、被災地域に暮らす人々が震災ならびに原発事故によって被った悲惨から立ち直り、以前と同様の日常生活を送ることではなく、二〇二〇年東京大会をいわば博覧の場として「復興した日本の姿」を世界に示し、そのことで観光ビジネスの新たなチャンスを切り開くことにほかならない。そのためには、被災地の人々が今でも放射能汚染の潜在的被害に日々怯えながら暮らしている姿は巧妙に隠蔽され、そうした不都合な現実を感じさせる、あるいは想起させるものはすべて「風評被害」として「払拭」の対象とされるのである。[*10]

大会招致をめぐりイスタンブール、マドリッドとのあいだで繰り広げた激しいロビー活動の最終ステージとも言えるIOC総会でのプレゼンテーションの場で、安倍晋三首相は世

---

*9 二〇一二年ロンドン・オリンピックに際して、大会運営のセキュリティのために導入・実践されたさまざまな監視実践が、その後「レガシー」として残された点を批判的に検討した研究として、Boykoff, J. and Fussey, P. "London's shadow legacies: security and activism at the 2012 Olympics," *Contemporary Social Science*, 9 (2): 253-270, 2014を参照。

*10 原発事故被災地域における「風評」ならびに「風評被害」について検討した研究として、三浦耕吉郎「風評被害のポリティクス——名づけの〈傲慢さ〉をめぐって」『環境社会学研究』二〇、二〇一四年、五四－七六頁を参照。

界各国から懸念された東日本大震災にともなう原発事故への対応に触れて「状況は統制のもとにある（situation is under control）」と豪語した。その発言はさまざまな波紋を引き起こしたが、今振り返るならばその真意は以下のようなものであったと思われる。つまり、オリンピックを招致し開催するからには、未曾有の被害を引き起こした原発事故の惨状を国内的にも国際的にも可視化させない強硬な政府方針を打ち出し、そのもとで見映えのよい「復興」の姿だけをオリンピックの晴れ舞台で世界に向けて発信し、それをレガシーとして記憶・継承するような国家体制を断固として整える。一国のリーダーの口から発せられた自信満々の「アンダー・コントロール」との言葉は、そうした決意表明を示唆していたのである。このように考えると、オリンピック・レガシー創出に向けたアクションとして掲げられる「復興・オールジャパン・世界への発信」とは、一方で原発事故にともなう放射能汚染の現実から国内の目を逸らせようとする政治的思惑と、他方で外見上は復興したかのように映る日本の姿を観光資源として世界に向けて売り込もうとする経済的な利害とを、オリンピックという格好の機会を利用して体よく実現しようとするあざといもくろみにほかならないことが浮かび上がる。「オールジャパン」に込められた「できるだけ多くの人、できるだけ多くの団体」のもとで、国民一人ひとりが「心のレガシー」を作る／残すことを推奨する「中間報告」の美辞麗句には、後世に残すべきレガシーとして未来に向けた夢を描き出すことによって、今現在の社会を覆う厳しい現実を粉飾しようとする意図が見え隠れする（写真2）。

3 「東京オリンピック・レガシー」のイデオロギー

二〇二〇年東京大会が目指すレガシーについて述べた「中間報告」を検討した結果、現在取り組まれているオリンピック・レガシーに関して、いくつかの特徴が浮かび上がる。第一に指摘できるのは、TOCOGが推進する「アクション＆レガシープラン」には、ナショナリスティックな側面が色濃く見て取れる点である。「5つの柱」のもとで論じられる後世に残すべき遺産形成は、国家のイニシアティヴのもとで推し進められることが想定されており、その基本方針のもとで国民一人ひとりが各々の場で、それぞれができることを果たしていくことが期待されている。こうしたレガシー創出のあり方をめぐる発想に、戦時期の日本社会を特徴づけた国家総動員体制の現代版を見て取ることは、あながち的外れではないだろう。だが同時に、ここで見誤るべきでないのは、オリンピック・レガシーの名のもとに動員される国民は、特定の主義主張やイデオロギーによって糾合されるのではなく、むしろ各人の個別具体的な経済的な利益や利害に基づきながら、ある意味でゆるやかに、別の言葉でいえば個々バラバラに、

写真２　2020東京大会のレガシーのひとつとして目指された、新国立競技場国際デザイン・コンクール最優秀賞作品（デザイン：ザハ・ハディド）。すでに大会開催を待たずして「幻のレガシー」と化した。
photo: 日本スポーツ振興センター（www.jpnsport.go.jp/newstadium/Portals/0/NNSJ/winners.html）

結果として統御されていく点である。そのことを踏まえるならば、それぞれが主体性と自発性を尊重しながら「できるだけ多くの」参画を呼びかける「オールジャパン」という理念は、今日的な動員メカニズムの特質を端的に表していると判断される。そこでは、一人ひとりの個別の利害や関心と、全体としての「みんな」のそれとがときとして矛盾やズレをはらみながらも、オリンピックという共通の目標のもとで、かろうじて重なり合うことが目指されているように見受けられる。

第二に、レガシー創出に向けて人々が「自主的」に動員されていくうえでの媒介／触媒として「日本の文化」が措定されるが、これは典型的な文化ナショナリズムである。自文化の価値と優越性を暗黙の前提としたうえで、それを共有し共感する「私たち＝国民」という「想像の共同体」（B・アンダーソン）の形成をもくろむナショナリズムの発想が、そこに顕著に見て取れる。だがこの文化ナショナリズムは、自文化とは異なるその他の文化に対して排他的・抑圧的に振る舞うのではなく、オリンピックという世界の祭典の場にふさわしく「文化の交流」を推し進めることを推奨する。それを可能にするのが、日本文化の伝統とされる「和の精神」にほかならない。それぞれの文化は互いに異なるがゆえに、ときとして対立や葛藤を生み出しかねない。だが、それら多様な文化のあいだに「和」を築き上げることこそが、日本文化の本質である。そのように日本文化を自讃したうえで、オリンピックを契機に後世へと残すべき文化的レガシーとは、今日のグローバルな世界において「和」をもって異文化をつなぐ実践であるとされる。

第三に指摘できるのは、先に述べた政治的な動員や文化的な統合といった要素以上に、今後の日本における国家的な経済戦略がレガシープランにおいて実のところ重要な位置を占めている点である。具体的には「復興」をキーワードに観光立国へと躍進することが、レガシープランでは明確に目指されている。来る東京オリンピックを「復興」との関連で語る理由は、二〇二〇年までに復興を成し遂げた日本の姿を世界に示すだけでなく、その機会を利用して世界中から寄せられる視線に向けて震災被災地も含めた新たな観光スポットを見せつけることで、大会終了以降の観光産業をより一層活性化させようとするもくろみがあるからだ。この点に着目するならば、「アクション&レガシープラン」を後押しする政治的な思惑も文化的な矜持も、国家的な経済的利益を見越した観光産業の推進を前提とするかぎりにおいて効力を発揮するものなのかもしれない。それをポストモダン社会と形容しようとポストフォーディズム体制と呼ぼうと現在の時代状況のもとでは、総動員ナショナリズムも文化ナショナリズムもともに、実のところ身も蓋もない経済ナショナリズムの中心性を自明の理としたうえで喧伝されるかぎりにおいて、オリンピック開催都市・国家に暮らす人々に対して訴求力をもつにすぎないように思われる。

このように「中間報告」を慎重に検討していくと、そこに「ナショナリズムの影」がたしかに浮かび上がる。これまでオリンピック研究が繰り返し指摘してきたように、近代オリンピックというメガイベントは、その崇高な理念にもかかわらず実際の歴史においてナショナリズムとの密接な関係のもとに常におかれてきた。そのことは、来るべき二〇二〇年東京大会においても同様であろう。[*11] だがしかし、オリンピックをめぐり近年取り沙汰される「レガシー」という理念と方針の本質に迫ろうとするとき、従来からのナショナリズム批判では必ずしも十分でないように感じられることも、また事実である。ここまで見てきたように、二〇二〇年大会に向けたオリンピック・レガシーへの具体的な取り組みには、国家機関や教育行政が発揮する権力作用が窺われる。だが同時に、そうした旧来からのナショナルなものとは位相を異にするところで、レガシー創出の取り組みはなにごとかを果たしているのではないだろうか。あえて感覚的な言葉でいえば、今現在の日本社会が、レガシーを残すことを前提としたうえで二〇二〇年に向けてひたすら突き進もうとする姿のなかに、なにかしら形容しがたい居心地の悪さを感じざるをえないのである。これは果たして、なにに対するどんな違和感なのだろうか。この感覚に言葉を与えることを目指して、最終節でオリンピックを通して作り上げられるレガシーと「未来」との関わりについて考えてみよう。

4 「約束された未来」と不自由

オリンピック開催に先立ちさまざまなレガシーが語られる今日的な状況において、なにが違和感を引き起こしているのだろうか。そこには、単なるナショナリズムにとどまらないどのような問題が潜んでいるのだろうか。

もしかするとレガシー(legacy)という英単語の語源にさかのぼることで、この疑問を解く鍵を手に入れられるかもしれない。辞書を紐解くと、そこにはlegacyの語源がlegate(ローマ教皇特使・使節)にあることが記されている。この言葉の成り立ちを理解すると、そもそものレガシー=遺産の起源は、宗教的な権威と使命のもとに派遣された人物(特使)が、その赴任地において果たすべき営為(ミッション)であったことが窺い知れる。つまりレガシーとは、正当な権威によってほかの場所/異なる時代へと引き渡されていく「価値あるもの」なのである。この語源に照らし合わせるならば、TOCOGが「アクション&レガシープラン」で唱える東京オリンピック・レガシーは、文字通りの「レガシー」を目指したものと言えるだろう。なぜなら、開催都市・国家における権威が後世へと引き渡したいと自ら意図する事柄を明示し、それを正統なもの=実現すべき価値として次代を担う若者が受け継ぐべきことを高らかに訴えているからだ。二〇二〇年のオリンピック開催に向けて、さらに大会終了後の未来の日本において遺産として残されるべき事柄とは、現在の権威が未来へと託そうとするものにほかならない。この点にこそ、オリンピック・レガシーにまとわりつく違和感のひとつの要因が見て取れよう。そこでは、なにが残すべき遺産とされるかではなく、どのようにレガシーとして受け継ぐべきかということがもっぱら示されることで、社会において残る/残す事柄をめぐる議論の射程はあらかじめ制限されてしまう。教会組織内部での布教に関する議論に際して、教義を広めることの正しさに対する根本的な疑問が投げかけられることはない。そこではただ、どのように教えを広めるかが課題とされるだけだろう。まるでそれと同じように、オリンピックを通じて残すべき遺産それ自体をめぐる是非は、「アクション&レガシープラン」においてそもそものはじめから不問に付されている。

こうして残すべき遺産が権威によって正統化されることで、

---

*11 二〇二〇年東京オリンピックを見据えて、現代的なスポーツとナショナリズムとの関係性を論じたものとして、石坂友司・小澤考人[編著]『オリンピックが生み出す愛国心——スポーツ・ナショナリズムへの視点』かもがわ書房、二〇一五年を参照。

今ある「現在」の先にあるはずの来るべき「未来」のあり方は大きく規定されてしまう。なぜなら、後世に残すべきレガシーがあらかじめ決められているならば、今後のあるべき／実現すべき未来とは、それを十全に実現することのみを意味するからである。たしかに、目指すべき理想として掲げられるオリンピック・レガシーは、今現在の社会をより豊かで／快適で／暮らしやすい未来へと引き継ぐことを約束している点で、多くの人々の賛同を得やすいであろう。だがそのことと、残すべきとされる遺産の内実が来るべき社会にとって望ましいものであるかどうかは、明らかに別次元の問題である。それにもかかわらず、オリンピックに乗じてレガシーが声高に唱えられるとき、その区別は見事なまでに忘れ去られている。逆に言えば、未来へ引き渡そうとする遺産の正統性をそもそも問わないからこそ、今現在の国家権力にとってオリンピック・レガシーの名のもとで二〇二〇年まで／からの日本社会のビジョンを描くことには、大きな政治的意味があるのだ。

ここに見て取れるのは、来るべき未来との関わり方を規定してしまう反・社会学的（あるいは反・政治的）な（非）想像力にほかならない。たとえ「現在」からなにかしらを引き継ぐことではじめて「未来」がありえるとしても、歴史という時間軸のもとで考えるならば、今ある現在と来るべき未来との関係はあくまで偶有的なものであるはずだ。私たちが実際に生きる社会それ自体に潜むこの偶有性は、「過去」と「現在」との関係を振り返れば容易に理解できるだろう。今では歴史となった過去の出来事の延長線上に、日々を生きる私たちの現在は成立している。だがしかし、私たちが過去から引き継いだ／受け継いだ事柄は、当然ながら過去の人々が来るべき未来の世代（＝今現在の私たち）に残そうと意図したものと完全に一致することはない。むしろ、過去から現在へと至る歴史的時間のもとで、受け渡しと引き継ぎの狭間でさまざまなズレ・誤認・誤配などが生じるからこそ、私たちが暮らす社会はそれぞれの時代において独自の個性と豊かさを持ちえるのではないだろうか。だが、後世におけるレガシーがあらかじめ決められ／約束されるとき、現在と未来との関係を特徴づける偶有性は巧妙に制御されてしまう。ここで社会をめぐる想像力とは未知なるものへの構想力にほかならないことを思い起こすならば、オリンピック・レガシーを根拠づける発想と実践は文字通り反・社会学的であることが確認できる。

このように考えるとき、一見すると健全で誰にでも受け入れられるかのように思われる「未来に残すべきレガシー」という発想自体に、実のところおぞましい暴力が潜んでいることが明らかになる。例えば、オリンピック開催に向けて「できるだけ多くの人」の参画を促すとき、そこでは将来における感動が約束されることが少なくない。世界各国からアスリートと観客が集まるオリンピックというスポーツの祭典に参加することで、これまで経験したことがないような感動が得られることが喧伝され、その感動を日本社会に暮らす「できるだけ多くの人＝みんな」で共有することが推奨される。だが冷静に考えてみれば、スポーツを介して生じる感動とは、それをあらかじめ予測することも約束することも原理的にできないからこそ、人々を惹きつけるのではないだろうか。人間の身体を介した相互行為であるスポーツの醍醐味は、そこで生じる不確実で偶有的な関係性にこそある。最初から勝負の行方が分かっているゲームに人は興奮しない。実際になにが起こるかは「やってみなければ分からない」からこそ、スポーツイベントは人々を魅了してやまないのである。そうであれば、スポーツを観戦することで観客たちが味わう感動も、また同様であろう。実際に感動するかしないかは、そのときになってみなければ分からない。前評判がきわめて高かった世紀の対決であっても、結果として凡庸で退屈な試合に終わることは珍しくない。それとは逆に、たいして期待されていなかった対戦が、後々まで語り継がれるような感動のゲームとなることもありうる。このように考えれば、スポーツイベントが生み出す感動は本来的に予測不可能であり、その実現を約束することも計画することもできないと理解される。しかしながら、オリンピック開催を通して残すべきレガシーが取り沙汰されるとき、必ずと言っていいほどに「みんなで／みんなの感動」を実現することが平然と唱えられ、それが今ではレガシー語りにおいて当たり前となっている。レガシーとして賞賛され欲望される未来の感動は、現実に生きられる社会の偶有性から生まれるものではなく、来るべき未来をあらかじめ周到に管理し、制御したことの結果＝成果物にすぎない代物であろう。あらかじめ約束された感動は、スポーツそれ自体が生み出す本来の魅力と断じて同一視されるべきではない。

大会開催後に遺産となるべき事柄を、今現在の時点において計画＝プランするというオリンピック・レガシーという発想と実践。それは偶有的であるがゆえに生まれる未来における社会の可能性を、文字通りなきものにする試みではないだろうか。「中間報告」には「東京2020大会の感動と記憶をそれぞれの心のレガシーとして残すことで、後世に語り継がれるようにする」（六八頁）との一文が見て取れる。一見すると無邪気なこのスローガンには、今日的なレガシーの不気味さが凝縮されている。なぜなら、本来であれば自由な個人に任される未来における「感動と記憶」を、二〇二〇年を過ぎた時代においても「語り継がれる」ような「心のレガシー」とすることが臆面もなく謳われているのだから。そこに開かれた未来への契機は微塵も感じられない。あるのはただ、使命を背負った特使（legare）が権威の意図と思惑に従いながら他者へと広めようとする「ひとつの未来」にすぎない。

二〇二〇年東京オリンピックに向けて作り上げられるレガシーは、あらかじめ「先取りされた未来」の姿を描き出そうとする。だが、偶有性に満ち不確実でもある「社会」を自ら引き受ける勇気を持ち続けようとするならば、私たちはレガシーに潜む暴力に抗い、それを断固として拒否する意思と自由を示さねばならない。そのためにも、これから日増しにその不気味なプレゼンスを高めていくであろう東京二〇二〇年オリンピックに対して、「未来への自由」の名のもとに毅然として「NO！」を突きつけなければならない。その決意と覚悟、そして諧謔がスポーツと社会を愛するすべての人に今まさに求められている。

「リップサービス」としてのナショナリズム

石川義正

ベルリンと東京、二つのスタジアム

二〇一五年一二月二二日、「二〇二〇年東京オリンピック・パラリンピック」の主会場に予定されている「新国立競技場」は、「木と緑のスタジアム」をコンセプトにした「新国立競技場整備事業 大成建設・梓設計・隈研吾建築都市設計事務所 共同企業体」のプランで建設することが発表された（写真1）。この案は、同年七月に「白紙撤回」されたザハ・ハディド案で問題とされた総工費（約二五二〇億円）が約一四九〇億円まで圧縮され――とはいえ国際的に比較しても群を抜いて巨額な予算規模である――、高さはザハ案の七〇メートルに比べて四九・二メートルに抑えられている。地上五階・地下二階建、すり鉢状の三層のスタンドで、デザイン面では「大屋根の下面や庇下部、内装などに利用される木材が、日本らしさを生み出す要素となっている」[*1]（傍点引用者）のが特徴とされる。

　ここで言及されている「日本らしさ」とは、ザハ案撤回後の八月に公表された新たな整備計画に「基本理念」の一つとして盛り込まれた「周辺環境との調和や日本らしさ」という基準に基づいている。一二年一一月にザハ案を最優秀に選出した当初の「新国立競技場国際デザイン・コンクール」では「あらゆる制度的な枠組みを超えた、地球人がつくる地球人のための建築でなければならない」[*2]という審査委員長・安藤忠雄の言葉にあるように、オリンピックというイベントの建

写真1　新国立競技場完成予想図（大成建設・梓設計・隈研吾建築都市設計事務所 JV 作成）
photo: 日本スポーツ振興センター（www.jpnsport.go.jp/newstadium/tabid/497/Default.aspx）

て前であるグローバルもしくはインターナショナルな価値観が重視され、その結果としてザハ案の「スポーツの躍動感を思わせるような、流線型の斬新なデザイン[*3]」が評価されたのだった。したがって、そこから当時の安倍内閣の主導による――「安保法制」成立を前に支持率低下に苦慮していた起死回生の政治的策謀として――「『日の丸』排外主義《ショービニズム》」（磯崎新）への急転直下といっていいコンセプトの一八〇度の転換は、それ自体で隈研吾らによる環境オリエンテッドでナショナルな表象の価値を疑わせるに足るものだが、しかしじつはそれだけでなく今まさに日本社会が迎えつつある一つの時代的な転換点を象徴しているのかもしれない。磯崎新はそれが第二次世界大戦前夜の世界を連想させるという。

　日本における新国立競技場の第二幕の起案者が思いついた「日本らしさ」と、中国の「文化建築論シンポジウム」の起案者がサブ・テーマに組み込んだ「ナショナルなイメージ」がともに「ナショナルなもの」の回復が主題になっていることに注目すると、かつて世界大恐慌（一九二九）が収束した頃、一国社会主義、福祉社会主義などのイデオロギーを問わず、全世界の近代建築が同時期に「ナショナルなもの」を目指して変身したあの一九三五年（丁度八〇年昔）の世界現象とそっくりである。経済的に混乱した挙句、国家単位で政治が文化を収奪したのだった。リーマン・ショック以降、文化・経済・政治は八〇年前と似た状況で相互関係を再編しつつあるようにみえる。[*4]

磯崎がここで述べているのは、アメリカ合衆国やソ連邦、そして日本やナチス・ドイツが「大恐慌」から「総力戦体制」へとなだれ込んでいった一九三〇年頃の世界情勢についてなのだが、しかしそうした大状況における過去と現在との類似を速断する前に、ひとまず具体的な事実の細部に触れておきたい。それは一九三六年のベルリン・オリンピックの舞台となった「オリンピアシュタディオン」建設の経緯について、その当時ヒトラーの愛顧を受けていた建築家アルベルト・シュペーアの回想録にある。シュペーアによると、スタジアムの設計者であるヴェルナー・マルヒは「ガラス張りの隔壁をもつコンクリート構造を予定していた」のだが、その設計プランを見たヒトラーは「あんな現代風なガラス箱なんぞに絶対に足を踏み入れないぞ」と激怒し、オリンピックの中止にまで言及したのだった。シュペーアは慌てて「構造の骨組みを自然石に代え、もっと力強い飾りの縁のついたスケッチを徹夜で書いた。ガラス張りはとりやめられた。これでヒトラーは満足した。彼は予算超過の跡始末を引き受け、マルヒ教授も変更に同意した」[*5]。

つまりヒトラーの命を受けて、マルヒ設計のモダニズムの外観を石のオーダー（柱列）とコーニス（水平帯）という典型的な新古典主義様式に変更したのがシュペーアだったということなのだが（写真2、3）、これは当時の「インターナショナル・スタイル」であるモダニズムからナチスの公式の建築様式である新古典主義への変更という点で、ザハ案から現行のナショナルなイメージを強調した「新国立競技場」案への変更の過程と軌を一にするというだけでなく、その変更に強力な政治的意志が介在しているという点でも一致している。ただし規模の変更という点では、両者は正反対を向いている。現行の「新国立競技場」案では――ザハ案が「明治神宮

＊1　日本スポーツ振興センター「新国立競技場整備事業　優先交渉権者の選定結果」、審査講評。http://www.jpnsport.go.jp/newstadium/tabid/497/Default.aspx

＊2　日本スポーツ振興センター「新国立競技場　国際デザイン・コンクール」。https://www.jpnsport.go.jp/newstadium/Portals/0/NNSJ/NNSJ.html

＊3　日本スポーツ振興センター「新国立競技場　国際デザイン・コンクール」、審査講評。https://www.jpnsport.go.jp/newstadium/Portals/0/NNSJ/winners.html

＊4　磯崎新『偶有性操縦法《コンティンジェンシー・マニュアル》――何が新国立競技場問題を迷走させたのか』青土社、二〇一六年、一四〇‐一四一頁。

＊5　アルベルト・シュペーア『第三帝国の神殿にて――ナチス軍需相の証言』品田豊治訳、中公文庫、二〇〇一年、上巻一四八‐一四九頁。

写真2　ベルリン・オリンピアシュタディオンの入口。
photo: www.warsteiner.de/blog/location/olympiastadion-berlin/

外苑」という立地の景観への配慮を欠いていたとの批判を受けて——「周辺環境との調和」が「基本理念」に取り入れられ、当初よりも規模が縮小されているのに対し、「オリンピアシュタディオン」では計画当初は同じ敷地内に隣接する競馬場との関係が配慮されていたのが、ヒトラーの指示で競馬場を取り壊し、まったく新しい巨大な多目的施設とするように変更がなされたのである。この違いには、現在の日本とナチス・ドイツにおいて「都市景観」についてのまったく異なる志向があらわれているように思われる。

「空無」としての都市

「オリンピアシュタディオン」は、今日でもパウル・ボナッツ設計の「アウトバーン」の橋梁とならんでナチス建築の傑作に数えられる建築物だが、ただしヒトラーはかならずしもこのスタジアムに満足してはいなかった。シュペーアの回想録には、ヒトラーがいずれオリンピックをベルリンで永久開催する意思のあること、そのために一九四五年に四〇万人の観客を収容する巨大スタジアムの建設を予定していることを語ったと記してある。もしそれが実現していれば、当時約六万五〇〇〇の座席と三万五〇〇〇の立見席を擁した「オリンピアシュタディオン」はもちろん、世界中のどんなスタジアムの規模をも超越した巨大な建築物になっていただろう。しかもこうした実現可能性を問わない「誇大妄想狂」的な建築への野望は、いずれナチスの支配する世界帝国の首都となるはずだったベルリンの都市改造計画にも一貫していた。そこで採用されたのが、ディテールを簡略化しつつその一部をグロテスクに拡大した新古典主義様式だった。建築史家のケネス・フランプトンによれば、シュペーアは「シンケル派の伝統の縮刷版を国家の表象様式」として「ツェッペリン広場のスタジアムや、その翌年完成したベルリンの《総統官邸》などに至るまで、すべてに厳格な古典主義が漲っている」[*6]という。

写真3　オリンピアシュタディオンの外壁と1936年大会当時のベル（1993年3月）
photo: James G. Howes

党大会が開かれたニュルンベルクに限らず、ナチスの建築はしばしばナチズムを演出し、プロパガンダするための「舞台セット」のようなものだった。新古典主義は——バロック都市ウィーンで建築学生として一時期を過ごしたことのあるヒトラー自身の個人的な趣味はともかく——革命性と復古性をともに表象するという意味で国粋主義的な「革命」を標榜するナチズムにふさわしいスタイルであったし、ドイツ史の文脈では一八世紀プロイセンの啓蒙専制君主・フリードリヒ二世の栄光を連想させる。要はヒトラーの権威を居丈高にそびえ立たせるための様式である。それは建築でありながら、建築という領域を量的にも質的にも超越しようという意志を顕在させていた。ナチスのプロパガンダにおける建築と映像との融合、あるいは都市計画はそうしたたえず拡大し、仮想化する建築への意志のあらわれである。フランプトンによれば、レニ・リーフェンシュタールの映画『意志の勝利』（一九三四年）が「建築が映像的プロパガンダのために奉仕した初めての例」だという。また、一九三四年のニュルンベルク党大会でシュペーアが実施した百数十本のサーチライトの上

＊6　ケネス・フランプトン『現代建築史』中村敏男訳、青土社、二〇〇三年、三八〇頁。

空照射による荘厳な「光の大聖堂」と呼ばれる演出は、文字どおり光による仮想的な建築の現出であった。

ナチスの党大会都市として計画されたニュルンベルクは、「最大に機能した場合には一五〇万人を擁する巨大な都市となるが、しかし日常的には人の住むことのない無人の都市として計画されていた」[*7]。その構想は、ナチ党員が行進し、共同体意識を確認し、ヒトラーの演説に熱狂し、その光景を全世界に発信するための「プロパガンダ都市」であり、「舞台装置としての建築」であるというものだが、そうした空間をはたして「都市」とみなすべきかには考慮の余地があるだろう。建築史家のマンフレッド・タフーリとフランチェスコ・ダル・コはそうした「都市総体を単一の非歴史的モニュメント」とする企図をナチスによる大都市改造計画に遍在する本質とみなして、それを「ナチスの反都市」と呼んでいる。

> 大都市を空無化することとは、権力の象徴を唯一のアクセントとするような沈黙の世界を創出することにほかならず、ツェッペリンフェルトで想定された儀式が、そこに通じる大通りでの生活の正常な流れに取って代わることになっていたのである。〔…〕
>
> すべてのナチス建築は、超越概念に支配されていた。すべての建造物は、他の民族が他の時代に建てた他の建造物を凌駕しなければならなかった。ヒトラーにとって、壮大さは歴史の外側にあった。ベルリンは絶対的なる壮大さをもち、不滅でなければならなかった。現世に対してもう一度中心を与え、「偉大なる統合」に立ち返り、生活に対立無き世界をもたらすという試みによって、ナチスの犯罪に具体的な形態が与えられた。[*8]

念のため付言しておくと、ナチスの大都市改造計画がすべて実際にこうした現実の社会・経済構造を無視したものであるかのようにみなす視点に対しては、現在では多くの異論がある。プランを特徴づけるバロック的な巨大な軸線とシンメトリー性はワイマール共和国でもタブー視されてはいなかったし、そもそもナチス建築の統一様式といったものは存在しなかった[*9]。

しかし、あえてこの実現することのなかった「反都市」空間をナチスの究極的な理念として理解するとしたらどうなるか。――それは国民共同体の理念的な形象であり、最終的には国民一人ひとりがそこに参入すべき形式である。国民一人ひとりは空無化された大都市空間においてかれら自身が国家、共同体と一体化する。空無を充溢させるのは国民一人ひとりの生命そのものである。それを命題として定式化するなら「私は私（たち）である」ということになるだろう。これはトートロジーではなく、主体が主体のまま主語（個）から述語（種）へ移行することを意味する。ただしこの移行によって主体が失うものはなにもないから、それは無としての移行である。

これと対立しつつ補完するのが「ユダヤ人はユダヤ人である」という命題である。この命題もまた同語反復ではないが、にもかかわらず主語（個）と述語（種）が一致したものとみなされる。こちらの主語から述語への移行は、具体的にはユダヤ人の絶滅収容所への移送に相当する。それは主体から生命財産その他すべてを剝奪し、純然たる無へと移行させる過程である。つまりナチズムにおけるもう一つの空無化の形象なのである。

総力戦と空のエレメント

「私は私（たち）である」――こうした国民の国家意志への全面的な参入をもっとも明快に表現するのが「総力戦 total war」という概念である。ナチズムやニューディールといった国ごとの政治体制・政策を超えた――文化史家ヴォルフガング・シヴェルブシュはヒトラーの大衆集会での演説に匹敵するものとしてフランクリン・ルーズヴェルト大統領のラジオ放送を分析している[*10]――この参入の結果として、総力戦が

*7 八束はじめ／小山明『未完の帝国――ナチス・ドイツの建築と都市』福武書店、一九九一年、一九六頁。

*8 マンフレッド・タフーリ／フランチェスコ・ダル・コ『図説世界建築史16 近代建築(2)』片木篤訳、本の友社、二〇〇三年、七六－七九頁。

*9 八束はじめが批判するように、タフーリらの読解は「『歴史的なプログラムとして』の都市を基準にしたリーディングであって、またナチの『空虚』を強調するリーディングも千年王国をめざした第三帝国の崩壊後からの後読みという感がなくもない」（『未完の帝国』、四一頁）。ベルリンの巨大な軸線道路は、記念碑性だけでなく大都市の機能主義的な改良を意図してもいた。建築史家のヴィンフリート・ネルディンガーは「壮大な軸線へのおそれは、一九四五年以後になって初めて、ナチスの計画への反動として生じてきた」と記している（『建築・権力・記憶――ナチズムとその周辺』海老澤模奈人訳、鹿島出版会、二〇〇九年、五九頁）。つまりタフーリらの読解は現在の歴史意識を過去に投射した倒錯した認識といってもいいのだが、しかしその一方でネルディンガーは近年の緻密で実証的な研究がしばしば「全体の関係性を中立化する作業と相関関係にある」（一七八頁）ことも批判している。それは結果としてナチスのもたらす「死とキッチュ」の美学的な魅惑を無自覚に追認することにもつながりかねないのだ。また、ナチスが記念碑的な大建築物、教育、居住、産業、宗教といった各分野においてそれぞれまったく傾向の異なる建築様式を採用していたのは事実だが、それらはあくまで「その背後にある目的と意味関連に注意して考察」されなくてはならない。「人種差別的な『血と大地』への崇拝と技術への熱狂は、一枚のメダルの表と裏なのである」（一五〇頁）。

*10 ヴォルフガング・シヴェルブシュ『三つの新体制』小野清美・原田一美訳、名古屋大学出版会、二〇一五年、四五－六五頁を参照。

もはや前線も銃後もない、国民国家と社会の総体が関与する戦争であるとすれば、その起源はどこに見出すことができるのか。カール・シュミットは一九四二年に刊行された『陸と海と』で「全体戦争」という発想の出自を近代の「海戦」に置いているように思われる。

一六世紀以来ヨーロッパ大陸の諸国は陸地戦に関して一定の形式をつくり出していた。その根底には、戦争というものは国家と国家の一つの関係であるという考え方があった。いずれの側にも国家的に組織された武力があって、軍隊が野戦で相互に勝負を競い合う。敵として相対するのは戦闘を行なう軍隊だけで、戦いに参加しない一般市民は敵対関係の外側にある。かれらは戦闘に加わらない限り敵ではなく、また敵として扱われない。これに対して海戦の根底には、敵の貿易、経済に打撃を与えねばならないという考え方がある。そのような戦争においては戦闘を行なっている相手だけが敵ではなくて、敵国の国民すべて、そしてまた敵国と貿易を営み経済関係を結んでいる中立国すらも敵となる。陸地戦は勝敗を賭けた野戦となる傾向がある。海戦においてももちろん海上の戦闘は行なわれるのではあるが、その典型的な手段、方法は、敵国海岸の砲撃と封鎖であり、また敵国、中立国の商船を鹵獲《ろかく》権に従って拿捕することである。この典型的な海戦手段の本質のうちに、それが戦闘要員に対しても、また非戦闘要員に対しても向けられるということの基礎がある。ことに兵糧攻めともなれば、封鎖された全地域の住民、軍人も一般市民も、男も女も、老人も子供も区別なくその対象となるわけだ。[11]

シュミットはヨーロッパで一六～一七世紀に起きた巨大な時代転換を「空間革命」という視点から説明している。それは「陸のエレメント」から「海のエレメント」への転回によって引き起こされた。ここでの「エレメント」とはたんなる自然科学的な量ではなく、人間の生物的な生から文明・文化のありようまでを規定する基盤としての大地的な領域であり、海的な領域である。シュミットはこの転回には「海賊たち(Pirat, Korsar)や海上貿易を営む冒険者たち〔…〕、捕鯨者や帆船航海者たち」が大きく関与していたというのだが、それは――シュミットとほぼ同時代を生きたという以外に思想史的な連関はまったくないはずの――バックミンスター・フラーが『宇宙船地球号操縦マニュアル』で「大海賊《グレート・パイレーツ》」と呼んだ「海に出て、包括的にものごとを知るようになった歴史の冒険者たち」[12]への称揚をただちに連想させる。

最上級の「大海賊」たちに仕えていたレオナルド〔・ダ・ヴィンチ〕たちは、長距離におよぶ細心のプランニングと、未来を予測しての発明の才にたけていたから、それらを用いて、海上戦の基本戦略を発見していた。つまり、海上の軍事行動では、通常、経験的に見て明らかに、一隻の船よりも複数の船のほうが、機動性ではるかに勝ると知っていたのだ。だから「大海賊」たちのレオナルドは、海軍を発明した。そして、当然、彼らは資源の供給源として、さまざまな鉱山や森林や土地を管理する必要もあった。それらの場所やその近くで船をつくり、産業を興し、そうやって彼らの海軍の船を建造し、補給し、修繕していった。[*13]

戦争をたんなる戦闘行為ではなく、人員や資源の補給も含む「全体」としてとらえる視点が「海」で誕生した、とフラーはいうのである。それは、シュミットの文明史的な論述に従うなら「在来の古代的、中世的観念の完全な清算が行なわれることによって人間の全体意識にとって地球の全体像と、さらにそれを超えて全宇宙の天文学的な全体的観念が変わったのである。人間はその歴史においてはじめて真の地球全体を一個の球体として手中におさめたのである。〔…〕決定的なものは宇宙への拡張、そして無限の空虚な空間という観念であった」[*14]ということになる。フラーにとっての「地球」は太陽系という大きな全体システムに属する一つの開放的な惑星システムである。公法学者であるシュミットがナチスを支持したのに対して、独創的なテクノクラートであるフラーはアメリカ軍やNASAの研究に協力していた。これは二〇世紀になって「総力戦体制」という全体システムがイデオロギーや政治体制にかかわらず汎地球的に前面化したことの、一つの証左ともいえる。

ただし「総力戦」概念が完成するためには、もう一つの「エレメント」が加わる必要があった。すなわち「空のエレメント」である。

さらに航空機が登場したとき、海と陸に加わるべき新しい第三の次元も征服された。今や人間は陸と海の平面から空へ舞い上がり、まったく新しい交通手段を、そして同じくまったく新しい武器を手にすることになった。尺度と標準はさらに変わってゆき、人間が自然や他の人間を支配する可能性は測り知れないほど高まっていった。いみじくも空軍が「空間武器」と呼ばれたことは理解できる。というのは、飛行機から発する空間革命の作用は

＊11　カール・シュミット『陸と海と――世界史的一考察』生松敬三・前野光弘訳、慈学社出版、二〇〇六年、一〇〇-一〇一頁。
＊12　R・バックミンスター・フラー『宇宙船地球号操縦マニュアル』芹沢高志訳、ちくま学芸文庫、二〇〇〇年、二〇頁。
＊13　同前、二五-二六頁。
＊14　シュミット、前掲、七三頁。

とくに強力で直接的、また顕著なものであるからだ。[*15]

「空のエレメント」は、たんに海と陸の「エレメント」に新たな領域が追加されたことにとどまらない。それは人類の二次元的な視野を一挙に三次元的に拡大し、両者を止揚したとさえいうことができる。ルネサンス期以降、「海のエレメント」から「陸のエレメント」を操作することが可能になったように、二〇世紀初頭の航空機の出現によってこの二つの「エレメント」を操作することが可能になったのだ。それは現在のステルス爆撃機や人工衛星による地上の視覚的・軍事的な支配につながる。ポール・ヴィリリオがいうように、第一次世界大戦において航空機が「あるひとつの視覚様式となり、おそらくのところ最終的視覚様式となった」[*16]のである。しかもそれは潜水艦の登場によって海の「深さ」が「エレメント」に加わった時期でもある。つまり地平と垂直軸で交差する視野がここで誕生したのだ。

むろん「高さ」それ自体が政治権力や軍事力と結びつくのは古代からの通例である。たとえば「記紀」や「万葉集」にいくつもみられる「国見」の歌——天皇が山に登り、国土を俯瞰して繁栄と豊穣を祈る儀礼——などはよく知られたものだろうが、近代がそれに付加したのは「高さ」の次元そのものの操作可能性といっていいかもしれない。その意味で航空機とともに決定的だったのは、高層ビルディングの出現である。高さのある建造物は古代エジプトの「ピラミッド」をはじめ人類史上いくつも存在するが、一九世紀なかばにアメリカ・シカゴで発明された、鉄筋コンクリートによって建設された高層ビルがそれらとまったく異なるのは、それが周囲の環境を視覚的に支配するというよりも、建物の内部空間それ自体を創設するために存在するという点にある。高層ビルは内部を階層で分節し、各階ごとにビジネスや居住に使用される限定された空間を形づくる。その意味で高層ビルは「高さ」をたんなる権威の象徴とみなしてきたそれまでの高層建築物と違って、徹底した経済効率という原則に基づいた建築物なのである。そうした空間認識の変容は、同時代の文学作品にもなんらかの痕跡を残している可能性がある。高層ビルによる新たな空間の表象として、ここではアイン・ランドが一九四三年に発表した長篇小説である『水源』から引用してみたい。

　ドミニクは、片手を上げて昇降機をぶらさげている太綱をしっかり握る。ハイヒールの靴で厚板の上をしっかりと踏みしめる。昇降機の厚板が揺れる。風が立つ。ドミニクのスカートが彼女の体にぴったりと、くっつく。地面が静かに自分から離れていくのを、ドミニクは見る。

　ドミニクは、幅の広いガラスでできたショー・ウィンドウを持つ商店の上あたりにいる。水路のような街路がどんどん地中に深く沈んでいくように見える。映画館の入り口に張り出したひさしより上に、ドミニクはいる。らせん状のいろいろな色のついた黒い敷物のように、ひさしが見える。いろいろな会社の窓が彼女を通り過ぎていく。長い帯状のガラスがどんどん流れ落ちていく。高層ビルの窓だ。うずくまっている廃船のような倉庫は、すでに視界から消えてしまっている。その倉庫群が大事に保管している宝物といっしょに、下界に沈んでしまっている。高層ホテルが、開いた扇の軸のように傾斜し、またもとにもどる。いぶっているマッチの軸のように見えるのは、工場の煙突だ。あの動いている灰色の四角いものは自動車だ。先のとがった頂を持つ灯台がいくつか見える。灯台の先端がぐるぐる回っている。それらの灯台は太陽の光を受けて、マンハッタンの上にそびえる、きらめく長い白い光線だ。ドミニクの視界いっぱいにマンハッタンの全景が広がる。ビルの多い街並みは、ハドソン河とイースト・リヴァーという東と西に流れるふたつの河に向かって角張った列を作り行進しているようだ。マンハッタンは、これらふたつの河、ふたつの細い黒い水の腕の間に抱かれて立っている。ニューヨークの街は跳躍し、空というかすみのような平原に向かって、さらに上空に向かって、流れて広がる。

　平らな屋根がビルを抑えるペダルのように、ドミニクの目の下を降りていく。昇降機に乗って飛行していくドミニクの視野から、どんどん消えていく。台所や寝室や子ども部屋を構成しているガラスの箱をいくつもいくつも、ドミニクは通過していく。ビルの頂上にしつらえられた庭園が見える。その庭園は、風に乗って広がり浮かぶハンカチのようだ。マンハッタンの高層建築はドミニクと競うが、どんどんドミニクの後塵を拝してしまう。ドミニクの足の下にある昇降機の厚板が、ラジオ局のアンテナを追い抜いていく。

　昇降機がマンハッタンの上で振り子のように揺れる。ワイナンド・ビルの側面を背にして上昇の速度を増す。ワイナンド・ビルのレンガで覆われている部分は、もうとっくに通り越してしまった。さっきまでドミニクの背後にはそれが見えていたのに。もう、今は鋼鉄の紐のよ

---

*15　シュミット、前掲、一二〇－一二一頁。

*16　ポール・ヴィリリオ『戦争と映画』石井直志・千葉文夫訳、平凡社ライブラリー、一九九九年、五二頁。なお、ジル・ドゥルーズとフェリックス・ガタリは、本稿とは異なる文脈で「平滑空間の原型である海は、同時にあらゆる平滑空間の条理化の原型となった。砂漠の条理化、空の条理化、成層圏の条理化（それゆえヴィリリオは方向転換として「垂直方向の沿岸」について語っている）」と記している（『千のプラトー』宇野邦一ほか訳、河出書房新社、一九九四年、五三六頁）。

> うな骨組みと宙しか、彼女の背後にはない。あまりに高いところにいるので鼓膜が圧迫されるのを感じる。太陽がドミニクの目にいっぱいあたる。上に向けたドミニクのあごに大気があたる。
>
> 彼が、自分の頭上よりもっと高いところに立っているのが、ドミニクには見える。ワイナンド・ビルの頂上に設けられた足場に、彼が立っている。
>
> 大西洋の水平線が空を切る。マンハッタンの全景が下になるにつれて、海が競り上がってくる。ドミニクは、銀行ビルの最上階も超える。裁判所の頂上も超える。教会の尖塔もはるかに超える。
>
> さらに高みに昇ったドミニクがそこに見たのは、大海原と、大空と、そしてハワード・ロークだった。[*17]

アイン・ランドが孤高の建築家ハワード・ロークを描いた、それ自体が摩天楼《スカイスクレーパー》のように長大な『水源』の結末の部分である。アイン・ランドはアンチ・ファシズム、アンチ・ニューディール、アンチ・コミュニズムを標榜したネオリベラリズムの元祖ともいうべき人物だが、しかしそれらに対抗する価値観として描かれる「個人主義」があたかもナチズムの凶暴な権威主義そのもののようにさえ感じられるのは、彼女のテキストにあからさまに表現されている一種の「超人」信仰のようなものに由来するのかもしれない。この長篇小説の冒頭でロークが山中の湖に飛び込む場面は、舞踏家だったレニ・リーフェンシュタールが女優としてデビューした無声映画『聖山』（一九二六年）の冒頭の海辺でひとり踊り狂う情景をどこか連想させるのだが、しかしアイン・ランドがそこで意図していたのはむしろ『ツァラトゥストラ』の冒頭においてツァラトゥストラが山を降りようと決意して「没落」する意志のようなものであろう（もっともそこでのリーフェンシュタールの役名は「ディオティーマ」だから、かならずしもニーチェと無関係ではない）。引用したテキストは、市井に「没落」したロークが建築家としてふたたび「高み」へと飛翔した姿を恋人のドミニクの視線から描いているのである。

したがってここでも高層ビルの「高み」が既存の政治的、宗教的、社会的な権威を超越した絶対的な権威の象徴として描かれているのは確かなのだが、それは同時に高層ビルが空間そのものの創設である、つまり「新大陸」を目指し、やがて「アメリカ合衆国」を創設した英雄的な祖先たち――ただしアイン・ランド自身はロシア革命から逃れてきた移民である――の冒険に匹敵する「自由」の拡大なのだ。アイン・ランドにとって「自由」とはおそらく「私的空間」というのとほとんど同義である。ビルのエレベーターに乗ったドミニクは、彼女の視点が高くなるにつれて周囲の建物やマンハッタンの街や自然を次第に遠くまで俯瞰する。その頂点に君臨するのが高層ビルを設計したロークということになるのだが、この描写はじつはそうした建物の周囲を睥睨するだけでなく、それを私有し内面化しているともいえるのだ。つまりここに描かれているのは高層ビルが創設した視線であり、潜在的にはその内部に包み込まれた空間なのである。

　このように高層ビルからの視線によって内部化された空間をここでは「都市景観」と呼んでみたいと思うが、おそらくこうした都市景観の創設にもっとも近接した一例がドイツの「アウトバーン」である。アウトバーンはけっしてナチスの独創でも独占物でもなく、すでにワイマール共和国時代に建設は進められていたものだが、それはしばしばナチスが推進した「大恐慌」以降の経済政策および軍事目的を担った道路として語られてきた。とはいえアウトバーンという計画が担っていた中心的な目標は、ナチスの大都市改造計画と同じく「権力の建築」、すなわち「国家権力の建造物および技術の力すなわち物理的な力による建造物」による「技術による審美的近代化」だったと考えるべきだろう。[*18] ところがシヴェルブシュによれば、アウトバーンには「より高次の意味」があったという。すなわちドイツ道路制度総監フリッツ・トットが語るところの「アウトバーンの景観形成という問題は、最も重要な問題の一つである」ということである。自然保護という概念はすでに一九世紀のヨーロッパで認識されており、二〇世紀初頭にはヨーロッパ各国で自然保護を規定した法律が制定されている。しかしアウトバーンによる「景観形成」とは景観の保護ではけっしてなく、むしろそれを「実際よりもっと美しくする」ことなのだ。

　伝統的な自然保護家および、トットによって任命された「景観代理人」のうちの若干の人びとでさえ、自然に配慮する区間処理というトットの約束を自然保全の保証だと理解した。しかし、彼らはまもなく、実際に問題なのは景観保護ではなくむしろ景観創造だということを知ることになった。たとえばボン近郊のジーベンゲビルゲのような定評のある自然保護地域をアウトバーンから守ろうとした者は、トットから見れば、「狭量な景観ファナティスト」であった。それゆえ、この地域にアウトバーンが通されたのは、その美への接近を可能にするだけでなく、アウトバーン独自の美学によってそれをいっそう高めるという理由づけをしつつ、自然保護家たちの抵抗を押さえてのことであった。[*19]

このようなアウトバーンの美学と比較できるのは、「パー

*17 アイン・ランド『水源』藤森かよこ訳、ビジネス社、二〇〇四年、一〇三〇–一〇三一頁。
*18 シヴェルブシュ、前掲、一五三頁。
*19 シヴェルブシュ、前掲、一五五–一五六頁。

クウェイ」と呼ばれるアメリカの遊覧道路であるとシヴェルブシュはいう。その目的は「自動車による散策」であり、「自然体験と走行体験の融合」という新しい魅力を生み出した。ただしパークウェイが地形に沿ってカーブや上り下りを求め、自然に溶け込むような印象を与えた――「景観創造」とは無縁であった――のに対して、巨大な量感と幅員をもったアウトバーンは「景観の王冠」として、「権力の建築」の「ダイナミズムとエネルギー」を景観に与え、景観と道路を車で走行する人間とを同じく強大な権力で掌握することが求められる。パークウェイが外部としての自然と人間との融合体験だとすれば、アウトバーンは権力とテクノロジーによる自然の内部化なのだ（写真4）。

写真4　自然の美を際立たせるアウトバーンのポスター（1936年）

摩天楼もまた都市景観に「ダイナミズムとエネルギー」を与える。それは人間の活動に利用可能な空間の拡大にともなう高度な経済性のみならず、大都市の「景観の王冠」として周囲を睥睨し、みずからを都市の頭上に掲げる。摩天楼は都市景観の一部であると同時にその超越である。摩天楼は経済と政治とテクノロジーによって都市空間を掌握する。景観とは本来、空間を主観的な視点から切り取った断片それぞれについての名称であるが、摩天楼はそれ自身としての都市景観を操作の対象とすることで、主観／対象という近代的な認識形式を超克する。都市景観はここではたんに余暇や娯楽のための一要素ではなく、都市が都市として成立するための必須の要件となったのである。

幻想《ヴェール》としての都市景観

レム・コールハースは『錯乱のニューヨーク』でマンハッタンの摩天楼《スカイスクレーパー》について詳述したのち、いくつかのプロジェクトでそうした都市の巨大建築の構想をさらに深化拡大させた「ビッグネス」という理念を打ち立てることになる。「ある臨界量を超えると、建物は『ビッグな建物』になる」[*20]と、コールハースはそれ自体がレンガのように重い大部の書物である『S, M, L, XL』に収録された「ビッグネス」というエッセイで端的に述べる。摩天楼と同じく、そこでは「建物の内部と外部は別々のプロジェクトとなる」。ただし「ビッグネス」は摩天楼から根本的に区別されなければならない。「スケール、建築構成、伝統、透明性、倫理性から一挙に離脱するということは、究極の、根本的な訣別を意味する。ビッグネスはもう都市を織り成す構成要素ではない、という訣別」だからである。つまり「ビッグネス」が都市を構成する一要素なのではなく、都市そのものが「ビッグネス」の中に内部化される。「ビッグネスはもはや都市を必要とせず、むしろ都市と競合しあう。都市を表象する。都市をつくり出す。いや、なお良いことに、それ自体が都市である」。

それは『水源』が視覚的に内面化していた都市景観を、巨大なシェルターによって物理的に内部化する試みだといってもいいかもしれない。しかし「ビッグネス」はあまりにも大きすぎて、逆に目に見えない。「ビッグネス」は外部を、つまり異質性を内包した空間である。「ビッグネス」は都市を内部化するために、ナチスの「反都市」の排他的な純血性と正反対の不純さを志向する。ナチスの「反都市」の命題である「私は私（たち）である」に対して、「ビッグネス」の命題は「私は一個の他者である」（ランボー）ということになるだろう。そこで「私」は「他者」と出会い、みずからも「他者」にとっての「他者」となる経験を強いられる。「ビッグネスのパラドクスとは、計算して計画しているにもかかわらず――いやまさにその硬直性ゆえに――予想不可能なことをエンジニアリングできる唯一無二の建築である、ということだ。ビッグネスは共存を強いるのではなく、自由の体制に、極端な差異の集まりに依存する」。ザハ・ハディドはそうした都市建築の変貌を、より具体的に次のように語っている。

　現在、都市が利用されているその方法は、かつてとはかなり違っています。もはや単一の同じ方法で組織化されてはいないのです。決まった時間になれば家に帰るといった職業倫理――実際には、プロテスタント的な倫理のことですが――にはもう基づいてはいません。都市に住む住民もみな均一なわけではありません。多様な民族的経験や文化、そして異なった生活のアジェンダが溢れているのです。ひとつの特定のタイポロジーが存在しないということが、居住というパターンをがらりと変えてしまったと思うのです。建築家にとってみると、クライアントは種々雑多な人々となり、ひとつのまとまりはなく、それが空間を豊かなものにしていると思います。その結果として、人々は「イベント空間」の中にありたいと望むようになった。つまり、たったひとつのタイプの

*20　以下、レム・コールハースの「ビッグネス、または大きいことの問題」および「ジェネリック・シティ」からの引用はすべて『S, M, L, XL+――現代都市をめぐるエッセイ』太田佳代子・渡辺佐智江訳、ちくま学芸文庫、二〇一五年より。

空間からなる建物ではなく、異なった空間から成るフィールドのような建物を望んでいるのです。

もうひとつおもしろいのは、今日、人々がどう出会うかです。つまり、腰かけたり立ちっぱなしでいるようなところで出会いが起こっている。もはやこうした場所を、何らかのヒエラルキーに基づいて構成することはできなくなったのです。[*21]

「ビッグネス」はなるほど建築的な理念としてはその内部に「ひとつのタイプの空間」ではなく「異なった空間から成るフィールド」を、クリストファー・アレグザンダーのいう「ツリー」構造ではなく「セミラチス」[*22]構造を内包することが可能であろう。だが実際の「ビッグネス」には、都市と同等の複雑性と雑種性を維持することはけっしてない。それがまさしく資本主義社会における「私有物」であるという理由によって、そうなのである。「ビッグネス」を私有する者たちが、都市から得られる利益を欲することはあれ、都市そのものなどという厄介な異物を欲することなどありえないのだ。それは所有者たちがたんに強欲であるという理由ばかりではなく、「ビッグネス」を維持管理するためにはたえずそこから利益が創出されなければならないという理由によってである。要するに「ビッグネス」が建築の機能主義を理念として超克しているとしても、現実には収益という目的を第一に掲げなければならない。「ビッグネスだけが、一つの容器のなかでいろんな出来事が気まぐれに拡散していく状態を維持することができる」がゆえに、それは正常な資本主義社会ではけっして望まれぬ鬼子のような建築物なのである。事実、コールハースの企図するような「ビッグネス」はヨーロッパでも日本でも実現していない。日本で唯一それに近づいたプロジェクトが「新国立競技場」のザハ・ハディドの当初プランだった。そこでは巨大なスタジアム空間が「明治神宮外苑」の敷地を乗り越え、近接する鉄道路線まで呑み込んでいた。まさしく「まわりの状況《コンテクスト》なんか糞食らえ、と言ってい」たのである。その案はプロジェクトのプログラムに沿わなかったためにすぐに修正が加えられたのだが、それでも当時「ホワイト・エレファント」と批判された巨額の維持費を必要とする巨大建築であることに変わりはなかった。

「ポスト建築的風景のランドマークとなる」とコールハースが予言した「ビッグネス」には、当然ながら通常の意味での景観保護への配慮は存在しない。「ビッグネス」はそれ自体としては都市景観を形成しないのである。むしろそれはアウトバーンによる景観の破壊的創造に近いというべきだろう。「ビッグネス」はその空間の雑種性においてナチズムと極端に対立するにもかかわらず、機能主義的な近代の超克を企図している点で両者は重なりあう点がある。その意味でなら「新国立競技場」のザハ・ハディド当初案とヒトラーが夢みた四〇万人収容の巨大スタジアムは類似しているともいえるのだ。ザハ案から隈案への軌道修正は、したがって資本と国家が建築の暴走にかろうじて歯止めをかけた、ということになるのかもしれない。だが、もちろんそれは「景観に配慮した」というポーズを示す程度のことにすぎず、実際にはザハ案よりもいくらか少なめに見積もられた――とはいえ実際にその予算内に収まる保証は何もない――巨額の建設費と完成後の維持費を必要とし、都市景観を私有化するためのプロジェクトであることにまったく変化はないのだ。ゼネコンおよび関係省庁はあきらかに「明治神宮外苑」の周辺地域および原宿・青山一帯の再開発を企図していながら、それが今後どのように推進されるのかはまったく公表していない。しかしそれがおそらく都市景観の保全を口実に進められるであろうことは容易に推測できる。都市景観に象徴される文化的価値こそ、じつはむしろこうした都市再開発プロジェクトにおいてＰＣ《ポリティカル・コレクトネス》的な批判を免れつつ持続的な動員と収益をもたらすことのできる、今のところおそらく唯一の方策なのである。

日本では一九六九年に「都市再開発法」が制定され、一九八六年に竣工した六本木・赤坂地区の「アークヒルズ」が先駆けとなり、二〇〇三年の「六本木ヒルズ」の開業でこうした大規模再開発が一般に定着した。これは複数の敷地を統合して超高層ビル、住宅、ホテル、文化施設などによる大型街区を形成する複合開発だが、「六本木ヒルズ」でそのコアとなったのが、映画館と美術館、そしてテレビ局の本社ビルという今日の文化的情報の発信地となる施設である。そして敷地内には面積約四三〇〇平方メートルの「毛利庭園」が設けられているのだが、これこそコールハースが「リップサービス」と名づけた、「最小限の過去が保存されている」界隈である。コールハースはいう、「実際にはなかったのに、歴史がジェネリック・シティ最大の関心事であり、最大の産業でさえある。解放された土地の、保存されたあの掘建て小屋群のまわりにホテルがこれでもかと建てられ、消えた過去に正比例する数の観光客を待ち構える」。「過去が保存されているかに見える場所は、じつは過去が最も変わり、（望遠鏡を逆から覗いたときのように）過去から最も遠く、ことによれば過去が完全に除去されてしまった場所だ」。

今日、正式名称を「特例容積率適用区域制度」とし、一般的には「容積率移転」もしくは「空中権」という名で呼ばれる、「地区内の未利用容積を他の敷地で活用して、地区全体

＊21　ザハ・ハディッド／ハンス・ウルリッヒ・オブリスト『ザハ・ハディッドは語る』瀧口範子訳、筑摩書房、二〇一〇年、九一－九二頁。

＊22　クリストファー・アレグザンダー「都市はツリーではない」押野見邦英訳、『形の合成に関するノート／都市はツリーではない』鹿島出版会、二〇一三年。

として高度利用を図ることを目的として設けられた制度[*23]」こそ「リップサービス」を形成するための典型的な方法である。都市において軒高の低い歴史的建造物を保存する場合にこの方法がしばしば採用され、日本では東京駅の駅舎を辰野金吾設計の旧来の外観を復原して改築する際に、周辺のホテルや商業ビルに東京駅の未利用容積率を売却・移転してその費用を捻出した。この方式は二〇一〇年のアメリカのミュージカル映画「バーレスク」（出演：クリスティーナ・アギレラ、シェール他）に登場したことで広く知られるようになった。この映画では、多額の借金を抱えた古風なキャバレーが再開発をもくろむデベロッパーに買収を仕掛けられるものの、キャバレーのオーナーは建物はそのままに別の不動産業者――キャバレーの周囲の高層ビルを所有するかれらは、もしキャバレーの跡地に超高層ビルが建つと景観が損なわれ自社ビルの不動産価値が低下してしまう――へその「空中権」を売却して借金を返済し廃業を免れる、というのがその物語の結末なのである。

「容積率移転」とは一つの街区を潜在的な「ビッグネス」に見立てて、その空間を経済的に操作する方法である。だが、たとえそこに超高層建築物を建てることが物理的、法律的には可能であったとしても、建設資金や予算の不足をはじめ種々の事情によって実現はそもそも不可能なのだ。そこには可能性と現実との意図された混同がある。この混同はいうまでもなくその仮想的な建築に投機を呼び込むためのものだ。「錬金術」と批判されるゆえんである。では、そうして呼び込まれたマネーは何に担保され、最終的にどのように回収されるのか？　テナント料などの売上によってである。つまり入居者や観光客をその空間に動員することが必須なのである。あたかも歴史と文化、景観の保護を主要な目的とするかのように謳われているこの方式は、実際には文化や景観によって収益を得ることがもくろまれている。都市景観は大衆を誘き寄せるための擬似餌である。「『リップサービス』は三階止まり。ジェイン・ジェイコブズへのオマージュ／リベンジか？」とコールハースが皮肉に記しているのは、かつてジェイコブズが『アメリカ大都市の死と生』で提示した、「セミラチス」的で住民に親密な都市空間がすでに完全に資本の私的空間として簒奪されていることを示唆している。[*24]

「容積率移転」は高層ビルによって実体化した「高さ」を、今度は形式化する。実質を伴わぬ形式は、それ自体としては無にすぎない。したがって土地でも建物の容積でもない空間という形式そのものが売買の対象となったとき、形式＝無を覆う幻想《ヴェール》としての文化と景観が求められる。ナショナリズムは今日そうした幻想のもっとも強力な一つである。だからこそ「新国立競技場」の立地は東京湾の臨海地区――石原慎太郎都政時に招致に失敗した二〇一六年東京オリンピックでのプランではそうなっていた――ではなく「明治神宮外苑」に敷地を求められなければならなかったのである。
「明治神宮外苑」は天皇の名を冠しているものの、天皇家の私有物ではなかったし、今もない。それは一九一二年以来、国民の寄付と奉仕によって成立した都市景観であり、今のところ誰のものでもない（名目上の所有者である明治神宮はせいぜいそれを管理しているにすぎない）。今後そこで「容積率移転」という手法が適用されるかどうか定かではないが、資本にとってこれほど都合のいい幻想は他に存在しないだろう。
一方で二〇二〇年のオリンピック招致を実現した当時の猪瀬直樹都知事は、臨海副都心地区のカジノ設置構想を公式に発表している。この構想は猪瀬都知事辞任以来のドタバタで今のところ話題となっていないが、小池百合子都知事のもとで当然のように再燃するだろう。さらに文化庁の京都移転やリニア中央新幹線の計画前倒しの発表も含めて、これらは一見するとまったく別べつの動きに思えるが、しかしおそらくは国土計画の再編、さらには工業と内需を中心とした戦後的な国家体制そのものの変革と深くかかわっているはずである。日本列島全体をひとつの巨大な観光地と化し、海外からの動員を図ること――おそらくそのコアとしての天皇制があらためて要請されているのだ。[*25] 現在声高に進められている憲法改正ももちろんその一貫である。近代的な「工業立国」を志してきた明治憲法および現在の憲法が、その根底に需要と供給を担うホモ・エコノミクスとしての国民の「人権」を置いているのに対して、「観光立国」としての日本に求められるのはそれとまったく異なる価値観であろう。国民は「一億総活躍」というかけ声のもと、日本古来の伝統に基づいて「フジヤマ・ゲイシャ・ハラキリ」のような生き方――「土人」としての振る舞い――を求められることになるのかもしれない。もちろん「土人」に人権は不要である。私たちひとりひとりが「ディズニーランド」日本の「キャスト」として、「アニメランド」（小池百合子）日本のコスプレーヤーとして生きるのだ。「新国立競技場」が「リップサービス」として「『日の

*23 「新建築」二〇一五年六月別冊、一八八頁。

*24 ジェイコブズ的な都市景観の簒奪と変容を内田奈芳美は次のように記している。「今なら、ジェイコブズの理論は見た目上開発業者が全て満たしてくれるかもしれない。今どきの開発業者なら、低層の古い建物をリノベーションし、小さなお店が入るようにファサードを分節し、街路に建物をぴったりとくっつけ、無秩序さを演出するデザインを施し、テナントミックスを慎重にしかけた上で、マンハッタンならそれをとんでもない高額で供給するだろう」（「『アメリカ大都市の死と生』的価値観と『その後』都市」、『ジェイン・ジェイコブズの世界1916-2006』〈別冊「環」二二〉藤原書店、二〇一六年、三一六頁）。

*25 筆者はこうした国家体制の再編成を「観光天皇制」と呼んだことがある。拙稿「『新国立競技場』をめぐる二つのフィクション――市民社会と天皇制」（『子午線 原理・形態・批評4号』）を参照。近年、東浩紀が主張している「ツーリズム」はこうした流れに棹さすことになるだろう。

丸』排外主義《ショービニズム》」を置いているのはその最初のあらわれにすぎない。二〇二〇年の東京オリンピック、さらにその後にやってくる日本の壊滅的な社会・経済状況にむけて、おそらくコールハースがいうように「歴史は茶番劇ではなく、サービスとして蘇る」はずだ。享楽の口実として再生する「日本らしさ」——天皇制、八紘一宇、七生報国、民族差別等々である。

第III部

運動の継承

メガ・イヴェントはメディアの祝福をうけながら空転する[*1]

酒井隆史

1

二〇二〇年オリンピック開催地は東京に決まった。もともと候補地として最有力視されていたのはイスタンブールであるが、それが誘致レースから脱落し、選考日直前に、マドリッドと東京が浮上してきた文脈には、いうまでもなく、二〇一三年のイスタンブールにおける騒乱がある。しかし、それだけではなく、世界へと視野を拡げてみるならば、二〇一三年は、オリンピック、あるいはメガ・スポーツ・イヴェントをめぐって異変が顕著に起きていることが直感される。

とりわけ眼につくのは、二〇一四年にサッカーW杯、二〇一六年にリオでのオリンピック開催をひかえているブラジルである。

ブラジルでは二〇一三年の六月なかばから、公共交通機関の値上げが、一九八五年に独裁政権を終わらせた民衆蜂起以来の大規模な蜂起の波をまねきよせた。興味をひくのは、この値上げが「わずか」であったことである。その「わずか」の大きさをよく理解することのなかった当局側は、デモの規模に見合わないという不平をもらしたが、そのわずかなほころびは、うずまいていた濁流を決壊させるには十分であった。決壊した奔流のなかで、要求項目は次々と拡大した。とりわけそれは、ヘルスケアや教育をはじめとする公共政策、社会政策の貧困と政府当局の腐敗にむけられた。そして、そのリーチは、二〇一四年にリオデジャネイロで開催予定のW杯

写真1　ワールドカップ反対行動でデモ隊は、スタジアムに通ずる高速道路を封鎖しようとしたが、警官隊に押し返された（2014年6月14日、サンパウロ）
photo: Rodrigo Abd / AP Photo

にまでおよび（写真1）、開催中のFIFAのコンフェデレーションズカップでは、試合中のスタジアムの外で抗議行動がはげしく警官隊と衝突した。この期におよんで、ブラジルの民衆蜂起は「サッカー暴動」とも名ざされる。

スペインとブラジルは決勝で対戦し、FIFAの役員はそのためにブラジルに結集していたが、かれらを出迎えたのは、世界一のサッカー狂たちの、強烈な反FIFA感情とその表現であるはげしい抗議行動だった。「ブラジルでFIFAのブレザーなんて着たがるヤツはいない。殴り倒されるからだ」と、あるイギリス人ジャーナリストはブラジルにみなぎる空気を表現している。[*2]

リオW杯は、そもそも、当初予算においても二〇〇六年ドイツ大会のほとんど三倍近くもかかっているが、その後も膨

＊1　本稿は二〇一三年、東京開催の決定直前から書きはじめられ、「10+1」ウェブサイトに「『ブラジルでFIFAのブレザーなんて着たがるヤツはいない。殴り倒されるからだ』――2020年東京オリンピックにむけての現状とその概観」と題して掲載されたものである（http://10plus1.jp/monthly/2013/10/post-84.php）。一部を修正する以外は、そのまま寄稿することにした。すでに本稿の内容は古びていると思われるが、東京決定前後の空気をとどめておくことにも意味があるかもしれない。

＊2　Andrew Mayer, "Brazil protests show cost of hosting major sports events," in *CBC News*, 29 June 2013 (http://www.cbc.ca/news/world/brazil-protests-show-cost-of-hosting-major-sports-events-1.1358504).

らみつづけている。このような膨大なコストと、それがもたらすブラジル社会の分極化の加速、さらに、開発にともなう貧困層の強制排除——二〇一二年二月の時点でリオではおよそ一万五〇〇〇人の住民が退去をせまられている——、手の届かない高額なチケットなどが、このFIFAと政府当局への怒りの根底にある。[*3] FIFAは開催の条件として税の免除ときびしい商業ルール——日本でも、今回の場合、「オリンピック」「五輪」という文字やマークが商標登録されていることを受け、小商店や商店街が自主的に記念セールなどを行うことができないように——を押しつけることができ、それが、オリンピックの「経済効果」の幻想に万人をも巻き込むことができない、つまり、しょせん一部の連中を潤すお祭りとはじめから見積もらせる一因となっている(そのようなFIFAを「国家内国家」としてはげしく批判をつづけているのが、かつてのW杯の英雄ロマーリオである)。

今回、二〇二〇年のオリンピック開催地としてもっとも有力視されつつも敗退したイスタンブールはどうだろうか。イスタンブールのオリンピック誘致敗退の最大の原因が、二〇一三年の五月終わりに火のついた大規模な民衆蜂起であることは間違いない。きっかけはイスタンブールの長い歴史をもつタクシム広場に近接するゲジ公園の再開発プロジェクトであり、公園をショッピングモールに変え、広場に歴史的建造物を再建し商業施設にするというものであった。イスタンブール市民の憩いと、再開発によって失われる都市の緑地を守れ、という要求によって、わずか五〇名の環境活動家によってはじまった抗議行動は、またたくまに拡がり、オキュパイ・ゲジという戦術へと展開し、また争点も拡大し、すくなくとも延べ二五〇万のイスタンブール住民の参加する大規模な民衆蜂起に発展した。当局は強硬姿勢を崩さず、警官隊によるはげしい弾圧にみまわれた。

イスタンブールは、公正発展党のレジェップ・タイイップ・エルドアン首相のもとで、大規模再開発のただなかにあり、それはトルコに経済的成長をもたらす一方で、エルドアンは財界、メディアなどとの一体化をすすめ、表現の自由や集会の自由に制限をかけ、イスラム色の強い教育プログラムを導入するなど、ネオリベラルとイスラム専制主義の結合といった志向性をもつ権威主義的体制を着々と構築していた。したがって、争点は、ネオリベラルな都市再編への反対とエルドアンの権威主義体制への批判といった、二つの軸に沿いながら——それに警察の弾圧への反対——拡大していったおもむきがある。

そうしたなかでの二〇一三年の民衆蜂起は、中心グループの当初掲げた要求項目「公共空間、海岸、水、森、川、公園、都市のシンボルを私営会社、大企業、投資家に売り渡さないこと」に典型的にあらわれるように、[*4] ネオリベラル的再開発に対抗するという意味合いの強い要素をもち、オリンピックがこの「エルドアンの狂気のプロジェクト」とも言われる大規模再開発のうちの一端を占めていることは、のちに触れるが、強い批判の矛先がオリンピックむけに計画された第三大橋にむけられていることとひとつをとってもあきらかである。

マドリッドはどうか。スペインではそもそもオリンピックへの世論の抵抗はきわめて強かった。スペイン各紙での世論調査をみると、ばらつきはあるが、およそ八割が反対であるという結果がでている[*5]。七月にはマドリッドで大規模な、大統領のスキャンダルをきっかけにした反政府抗議行動が行われており、その際すでに、こうした抗議行動がイスタンブールと同様に、オリンピック招致にもたらす暗雲は報じられていた[*6]。そして、この機運が、ニューヨークのオキュパイ運動に直接の影響をあたえた、二〇一一年からはじまる「反資本主義」運動の波に位置する15M運動の延長にあることはまちがいない。たとえば、二〇二〇年の開催地を決定したＩＯＣ総会（二〇一三年九月、ブエノスアイレス）の期間中の目立った抗議行動として、ひとりの男が街灯にのぼっている。ここで興味を引くのは、それが15M運動の流れをひく、強制退去に反対する活動家であることである[*7]（写真2）。

開催決定の直前に東京を予想していたある記事が、その予想の根拠をしめしている。それが会期中にプロテストに見舞われないであろう安全な場所、ということだが[*8]、それだけではないにしても妥当なひとつの見方だろう。この記事では、ＩＯＣの懸念しているように思われる問題点のリストに福島の放射能汚染の問題は挙がっていない。ＩＯＣの懸念は、放射能汚染によるアスリートの健康被害よりは、オリンピックへの、あるいはオリンピック時の抗議行動である、ということは十分に想像がつく。

＊3　Simeon Tegel, "Brazil's World Cup, Olympics upgrades spark criticism," in *Global Post*, 16 February 2012 (http://www.globalpost.com/dispatch/news/regions/americas/brazil/120215/brazils-world-cup-criticism).

＊4　http://en.wikipedia.org/wiki/2013_protests_in_Turkey

＊5　童子丸開「スペイン国民を辛うじて最終的破滅から救った『五輪誘致3連続失敗』の悲喜劇」二〇一三年九月二五日(http://chikyuza.net/n/archives/38704)。

＊6　Emily Goddard, "Madrid anti-Government protests cast shadow over 2020 Olympic bid," in *Inside the Games*, 19 July 2013 (http://www.insidethegames.biz/olympics/summer-olympics/2020/1015165-madrid-anti-government-protests-cast-shadow-over-2020-olympic-bid).

＊7　"A man hangs from a street lamp to protest Madrid's 2020 Olympic Games candidacy and the city's eviction policies in Madrid," Source: Reuters, 7 September 2013 (http://www.trust.org/item/20130907144019-le26e/).

＊8　"Running Scared of Protest - Why Tokyo is Favourite to Host the 2020 Olympic Games," in *Inside Left*, 7 September 2013 (http://inside-left.blogspot.jp/2013/09/running-scared-of-protest-why-tokyo-is.html).

写真２　2020年大会のマドリッド開催立候補に対する抗議行動（プエルタ・デル・ソル、2013年９月７日）
photo: Paul Hanna / Reuters

2

以上、三都市のケースから感じとることのできるひとつの仮説は、いまや世界において、スポーツのメガ・イヴェントは、民衆の抗議のうねりに巻き込まれて、開催へとこぎつけることが、あるいは、開催しても見せかけの平和のうちに行うことが困難になってきたのではないか、ということだ。

二〇一三年六月、燃えるブラジルのただなかにあって、ロイター通信は「ブラジルの暴動はメガ・スポーツイヴェントに疑問をつきつける」と題した記事を配信している[*9]。記事では現在のブラジルの情勢を「ＦＩＦＡとＷ杯の歴史にとっての分水嶺」と位置づけ、開催にとどまらず招致のコストまでうなぎのぼりの現状によって、Ｗ杯やオリンピックは、都市が立候補する気力を挫いていると報告する。あるスポーツマーケティングの研究者は、「おなじ少数の国がくり返しイヴェントを開催する」いわば「産業集中」が起これば、「公共性やスポーツの民主主義にとっては好ましくない」とし、「近年のグローバル経済の下降が、メガ・スポーツイヴェントは手の届かないところで膨張する代物だ、という人々の感覚を強化している」という。

また、記事が挙げるのは、二〇一三年の五月にベルリンで開催された、スポーツ大臣を集め、Ｗ杯、チャンピオンシップ、夏季・冬季オリンピックなどのメガ・イヴェントのあり方について憂慮を示す宣言が発表されたユネスコの会合である。その宣言では、多くの巨大なスタジアムがイヴェント開催後に財政的にもたないことが指摘され、ホスト国への高まる要求が、大スポーツ・イヴェント開催への意欲を減退させ、特定の国を立候補から排除させる危険があると警告している。

こうして、メガ・スポーツイヴェントについて、都市住民の抵抗がたかまるのに対応して、支配サイドにおいても危機感がたかまっているのがわかる。

そうした動向におけるひとつの結節点といえるのは、二〇一二年のUEFA（欧州サッカー連盟）の決定だろう。UEFAは、二〇二〇年のヨーロッパ・チャンピオンシップ開催に三件の応募しかなかったことから、一三の都市で分割して開催し、各都市で三、四の試合を開くことに決定した。[*10] この動きは、状況次第では、オリンピックやW杯も追随する道になるかもしれない。しかし、ここでは、このように支配サイドを動揺させている、抗議行動の動向にさらに注目してみよう。経済の一時の下降が人々のメガ・イヴェントからの疎外意識を強化している、という指摘にわれわれは満足することはできないからだ。

先ほど、スポーツのメガ・イヴェントが民衆の抗議のうねりに巻き込まれると述べたが、オリンピックでその印象をあたえる最近の事例は、二〇一〇年、ヴァンクーバーの冬季オリンピックである。オリンピックの開催中、街は抗議の波によって覆われ、催涙ガスが飛び、商店街のガラスが割れていた。それは、当時の印象は、若い世代を中心とした抗議者の構成も、戦術からも、物議をかもしたブラック・ブロック（二〇一三年のブラジルでも活躍している）の動きからも、一九九九年シアトル以来の反グローバリゼーション運動の延長上にあるというものであるが、そこでの焦点は、環境破壊、ホームレス排除、そしてセキュリティの強化などであった。その時点から考えるならば、いま、オリンピックやW杯を巻き込んでいるのは、アラブの春、15M運動、オキュパイを経て、より大衆化して拡がりを帯び、ヴァージョンアップした民衆蜂起の波動であるといえる。たしかに、ブラジルやイスタンブールで起きている事態で特徴的であるのは、オリンピック、W杯そのものに対するというより、オリンピックやW杯のようなスポーツのメガ・イヴェントをそのひとつの部品とする装置総体が攻撃に遭い、それにイヴェントが必然的に巻き込まれるというところにある。

---

*9 "World Cup - Brazil riots raise questions over sporting mega-events," in *Yahoo Sport*, 23 June 2013 (http://uk.eurosport.yahoo.com/news/football-analysis-brazil-riots-raise-questions-sporting-mega-020000135.html).

*10 "European Championship: Uefa to hold 2020 finals across continent," in *BBC Sport*, 6 December 2012 (http://www.bbc.co.uk/sport/0/football/20631963).

先ほど、一時の経済的下降が、人々のメガ・スポーツイヴェントが手に負えないという意識を強化しているのではないか、という研究者の指摘を紹介したが、それについては、とりわけイスタンブールの事例から疑念を呈することができる。というのも、イスタンブール、というよりトルコは、おなじく民衆蜂起にさらされている、たとえばスペインやギリシアのような他のEU諸国とは異なり、近年、およそ年一〇%の経済成長を記録していた、「模範的」な国である。したがって、トルコの事例は、他のEU諸国に見出しうる緊縮政策のもたらす「反資本主義的」動向とは異なり、むしろ、世界の「反資本主義的」動きを現在のグローバル資本主義そのものと相関させてみるよう迫るものである。

アンリ・ルフェーヴルの「都市への権利」という概念が、この間のイスタンブールの動きのなかで頻繁にあらわれるのは、そのひとつの徴候であるように思われる。その動向の反響として、ブラジルの民衆行動について、たとえば『New Republic』は「ブラジルの抗議行動は実質的には都市への権利にまつわるものだ」と題した二〇一三年の六月一三日付記事で、イスタンブールとブラジルの動きの共振を「都市への権利」の要求という点に見出している。[*11] この記事では、ブラジルをフィールドとするバークリーの人類学者が談話を残しているのだが、要点は、このブラジルの蜂起は、ブラジルという巨大国家で進行しているとめどもない都市化を文脈として、そこで生じている都市生活の質への要求、参加への要求、すなわち都市への権利についてのものだということである。

この記事の着想は、より自覚的に「都市への権利」がスローガンとして用いられているイスタンブールにある。タクシム広場での抗議行動についての記述で、その発端を The Right to the City 連合が主導したというものに出会ったりするが、筆者はその連合体について現時点でさほど知識がない。[*12] ただ、すでに数年前から、大規模な都市再開発、ジェントリフィケーション、強制排除に反対するNGOや市民運動、研究者などの連合が形成され、タクシム広場で会合を開いていることはウェブでの情報からわかる。また、二〇一一年の研究論文は、それまでのトルコの都市運動の文脈で、「都市への権利」がさまざまに論じられ、鍛えられてきたこともわかる。[*13]

タクシム広場の民衆蜂起は、したがって、突発した出来事ではなく、すでに蓄積のあったところで発火したものだった(写真3)。発端となった公園の再開発案は、再開発が都市中心部に迫り、この歴史的記憶を刻んだ公園にまで手を伸ばしたときに爆発したのである。トップダウンの都市開発によって、たとえば、オリンピックにむけて交通条件緩和を名目に計画されたイスタンブールのヨーロッパ側とアジア側を東西に分断するボスポラス海峡を架橋する第三大橋の建設やイスタンブール運河の建設のような、大規模プロジェクト。先ほど挙げた連合のウェブサイトによれば、それらのプロジェクトは、

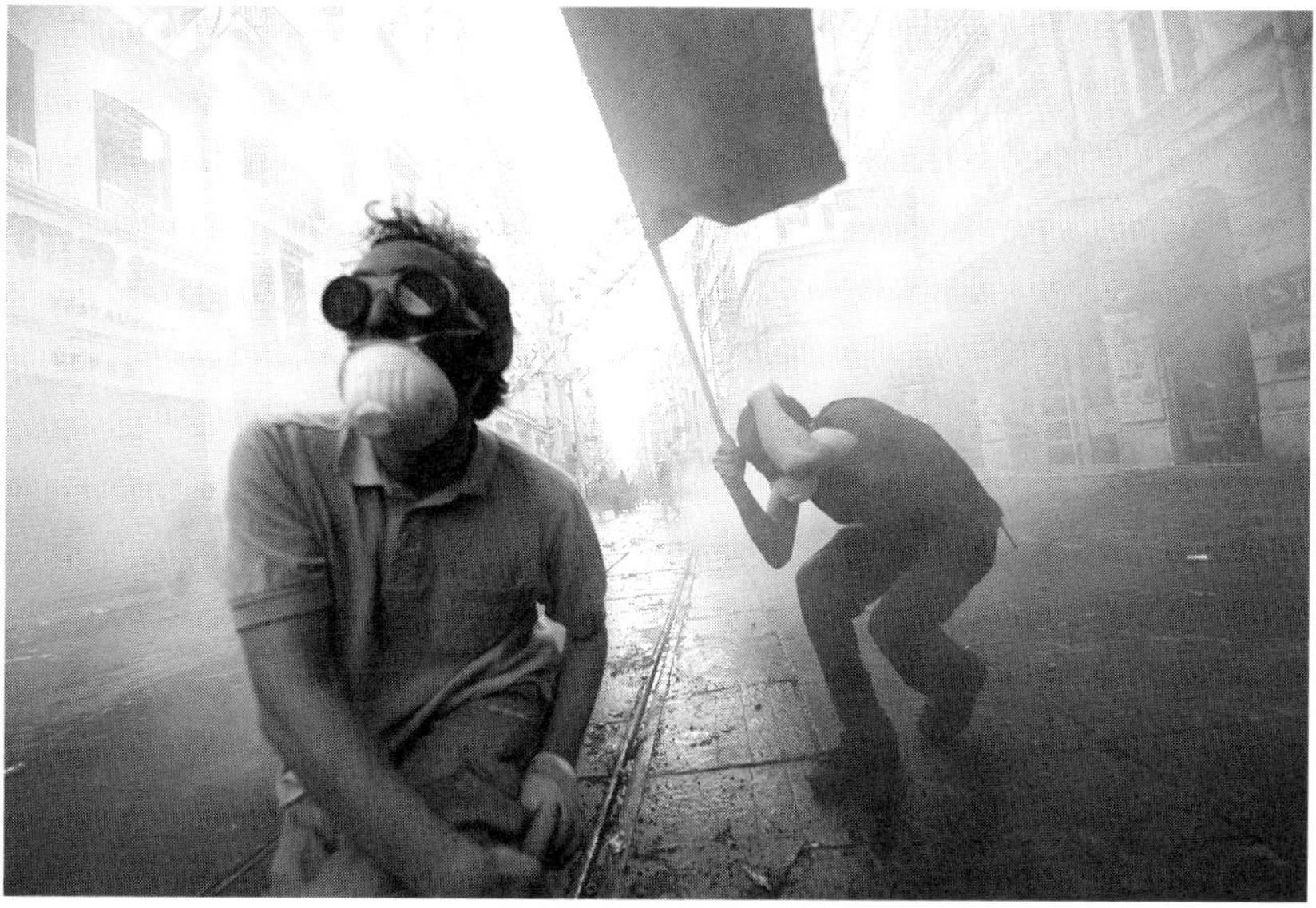

写真3　ゲジ公園再開発反対デモで、武装警官から打ち込まれた催涙弾を投げ返す（2013年5月31日）
photo: Bulent Kilic / AFP / Getty Images

「グローバル都市アプローチ」を採っているという点で問題視されている。

グローバル都市アプローチとは、そこでの意味づけによれば、投資家を誘致するためには、遠慮なく人権や環境権を無視し、歴史ある住宅区から住民を追いだす（追いだされた住民は遠いエリアへと移動をしいられる）というものである。それだけでなく、イスタンブールでは、不法建築の総称であるゲジェコンドゥ（gecekondus）の、住民に所有権を付与することを通じたネオリベラルな手法による度重なる退去など、歴史的貧困地区のクリアランスがたびたび抵抗を受け、そうした積み重ねが「都市への権利」というコンセプトと交わりながら、都市運動をかたちづくっている。[*14] それと、つけ加えて

---

*11　Marc Tracy, "The Brazil Protests Are Really About the Right to the City," in *New Republic*, 21 June 2013 (http://www.newrepublic.com/article/113577/brazil-protests-are-really-about-right-city).

*12　"Neighbourhoods taking action together / Istanbul claims the right to the city," in *International Alliance of Inhabitants*, 26 January 2012 (http://www.habitants.org/news/inhabitants_of_europe/neighbourhoods_taking_action_together_istanbul_claims_the_right_to_the_city).

*13　Hade Türkmen, "Debate on *Right to the City* in Istanbul," RC21 Conference "The struggle to belong Dealing with diversity in 21st century urban settings," Amsterdam, 7-9 July 2011.

*14　Ibid.

おかねばならないが、トルコは二〇一〇年に原子力プラントの導入を決め、黒海沿岸にいまや着々と日本との提携のもとに原発建設をすすめている。そのような原子力発電導入への抵抗が、同地域でのダム建設への反対運動とあいまって、今回の前哨戦の一端を形成していたと言われている。

こうしてみれば、イスタンブールの蜂起は、オースマンのパリ改造のあとのパリ・コミューンのように、あるいは、ロバート・モーゼスのニューヨーク改造のあとのジェイン・ジェイコブズたちのように、住民による都市の奪回の衝動を抱えていることがみえてくる。都市の剝奪のネオリベラリズム版に対する動きであり、それはグローバル経済の動向に対応して、国際的な波及力をもち、争点を拡げつづけている。

こうしてみれば、イスタンブールの蜂起が、オリンピックを巻き込んでいるのは必然であり、最近の事例は、メガ・スポーツ・イヴェントが、都市住民の幻想を獲得するのに失敗していているという冷厳な事実である。ブラジルの出来事がよく示唆するように、メガ・イヴェントは、その主催団体と政府と諸利害集団による「掠奪」的動きを促進させるにすぎないものとして経験されている。オリンピックの「経済効果」が疑わしいことは、この間、さまざまに指摘されているが、それは世界の都市住民にとって「実感」としてあらわれている。事実としても、アテネ・オリンピック以後、ギリシア経済が崩壊したことはもちろん、長野オリンピックの開催前から数々の不祥事を引き起こしたプロセスとその帰結、そしてこの年より、日本の不況がさらに深刻化し自殺者が三万人を超え始めることだけでも、重度の健忘症とはいえ日本社会は思い出すべきだ。メガ・イヴェントは、いまでは、メディアの祝福をうけながら空転するのであり、それは、メディアの信頼を失墜させつつその本来の機能を人々に想起させ、統合の見せかけはさらに空洞化していくだろう。恩恵をこうむるであろう少数と、それによって多かれ少なかれの危害を被る多数の間の隔絶はもはや隠しようがない水準に到達した。

3

では、東京である。オリンピック東京招致は、イスタンブール有利の下馬評のなかで実現度が薄いようにみられていたが、一転、東京も有力な選択肢として浮上したものの、選出直前に、国際的にも問題視されはじめた福島第一原発の汚染水流出によって、あらためて三・一一以降の東京での開催をＩＯＣがのぞまないのではないか、という観測も一部ではあった。

しかし、結果はこのようなものである。安倍首相はブエノスアイレスで全世界にむかって福島第一原発の事故が「完全にコントロールのもとにある」という、だれも信じるもののいない、翌日には東電によってくつがえされる程度の仕掛けの大嘘をついた。このような嘘をつかなくとも、招致の成否に大きな影響を及ぼしたとも思えないし、本来、公人が恐怖を感じるべきは、このようなきわめて重大な問題において、しかも世界に対して無責任な嘘をつくことであるはずだ。しかし、そうしたジレンマのようなものは安倍首相からは、微塵も感じることができない。このこと自体、驚くべき事態であり、また、大メディアがほとんど問題視しなかったことも驚くべき事態である。多くの人が嘆くように、それがメディアだけでなくこの社会そのものの末期的事態のしるしであることはまちがいない。しかし、このことから見えてくるのは、公人の無責任な「虚言」というものに対する、この社会、とりわけ日本社会の感覚の変化である。庶民の小さな「欺瞞」には、あるいは、特定の政治家が福島についてこぼした「真実」には、ときに、よってたかって血祭りにあげるこの社会の奇妙な「寛容」である。ここまで露骨に発言をひるがえし、あきらかに嘘をつき、それにひらきなおって、なお、立場がゆるぎもしない国や地方の首長がいる、という現象に筆者はこれまでおぼえがない。これはなにかこの社会のあり方の変容をしるしているだろう。ただし、ここではそれを深く追及している余裕はない。この原稿の関連するかぎりでまず一点いうならば、この社会の死命をも決しうる問題についての「虚言」が可能であるのは、原子力体制そのものが、戦争とおなじく、「虚偽」を必須としており、それなしには維持できない、というハードな条件があるからだ。それが根底から揺らいでいるわけだが、にもかかわらずそれを維持しようとすれば、虚偽が露骨に浮上してくるのは当然である。そして、いま進行しているプロセスと存在しているようにみえる秩序に「波風たてない」ことが「現実」や「真実」よりもはるかに優先させられるという、日本ではもはやあらゆる局面にほとんど例外なく浸透しきったミクロな心性である。ここまで破綻しながらも、破局をくりのべながら根強く存続する原子力体制は、三・一一以降の、あるいはすこし以前からの、「偉いひと」が平気でくりだすこの社会の奇妙な「虚偽」への寛容と、それを可能にする心性なしにはありえない。

国際舞台での大見得を、ありえない想定だが仮にどれほどお人好しであるにしても、ＩＯＣが信じるはずもない。安倍首相の「完全なコントロール」発言は、ＩＯＣにむけて、暗黙に字義以上のメッセージを発していたようにも思う。つまり、その発言で問題になっているのは、現実に福島第一原発がコントロールされているということではなく、「日本の状況」が完全にコントロールされているということ、そして、これからもコントロールするという約束である。つまり、福島第一原発が本当にコントロールされていようが、汚染水問題がどれほど深刻であろうが、アスリートにどのような影響があろうが、それはＩＯＣにとってはたいした問題ではない。最大の心配は、そうした問題が、東京を動揺させてしまい、大事なイヴェントを巻き込んでしまうことである。

しかし、それはだいじょうぶである。これだけの事故に遭いながらも、原子力体制を維持し、その存続を公言し、さらには輸出まで精力的に行う政党を第一党に祭り上げ、その政策の急先鋒である首相をいだく、この社会である。メディア労働組合、企業、知識人、都市住民、そして社会運動すべてが「完全にコントロール」されている、という自負にも説得力があったはずだ。

もとより、東京においてもすでに挙げられている問題をみるならば、世界の直面しているものと事情はまったく変わらない。それどころか、三・一一以降の福島の問題を抱え、かつお粗末で気力の乏しい対応しかできていない日本がなぜ巨大な予算をつぎこんでオリンピックか、という、多くの人が当然疑問に思い、批判を口にする点がある。すでに、東京招致反対の立場からはさまざまな問題が指摘されていたが、決定以後も、続々と疑義があらわれている。まず、メイン会場となる新国立競技場の問題がある。ここは神宮の森の風致地区に立地するが、ここに現在の国立競技場の、延べ床面積にして五・六倍、最高箇所七〇メートル（一五メートルの規制を緩和して）となる「世界一の」(またもや、である) スタジアムが計画され、その環境破壊が批判されている。さらに、巨大化したあとの施設の維持とそのコストが問題となる。もちろん、それは都民の肩にかかる。ちなみに、総工事費は現在の見積もりだけでも一三〇〇億円かかる。[*15]

かねがね問題視されていた、築地市場の豊洲移転の問題がある。歴史的な伝統をもつ場所がプレスセンター設置によって簡単に撤去されるのも問題だが、豊洲の汚染問題とからみあった利権の構造は深刻である。また、カヌー・スラローム競技が行われる候補地とされているのが、葛西臨海公園。公園で観察された野鳥二二六種が、クロマツ林など鳥の居場所が失われ、えさとなる生物も減れば、鳥の種類も減ると予想される。青山劇場の撤去。そして、もともと一九六四年の東京オリンピックの際、立ち退きによってつくられた都営霞ヶ丘アパートの再度の立ち退き問題。もちろん、野宿者排除はすでに招致活動の際から問題になっており、今後もはげしい争点になることが予想される。再開発の利権は膨大であろう一方で、東京住民へのダメージも深刻であることが予想される。

このような問題点をまとめた「反五輪の会」の主張は、国際的に大規模な争点になっているものとまったく共通のものである。[*16]つまり、ここでもやはり「都市への権利」とされているることが争点となっているはずなのだ (写真4)。

二〇二〇年にむけて、諸問題を生産する条件は、日本において悪化しこそすれ、良好化することは考えにくい。そのうえ、日本は放射能汚染の問題をかかえている。「完全にコントロールのもとにある」という記述的言明であり遂行的約束である発言は、こうした点を考慮に入れるとますます無気味

写真 4 「2020年東京にオリンピックはいりません。パレード!!!」（2013年 8 月 4 日）
photo: 金浦蜜鷹

にひびく。

近年のオリンピックの特徴のひとつは、セキュリティ・コストのおそるべき増大である。[*17] ポスト九・一一という文脈によって加速したこのプロセスは、二〇〇一年の「同時多発テロ」以後、最初の夏季オリンピックであるアテネ大会の約一五億ドルから、北京オリンピックでは一三〇億ドルへの飛躍的伸びをうながした。これが、GEのようなセキュリティ産業を中心に、おそるべきあらたな利権構造を生みだしているのはもちろんだが、北京でそうであったように、公共交通機関のあらゆる場所、IDカード、監視カメラ、などこうした装置はそのまま大会後も維持され、日常の治安管理に活用されている。すでに、東京オリンピックでの反対派の「テロ」を想定しての機動隊の訓練を高らかにプロパガンダしているようなセキュリティ体制が、今後、オリンピックを名目にど

＊15 「神宮の森 美観壊す／20年五輪 新国立競技場巨大すぎる」（『東京新聞』二〇一三年九月二三日朝刊）。その後、このザハ・ハディドによる設計案は撤回された。

＊16 反五輪の会「〈緊急声明〉東京都はオリンピック開催を辞退しろ！」二〇一三年九月八日 (http://hangorin.tumblr.com/post/60572638787)。

＊17 Naomi Klein, "The Olympics: Unveiling Police State 2.0," in Huffington Post, 7 September 2008 (http://www.huffingtonpost.com/naomi-klein/the-olympics-unveiling-po_b_117403.html).

こまでシビアなものに展開していくかは容易に想像がつく。公安条例の自由自在な適用によって民衆の運動をがんじがらめにしたあげく、反原発運動、がれき拡散反対運動に対する異常な弾圧と司法の機能不全のいっぽうで、取り調べ可視化のような改革は進まず、さらには数々の市民的自由と権利にとどめをさすであろう秘密保護法を準備している日本は、すでに充分なほど警察国家への道を歩んでいるが、その流れに拍車をかけるだろう。

ナオミ・クラインは北京オリンピックを、「カミングアウト・パーティ」であると言った。つまり、それは中国政府が数十年かけてみがいてきた、「不穏なほど効率のよい社会の組織方法」を世界にお披露目するパーティである、と。すなわち、中国政府は、記録的速度でスタジアムを完成させ、ハイウェイを貫通させた。めざわりな民衆の居住区は、無慈悲にブルドーザーでかたづけた。またたくまに木と花を植え、それにそって街並みをととのえた。住民の習慣を改造し町をてばやく清潔にしあげた。それが可能であったのは、権威主義的共産党支配のための政治的ツールのおかげであり、絶えざる監視、無慈悲な抑圧、集権的計画のようなツールが、そこでは、グローバル資本主義の展開のために動員されるのである。権威主義的資本主義、市場スターリニズム、マッコミュニズム（McCommunism）などと形容されるこの中国型資本主義であるが、それをローカルなものではなく、「資本主義の中国化」という現代の世界資本主義の趨勢に位置づけるスラヴォイ・ジジェクの分析は、ナオミ・クラインによる北京オリンピックの観察と無気味に反響しあっている。この事態の文脈にあるのは、資本主義と民主主義との分離、とジジェクの特徴づけるプロセスである。[*18] むろん、その推進力は、民主主義を資本主義が圧倒的に凌駕していくという方向にむけられている。あらためてこの視点からみるならば、日本の近年の政治的動向がこのラインに沿っていることは十分に想像できる。

現代の巨大化したスペクタクルとしてのスポーツイヴェントは、利潤生成の契機という以上に——それはあったとしてもごく限定されたものにますますなりつつある——、壮大な動員の装置である。ひとはその奉仕に駆り出され、邪魔なものはあっというまに撤去され、異論は攻撃にさらされ、メディア上では、瑕疵のない見世物として世界へと発信される。原子力体制も、利潤のみでは理解できない、人間と環境の動員とコントロールを動力とする巨大な装置である。

この装置のめぐらす夢想は、もはやひとの欲望を捕獲できないものになりつつある。日本ではどうだろうか。オリンピック招致決定のあとも、熱はそれほどでもないが、かといって、この幻想をつきやぶるほどの動きをおこすほどの力はない、というところだろうか。二〇一二年の東京スカイツリーもそうだったが、この国は、かつての栄光に、巨大志向による「成功」の夢想に、いまだにとらわれている。だが、それも、その夢想に魅力がさしてあるからというわけではなく、夢想をつきやぶる萌芽がどこにもないから、ともかくしがみつくしかない、といったところだ。つまり、この国は、社会を過剰に馴致し同質化したあげく、ミニマムな「反」の弁証法的モメントすら喪失してしまったようにみえる。それが、過去の「栄光」の力のない反復と、幻想は希薄化しているが、かつてより拡散し、強制力を増している、というような奇妙な感覚をもたらしているように思う。耐性がつき効果がとぼしくなった注射を頻繁にうちつづけるしかないジャンキーのようでもあるが、あるいは、「新富裕層」の日本脱出の動きにみられるように、崩壊を見越して逃走をこころみる富裕層の一部が準備をするあいだにだれも気づかないよう見せる煙幕のようでもある。

　先ほど述べた、二〇一二年のＵＥＦＡの決定は、スポーツ・イヴェントのヨーロッパ的起源、すなわち都市国家への、あるいは国家を都市ネットワークが凌駕していた中世ヨーロッパ回帰のしるしとみえないこともない。一方、二〇二〇年、東京オリンピックは、もしそれが一九四〇年の「まぼろしの東京五輪」とおなじく途中で座礁に乗り上げないとしたら——まったくありえないわけではない——北京で頂点に達した流れを、規模を落としたかたちで踏襲するだろう。それは、オリエントの帝国のもの、ルイス・マンフォードのいうあの「メガマシーン」であり、原子力体制と一体化した、世界史的にもずばぬけて巨大で、かつ破滅的なものとなるだろう。「資本主義の中国化」とメガマシーンとしてのスポーツイヴェントは、相性は悪くないのである。

*18　Slavoj Žižek, "Trouble in Paradise: The Global Protest," in *London Review of Books*, 18 July 2013 (http://www.lrb.co.uk/v35/n14/slavoj-zizek/trouble-in-paradise).

貧富の戦争がはじまる

――オリンピックとジェントリフィケーションをめぐって

原口 剛

1 メガイベントと釜ヶ崎――原点の物語

オリンピックは貧民を殺す。それは、貧富の戦争である――そのことは、都市下層の歴史を少しでも知る者にとって、当たり前の真実としてある。大阪の釜ヶ崎は、その教訓を伝える場所のひとつだ。そこは、東京の山谷、横浜の寿町、名古屋の笹島と並ぶ「四大寄せ場」のひとつとされる。なかでも釜ヶ崎は、その街の成立や変容が、つねにメガイベントに翻弄されつづけてきた。この地の歴史には、ふたつのメガイベントが刻み込まれている。ひとつは、一九〇三年に開催された第五回内国勧業博覧会。もうひとつは、一九七〇年の日本万国博覧会だ。後者の万博においては、開催地を建設する労働力をまかなうために、釜ヶ崎は単身男性に特化した日雇い労働力の供給地として塗り替えられ、「使い棄ての街」へと改造させられた。このことについては、別のところでかなり詳しく論じているので、参照してほしい[*1]。ここでは、現在の天王寺公園・新世界を会場とした、第五回内国勧業博覧会の経験に立ち返ろう。

現在でこそ寄せ場／ドヤ街として知られる釜ヶ崎であるが、江戸時代にその界隈は、一面に畑が広がるばかりの、いまだ都市化されざる周縁地であった。そのころ木賃宿（ドヤ）街は、大坂三郷のはずれに位置し、現在は「でんでんタウン」の名で知られる日本橋界隈に建ち並んでいた。その街は、「長町」と呼ばれていた。ドヤ街としての釜ヶ崎の歴史のは

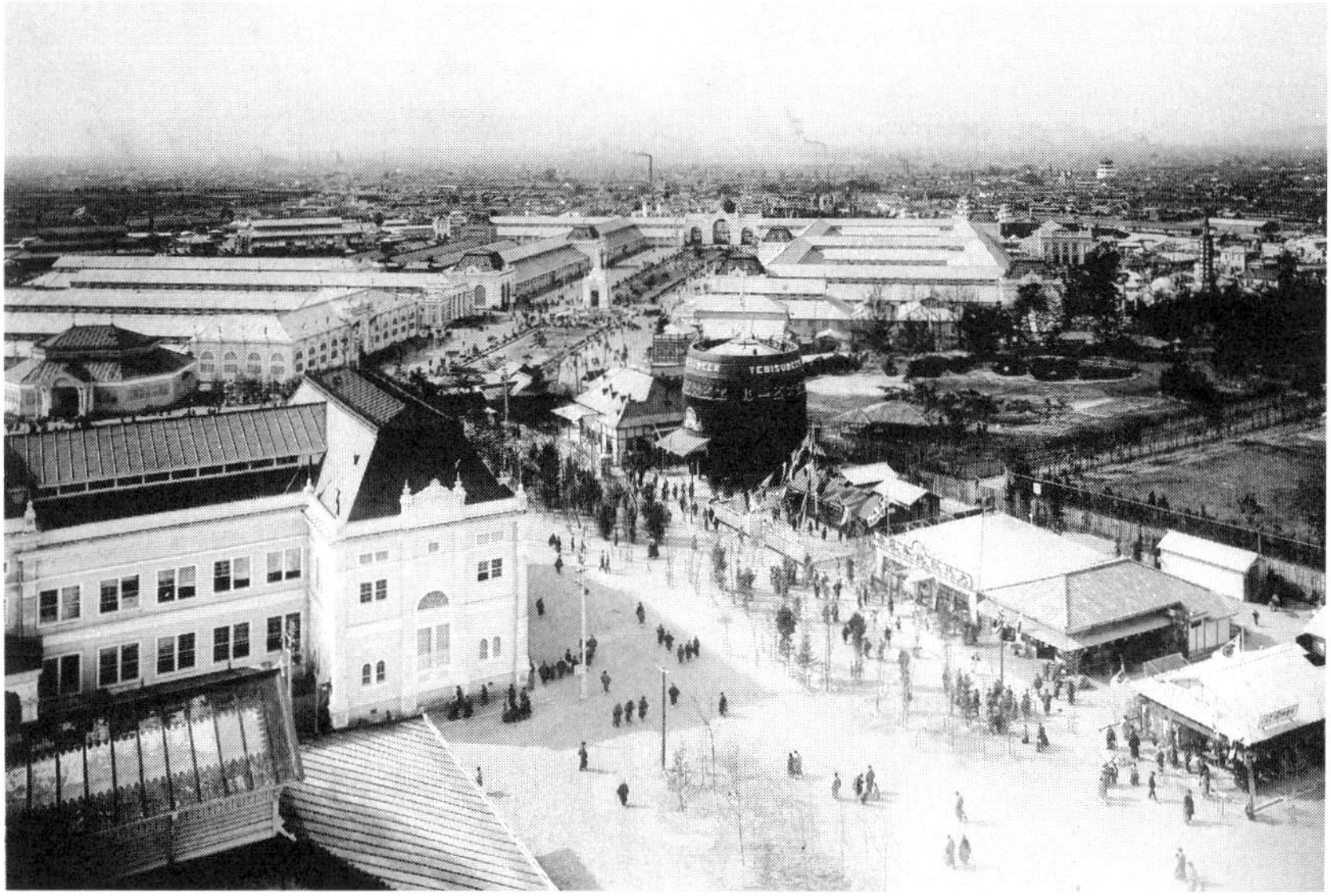

写真1　第5回内国博覧会会場内の大林高塔からの眺め。写真中央奥の正門の外に長町がひろがる。
photo: 高木秀太郎『第五回内国勧業博覧会』1903年（国立国会図書館デジタルコレクション）

じまりは、「長町」の木賃宿街が解体され、釜ヶ崎へと移転させられることによる。そして、「長町」を解体させる契機となったのが、ほかならぬ第五回内国勧業博覧会であった（写真1）。

第五回内国勧業博覧会会場では、イギリス、アメリカ、フランス、ドイツをはじめとする欧米「先進」資本主義諸国の展示空間のなかで、それらと比肩すべき帝国という明治国家の自己像が投影され、演出された。他方では、博覧会会場入り口付近の「学術人類館」において、アイヌモシリや琉球、台湾や朝鮮半島などの人々が、文字通り生身の身体のまま展示された。これが悪名高い「人類館事件」である。[*2]重要なことは、このような植民地主義的な人種化のまなざしと暴力が、決して博覧会会場の内側だけにとどまるものではなかったという点だ。博覧会開催以前の一九世紀末から、とりわけコレラの大流行を引き金として、長町の貧民は「危険な階級」としてあぶり出され、都心からの追い払いの圧力にさらされていた。都心からみて長町のさらに向こう側が博覧会会場とさ

＊1　原口剛『叫びの都市——寄せ場、釜ヶ崎、流動的下層労働者』洛北出版、二〇一六年。
＊2　「人類館事件」の詳細については、下記の文献を参照のこと。演劇「人類館」上演を実現させたい会編『人類館——封印された扉』アットワークス、二〇〇五年。

れることで、あろうことか会場へいたるメインストリートに貧民街が広がるという構図となったのである。国家の威信をかけたメガイベントの最中にあって貧民街は、来場者の目につかぬよう道筋の両側に巨大広告を掲げるなどして、その存在が隠された。さらに博覧会の会期を終えたのち、この地には開発の波が押し寄せていく。天王寺公園・新世界とは、この博覧会会場跡地開発として生み出された空間である。このなかで長町の木賃宿街は、警察の取り締まりによって、あるいは道路拡張等によって、着々と解体されていった。そうして当時の大阪市外に位置する釜ヶ崎へと、追い払われていったのだ。[*3]

これが、釜ヶ崎のはじまりの経験である。そこには、メガイベントの本質というべき暴力のありようが、いかんなく発露されている。貧民の不可視化と、都市からの締め出しだ。ここで、エンゲルスの言葉を心に留めるべきだろう。「疫病の巣、資本主義的生産様式がわが労働者たちを来る夜も来る夜も閉じ込めておくというべき穴ぐらや洞穴、これらは、とりのぞかれるのではなく、たんに——移転させられるだけである！」[*4]。

2　八〇年代以降の大阪の「貧富の戦争」

二〇一二年発刊の年報『寄せ場』の特集に、「博覧会と都市暴動」がある。特集の表題にあらわされているように、寄せ場・釜ヶ崎と博覧会との因縁は深い。またそこには、米騒動や暴動をはじめとして、博覧会のスペクタクルを台無しにせんとする抗いの歴史がある。同特集に掲載された「貧富の戦争、富豪の恐怖」における池田浩士の言葉は、オリンピックを目前に控えた現在、いっそう重い。

> ここであらためて、森近運平が伝えている岡山の農民の言葉、「結局富豪の恐怖が貧民を救うて居たのである」というあの言葉を、私たちの言葉として肝に銘じつつ語らなければなりません。「貧民窟の人類」を生み出したのは、ブルジョワジーによって創出され発展させられた資本主義社会体制です。貧民窟の住人であることは、貧民窟を取り囲むようにして存在するマッチ工場で低賃金の労働を売ることと同じく、細民であり貧民である労働者の「罪悪」ではない。「恥」でもない。しかし、この労働者たちもまた現実には「貧富の戦争」のなかで生きています。(…)この「貧富の戦争」は、さまざまな仕掛けや、とりわけ各種のイヴェントによって、覆い隠され、それどころか美々しく飾り立てられ、脚光を浴びて、曲学阿世の研究者たる私たちの前に、エリート労働組合員である僕婢たちの前に、登場します。勧業博覧会、万国博覧会は、そのもっとも大仕掛けで、もっとも効果的な戦場の一つと言うべきでしょう。[*5]

ここで、近年の都市史に目を向けてみよう。八〇年代以降の大阪は、暴動やスクウォット＝占拠が沸き起こることで、都市全域がまさに「貧富の戦争」の戦場と化した。[*6] その節目となったのは、一九八〇年代初頭である。八四年のロス五輪は、五輪が急激に商業化された画期として知られるが、同じ時期に都市の階級闘争が新たな局面に突入したことは、おそらく偶然ではない。大阪では、一九八三年一〇月に「大阪二一世紀計画宣言」が掲げられたのち、「大阪築城四〇〇年まつり」（八三年一〇～一一月）をはじめとする都市イベントが、次から次へと開催されていった。大阪二一世紀計画は、そのもくろみを次のように宣言している。

> 屋内もあれば屋外もあり、デザイン、ファッション、スポーツ、音楽、シンポジウムなど多種多様なイベント群を総称するものでもある。特定の期間、特定の会場において行われる博覧会ではなく、その会場は主として都市空間であり、道路、公園、港湾、河川、広場といった生活の場所が舞台であり、そして一過性のイベントではなく、都市のなかでイベントが定着していくことをねらいとしている。[*7]

堺屋太一によって「イベント・オリエンテッド・ポリシー」[*8]と名づけられたこの都市戦略の要は、先述の引用にあるとおり、都市全体を博覧会会場へ、消費空間へと塗り替えることであった。関西の経済界は、七〇年万博の「成功」の経済的果実を存分に味わった。しかしその直後の七〇年代半ば、経済危機と革新自治の時代において、息をひそめなければならなかった。八〇年代にやっと息を吹き返したビジネ

＊3　加藤政洋『大阪のスラムと盛り場　近代都市と場所の系譜学』創元社、二〇〇二年。吉村智博『近代大阪の部落と寄せ場　都市の周縁社会史』明石書店、二〇一二年。

＊4　フリードリヒ・エンゲルス「住宅問題」村田陽一郎訳、『マルクス＝エンゲルス全集』第一八巻、二〇三－二八五頁、大月書店、一九七六年、強調は原文。

＊5　池田浩士「貧富の戦争、富豪の恐怖」『寄せ場』二五号、二〇一二年、一二七頁。

＊6　「スクウォット」というと、欧米の空き家占拠が真っ先に念頭に浮かぶかもしれない。しかし、なにを／どのように占拠するかは、都市の文脈によってさまざまに変わりうる。日本社会においては、公園や路上など公共空間をブルーテントの小屋をもって占拠する実践こそ、スクウォットの代表的な事例だろう。空き家の占拠が主流の欧米では、逆にこのような公共空間の占拠は稀なことである。

＊7　石村義彦「大阪21世紀計画スタート――大阪築城400年まつりの意義と都市の活性化」『都市問題研究』三五巻九号、一九八三年、一一－一二頁。

＊8　堺屋太一『楽しみの経済学――イベント・オリエンテッド・ポリシー』NGS、一九八四年。

ス・エリートたちは、新自由主義の勢いを借りて、いよいよ都市の乗っ取りにかかったのだ。メガイベントは、そのために欠かせない装置だった。この都市戦略は、八七年に天王寺博覧会を、九〇年に国際花と緑の博覧会を開催させたのち、九二年には大阪五輪誘致運動を始動させる。この運動の一環として、九五年一一月にはAPECを開催した。その一方で五輪誘致運動は、二〇〇一年に北京によって開催都市の座を勝ち取られ、惨敗することになる。

このとき、貧民の不可視化と締め出しという第五回内国勧業博覧会の原体験は、大々的に再現されたのだ。「大阪築城四〇〇年まつり」と「大阪二一世紀計画」の始動を記念すべく一九八三年に御堂筋パレードが開催されるにあたり、ミナミの一帯では、野宿生活者に対し警察が指紋を採取してまわるというハラスメントが繰り返された。八七年に天王寺博覧会の会場とされた天王寺公園は全面的に改造され、入場料一五〇円を支払わなければならぬ有料公園へと姿を変えさせられた。その目的は、日雇い労働者や野宿生活者を追い払い、視界から消すことにあった。

けれども、貧民たちは黙ったままではいなかった。まず、暴動である。九〇年と九二年には、釜ヶ崎で七〇年代半ば以来となる暴動が、たてつづけに引き起こされた。さらに、占拠である。大阪五輪誘致運動が始動した九二年は、日本経済のバブルがはじけ飛び、不況期へと向かう転換点でもあった。その打撃を真っ先に受けたのが、寄せ場・釜ヶ崎である。この時期以降、日雇い労働の求人は激減し、多数の日雇い労働者が恒常的な失業状態に突き落とされた。ドヤ代を払えなくなった労働者たちは、釜ヶ崎の地から溢れ出て、都市内の各公園に次々とブルーシート張りのテント村を建設していった。支配階級の都市戦略が博覧会会場へと改造しようとしたその空間は、一転してテント村へと塗り替わっていったのだ。

二〇〇〇年代とは、占拠闘争が頂点に達した時代であった。大阪市内の大小の公園で、野宿生活者の建設したテント村を守るべく、闘争が繰り広げられたのだ。なかでも最大の敵は、ひとつは襲撃であり、もうひとつは「行政代執行」の名を借りた立ち退きであった。あいかわらずメガイベントは、それを作動させる最大の武器としてあった。〇六年に強行された靱《うつぼ》公園・大阪城公園に対する行政代執行は、世界バラ会議の開催をきっかけとするものである。翌〇七年の長居公園に対する行政代執行——二年連続で行政代執行という強権が振るわれる事態は、まさに異常事態だった——もまた、世界陸上の開催を目前に控えてのことであった。名古屋においても、〇五年の「愛・地球博」開催に向けて、白川公園に住む野宿生活者のテントに対する強制撤去が繰り広げられた。これらの行政代執行により、都市内のテント村は次々と破壊されていった。かたや〇八年に釜ヶ崎で起きた暴動は、現在は最後の暴動として記憶されている。

それから数年を経た現在、都市は反動の時代にあるといってよい。ニール・スミスは、九〇年代以降の都市戦略の趨勢を revanchist city という表現で表した。[*9] revanchism とは、「失地回復」や「報復」を意味する言葉である。その名のとおり、かつてテント村が覆った都市の公共空間を、この新たな都市戦略は奪い返そうとしている。新たに手にした武器のひとつは、私営化（privatization）だ。二〇一五年四月から、PMO（Park Management Organization：パークマネジメント）事業が始動された。これは、ニューヨークを中心に展開されたBID（Business Improvement District：ビジネス改善地区）政策を適用させたものだ。BIDはあたかも都市再生の特効薬のように宣伝される。以下のような暗い現実から目を背けたままに——

屋外の公共空間に対する強硬路線の政策の台頭と歩調を合わせるかのように、トランジット・オーソリティ（都市交通局）は、ホームレスの人々の屋内の公共空間へのアクセスを封じるべく、主要駅において新たな反ホームレス対策に着手した。グランド・セントラル駅では、これまでになく新しいアプローチが試みられた。（…）「グランド・セントラル・パートナーシップ」は、「ホームレス問題」に取り組むべく結成された。地元ビジネスからの課徴金によって運営されるこのパートナーシップは、手始めに民間のセキュリティ・パトロールを導入し、また、近場の教会で食料とシェルターを提供すると言葉巧みにそそのかしては、ホームレスの人々をエリアから追い出した。この「ビジネス改善地区」モデルは、大都市圏全域で導入された。その一方で、グランド・セントラル・パートナーシップはホームレスの人々やテント村の一番街からの「一掃」に関与し、排除された人々を何人か雇って仲間うちを強制的に追い出させたという容疑で取り調べを受けている。[*10]

PMO事業のもとで大阪市は、大阪城公園の管理運営の大部分を手放し、電通・読売テレビ・大和ハウス・大和リース・NTTファシリティーズが名を連ねる「大阪城パークマネージメント共同事業体」へと委ねた。その委託契約期間は、なんと二〇年である。また天王寺公園の主たる運営は近鉄不動産に託され、同じく二〇一五年にショッピングモールのごとき空間へとリニューアルされた。八〇年代初頭にビジネス・エリートたちが思い描いたユートピアは、ついに完全に実現されようとしている。貧民の不可視化は、いよいよ徹底

＊9　ニール・スミス『ジェントリフィケーションと報復都市——新たなる都市のフロンティア』原口剛訳、ミネルヴァ書房、二〇一四年。
＊10　同前、三七二頁。

化されていく。長らく貧しい労働者階級の根拠地であった釜ヶ崎もまた、「西成特区」構想下で旅行客向けのゲストハウス街へと急激に変貌しつつある。二〇一六年三月には、釜ヶ崎地域内の花園公園において、行政代執行がついに遂行された。

「西成特区」構想を打ち出し、ＰＭＯ事業を始動させた橋下徹・前大阪市長は、自身の「都市再生」ビジョンを語るのに、たびたびニューヨークを引き合いに出した。それは、ジェントリフィケーションがもっとも先鋭的に繰り広げられた都市だ。そしてこの概念こそ、現代オリンピックの本質を理解するうえで、欠かすことのできないものなのだ。

3 オリンピックとジェントリフィケーション

二〇〇七年にCentre on Housing Rights and Evictions（COHRE）が出版した『居住権のためのフェアプレーを』は、一九八八年のソウル・オリンピックから二〇〇八年のロンドン・オリンピックにいたるメガイベントの開催都市において生じた立ち退きや排除を、きわめて詳細に報告している。この報告書が結論するところによれば、オリンピックとは「都市開発の触媒」にほかならない。

この事例研究は、ある共通の特徴を浮かび上がらせる。すなわち、あらゆるオリンピックの開催都市は、再都市化あるいはコミュニティのジェントリフィケーションに向けたプランを始動・拡大・強化させ、加速させるためにオリンピックゲームを活用する、ということだ。（…）たとえば、オリンピックの開催都市の多くは、インナーシティ・エリアの大規模な再開発に着手する。それというのも、オリンピックそれ自体（あるいは少なくともその構成要素）が、インナーシティに位置するのが通例だからだ。このようなインナーシティへの開発の集中は、長期の再開発プランの一環としてこれらのエリアを再活性化させようとする欲望の、原因とも帰結ともなりうる。それによって再開発プランは、オリンピックゲームのタイムスケジュールにあわせるよう急かされることになるだろう。あるいは、「オリンピック」を見据えて、既存のプランがより大規模に拡張させられるかもしれない。オリンピック会場の近くにはない場所でさえ、都市の全般的な「見た目」を改善し、幅広く施設を供給する必要性によって、再都市化ないし再開発に向けた既存のプランは強化・加速させられる。オリンピックゲームの施設は（インナーシティに位置するかどうかにかかわりなく）、もっとも荒廃し、あるいはそれまで無視されてきたエリアに位置するのが通例である。そこでは、地価はもっとも安く、「再活性化」にもっとも適している。再開発の標的とされたエリアにたまたま住んでいた貧民や低所得

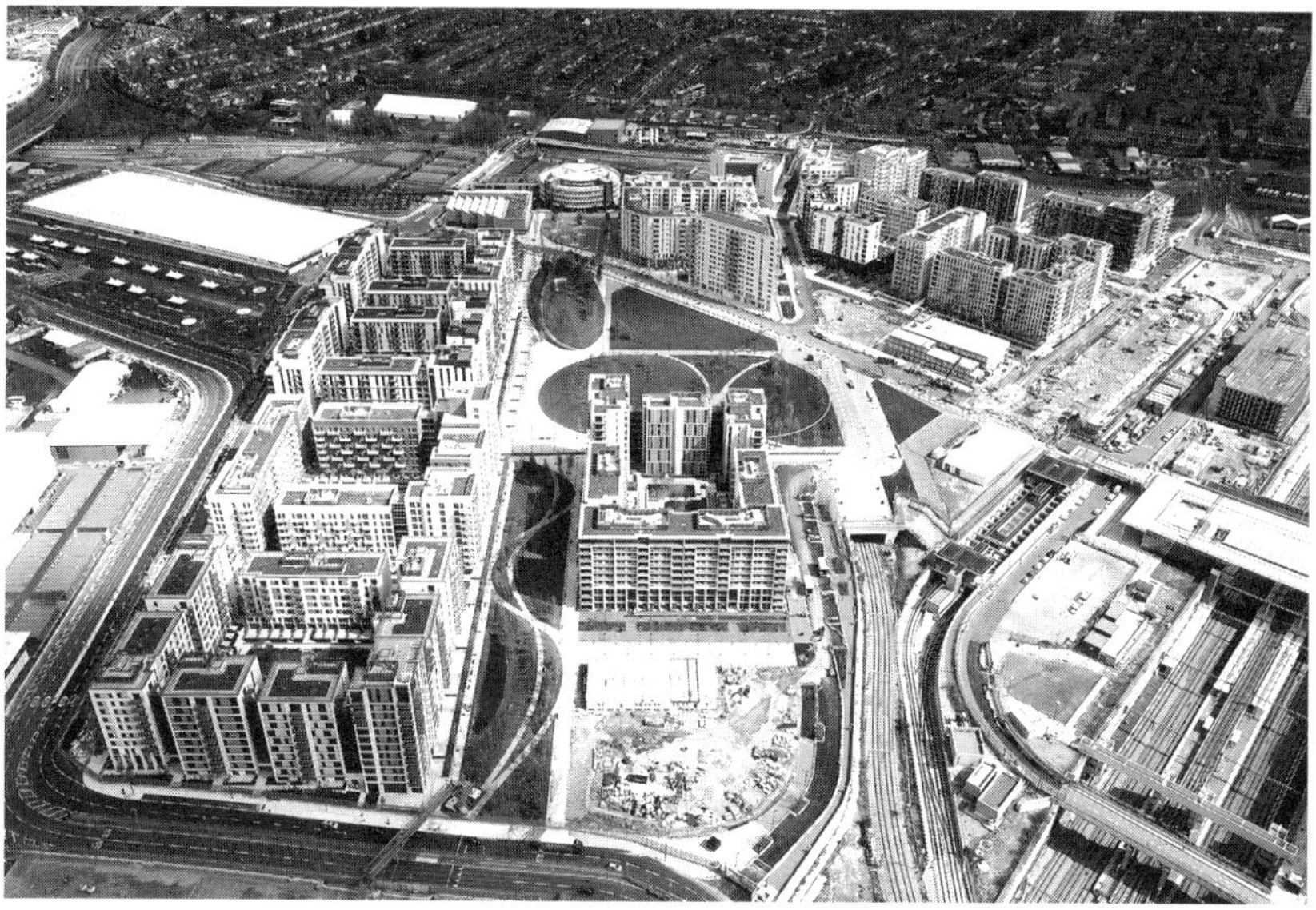

写真２　ロンドン大会で選手村として再開発された地域（2012年４月16日）
photo: EG Focus

の住民は、この再活性化によって、しばしば強制的な立ち退き（evictions）や移転に直面させられる。[*11]

オリンピック開発によってもたらされるのは、スポーツに関連するスタジアム等の施設だけではない。高級マンションが次から次へと建設されることにより、エリア一帯は不動産開発のホットスポットとなる。それまで見捨てられ、荒廃させられ、それゆえ貧民や低所得者層の住み処であったインナーシティの地は、一転してデベロッパーにとって魅惑的な投資先となり、資本が押し寄せるのだ。報告書が述べるように、オリンピックとは、ジェントリフィケーションを発動させるための装置にほかならない（写真２）。

それでは、ジェントリフィケーションとはなにか。この言葉が生み出されたのは、一九六四年のことだった。ルース・グラスは著書『ロンドン』において、インナーシティの労働者階級の居住地が高所得のミドルクラス向けのエリアへと塗り替えられつつある事態を発見し、それを「ジェントリフィケーション」という造語で表したことがはじまりだ。[*12]以後こ

＊11　Centre on Housing Rights and Evictions, *Fair Play for Housing Rights*, 2007, p. 75.
＊12　Ruth Glass, *London: Aspects of Change*, London: Center for Urban Studies and MacGibbon and Kee, 1964.

の概念をめぐって、膨大な研究と議論が積み重ねられてきた。というのもジェントリフィケーションは、すぐさま世界の各都市へと拡がり、そうして貧しい労働者階級が立ち退かされるという事態が次々と引き起こされていったのだ。

過去五〇年のなかで、ジェントリフィケーションは三つの段階を経ながら、その性格を変容させたといわれる。[*13] 第一波は、一九七三年までの時期だ。「ジェントリフィケーション」という言葉が生み出されたこの時期には、その現象はまだ小規模なものでしかなかった。第二波は、八〇年代に訪れる。この時期にジェントリフィケーションは世界各都市でみられるようになり、グローバルな都市現象として認識されるようになった。だからこそ日本社会においても、「地上げ」という言葉が生み出されたのだった。そして九〇年代半ばから現在にかけての時期は、第三波にあたる（二〇〇〇年代前半以降の時期を第四波とする主張もある）。[*14] 第三波の最中にあっては、世界中のほとんどの都市でジェントリフィケーションがみられるようになった。このなかで、オリンピックとジェントリフィケーションも、分かちがたく結びついていったのである。

だがジェントリフィケーションをめぐる議論は——とりわけ日本においては——その多様さや固有性ばかりに議論が集まり、それを根底的に批判する視点があやふやにされがちである。その隙をついてこの概念は、「都市再生」といういかにも無難で楽観的な用語へとすり替えられ、葬り去られてしまう。このような無益で有害な事態を振り払うために、いくつかの原則的な点を確認しておくべきだろう。

Ｉ　ジェントリフィケーションはいかにして貧民から土地を奪うか

当初からジェントリフィケーションとは、貧しい労働者階級の立ち退きを伴うものだった。それゆえに都市の社会正義を裏切る現象として議論の対象にされてきたのだが、直接的な立ち退きだけに着目していると、認識を誤る危険がある。たとえば立ち退きが起こらぬよう用意周到にそれが進められた場合、それは「良いジェントリフィケーション」とされてしまいかねないのだ。ジェントリフィケーションが貧者から土地を奪うやり口は、直接的な立ち退きだけではない。[*15]

ひとつには、間接的な立ち退きがある。「多様性」の名のもとに低所得者層のエリアに高所得者層が招き入れられたとする。このとき、低所得者層は、街の文化や雰囲気が変わりつつあることを誰より鋭敏に感じ取るだろう。古くから低所得者向けに商いを営んできた商店が高級店に変わり、薄汚い路地が消えて明るく塗り替えられていく、等々。すると低所得者はなじみであった街に「居づらさ」を感じるようになり、その土地を立ち去るよう無言の圧力をかけられていく。こうした事例もまた、立ち退きがとるひとつの形態である。なにより、ジェントリフィケーションは地代や家賃の上昇を引き起こす。仮に立ち退きが起こらなくとも、時間をかけて家賃が上昇していくのであれば、遅かれ早かれ低所得者層はその街から追い払われていく。ジェントリフィケーションが貧者から土地を奪い取っていくやり口には、直接的・間接的な立ち退きから家賃の上昇にいたるまで、多様な方法があることを知らなければならない。

2 ジェントリフィケーションと再開発は区別しえない

ジェントリフィケーションの典型的事例は、リノベーションなどを施すことで既存の建物ストックを活用しながら高級化していく、というものだった。それゆえ、スクラップ・アンド・ビルドの都市再開発とジェントリフィケーションは異なる、と考えられがちである。だが、ジェントリフィケーションと再開発は異なったものとして区別されるようなものではない。一九九六年に出版された『ジェントリフィケーションと報復都市』において、ニール・スミスは次のように振り返る。

> ルース・グラスが定義したように、居住の再生といういかにも特異で限定された用語としてジェントリフィケーションを捉えることは、一九六〇年代初頭には意味があったかもしれないが、現在ではもはや通用しない。私はみずからの研究を、（既存のストックの改修を含む）ジェントリフィケーションと、全面的な新規建設による再開発とを厳密に区別することから始めた（…）。当時のジェントリフィケーションは大規模な都市再開発とは分けて考えられるべきものであったから、これは意味のあることだった。しかし、私はこのような区別が有益であるとはもはや考えていない。実をいうと、一九七九年という年にこの区別を設けるのは、すでにいささか時代遅れであったのだ。[*16]

さらに二〇〇〇年代、第三波のジェントリフィケーション研究においては、「新築のジェントリフィケーション（new-build gentrification）」という用語が重視され、再開発もまたジェントリフィケーションの一種として——しかも二〇〇〇年代以降ますます典型的となりゆく形態として——捉えられている。[*17] また、上記の引用文中にあるように、ジェントリ

---

*13 John Hackworth and Neil Smith, "The changing state of gentrification," *Tijdschrift voor en Sociale Geografie* 22, 114-145.
*14 Loretta Lees, Tom Slater, Elvin Wyly, *Gentrification*, Routledge, 2008, pp. 179-180.
*15 Paul Watt, "'It's not for us': Regeneration, the 2012 Olympics and the gentrification of East London," *City* 17(1), 2013, pp. 101-103.
*16 ニール・スミス前掲書、六九頁。
*17 Loretta Lees, Tom Slater, Elvin Wyly 前掲書 , pp. 138-148.

フィケーションを居住地の変容のみに限定すべきでもない。この言葉は、旅行者向けのホテルや消費・商業施設の建設なども含むものとして捉えられなければならない。つまりオリンピックの会場建設に伴う開発は、ショッピングモールであろうと高級マンションであろうと、ジェントリフィケーションの一環であると考えるべきなのだ。

このようにジェントリフィケーションは、多種多様な形態をとりうる。肝心なことは、一九六四年にルース・グラスがこの語を生み出した意図を忘れないことだ。グラスがこの語を生み出したとき、念頭にあったのはイングランド資本主義の胎動期の地主階級である「ジェントリ」だった。かれらジェントリは、農地を囲い込んで農民を追い払うことで、都市工業に必要とされる労働力を生み出したのだった。グラスは、ロンドンのインナーシティで、かつての囲い込みと同じような過程が進んでいることを見抜いた。そうしてその過程を、「ジェントリフィケーション」と名づけたのだ。

3　ジェントリフィケーションとはグローバルな都市戦略である

ジェントリフィケーションは当初、資本や高所得者人口の流入による「自発的な」過程とみなされていた。この点が、国家や自治体の政策下で遂行される都市再開発とは異なるとされる論拠のひとつともなった。これに対し第三波の時期の特徴のひとつは、「国家・自治体主導のジェントリフィケーション（state-led gentrification）」であるとされる。[*18] 国家や自治体がこの過程に対してもつ関係や役割は、過去五〇年のあいだに大きく変容したのだ。

すでに述べたように、一九八〇年代の第二波のなかで、ジェントリフィケーションはさまざまな都市でみられるようになった。ここで重要な点は、この時代を境目として、都市政策の主眼は分配の公正から規制緩和や企業家主義へと転換させられていった、ということだ。そのなかでジェントリフィケーションは、「都市再生」政策の起爆剤として注目と脚光を浴びたのだ。とりわけ九〇年代の第三波の時期以降、それは都市間競争を勝ち抜くための都市戦略とみなされていく。[*19] つまり、国家や自治体みずからが、ジェントリフィケーションを駆動・実現させるべく旺盛な政策を繰り広げるようになったのである。それは、ロレッタ・リーズが「カスケード効果（cascade effect）」と呼ぶ現象を、グローバルな規模でもたらした。[*20] ジェントリフィケーションは、「グローバル・シティ」と呼ばれるような中枢的都市でみられるのみならず、都市ヒエラルキーの下位に位置する都市にまで幅広く浸透していったのだ。また、それが都市戦略と化し、いわば都市再生の「処方箋」とされるなかにあって、たとえ実現する見通しが乏しい都市であっても、無理矢理にジェントリフィケーションを駆動させようとする政策が繰り広げられるようになった。いまやこの過程は、多様なかたちで、あらゆる都市に影響を及ぼしている。
なかでもオリンピックは、国家や自治体にとってジェントリフィケーションを駆動させるうえで格好の装置となる。すでにみたように、この過程に対し国家・自治体が担う役割のひとつは、私営化だ。たとえば公有地の売り払いがそれにあたる。どさくさにまぎれて新国立競技場建設予定地内の都用地をＪＳＣに無償貸与した事例など、まさにその典型的なやり口である。そしてもうひとつの役割が、暴力の行使である。

4　浄化という暴力

どのような様態をとろうと、ジェントリフィケーションの帰結はただひとつだ。それは、貧民から土地を奪い取る。あるいはジェントリフィケーションとは、ハーヴェイのいう「略奪による蓄積」[*21]のひとつの形態でもある。その過程のなかでは、貧民に対する剥き出しの暴力が繰り広げられるのだ。九〇年代のニューヨーク市長ルディ・ジュリアーニは、ジェントリフィケーションを都市政策のビジョンとして大々的に打ち出した人物として知られる。ジュリアーニは、「クオリティ・オブ・ライフ」の名目のもとで貧民やホームレスを都市空間から一掃する強行的手法を駆使し、また警察権力に対し莫大な権限を与えることでその横暴を許した。第三波のジェントリフィケーションは、そのような都市政策のもとでこそ花開いたのだ。そこには、貧民への弾圧をはじめとするあからさまな暴力が、分かちがたく組み込まれている。この点に関し、ＣＯＨＲＥによる報告書は、もうひとつの重大な点を指摘している。オリンピックは、半「例外状態」（a quasi-'state of exception'）を伴うという指摘がそれだ。

都市がオリンピックゲームの開催地としての地位を勝ち取ったというニュースは、しばしば半「例外状態」のメンタリティをもって迎え入れられる。オリンピックゲームを開催する可能性は、都市にとって特別な、例外的な機会として捉えられる。すなわち、それを実現させるためなら、例外的な手段が求められ、正当化される、ということになる。このシナリオのなかで、都市のコミュニティやそのリーダーたちは、ハードルを低くさせられた手続きに対してより寛容になる。増加させられる権利の

---

*18　Paul Watt 前掲書, pp. 99-118.
*19　Neil Smith, "New globalism, new urbanism: Gentrification as global urban strategy," *Antipide* 34(3), 427-450.
*20　Loretta Lees, "Gentrifying down the urban hierarchy: 'The cascade effect' in Portland, Maine, USA," in D. Bell and M. Jayne (eds.) *Small Cities: Urban Experience beyond the Metropolis*, London: Routledge, pp. 91-104.
*21　デヴィッド・ハーヴェイ『ニュー・インペリアリズム』本橋哲也訳、青木書店、二〇〇五年。

制限やその他の手段は、膨大な準備の作業量に取りかかり、イベントの実施そのものをスムーズに進めるために「必要不可欠」なこととみなされるのだ。そのなによりの事例は、ホームレスを犯罪化する法律の制定である。それは、通常であれば受け入れがたいものだろう。(…)このようなまったく包括的なオリンピック・プロジェクトの性質は、公的な意思決定を歪めうる。たとえば、当局は都市のエリート層の利害を優先させ、巨額のレベルの負債に目をつむる。あるいは、かれらの都市から「貧困の可視性」を減少させるべく、スラムクリアランスを容認する。[*22]

オリンピックの開催地では、「浄化」を掲げたキャンペーンが繰り広げられる。たとえば二〇一二年オリンピックの開催地となったロンドンでは、セックスワーカーをはじめオリンピックにとって「望ましくない」要素とされた人々に対し、「ストリートの浄化」を名目とした排除政策が繰り広げられたのだという。「オリンピック・ゲームが注入された場所では、どこでも同じ物語が繰り返される。政策決定者は、まずたやすい標的――セックスワーカーとホームレス――から始め、すぐ後にはエスニック・マイノリティや労働者階級の住民をかれらの都市から追い出しにかかるのだ」[*23]。じっさいロンドンでは、オリンピック開催をきっかけとして伝統的な労働者居住地域が見事にジェントリファイされた。[*24]

リオ五輪はどうか。アムネスティ・インターナショナルの報告によれば、①二〇一五年にリオデジャネイロ市では、警察によって少なくとも三〇七人が殺害され、その数値は市内の殺人の五分の一を占めた。②一六年四月の最初の三週間に、警察の捜査活動によって少なくとも一一人が殺害された。③リオ州において警察の介入による殺害の件数は、過去二年で五四%上昇した。具体的には、ブラジルがワールドカップ開催地となった一四年には五八〇人が殺害され、その数値は前年より約四〇%増加した。一五年にもこの傾向はつづき、警察によって六四五人が殺害されたのである。[*25]

この事態を、遠い国での出来事などと考えてはならない。じじつ、次なるオリンピックの開催地とされた東京では、すでにあからさまな警察による弾圧と貧民の立ち退きが起きている。ただし、日本社会における暴力の作動は、より陰湿なものとなるかもしれない。リオデジャネイロでは、とりわけ〇七年以降、「目に見える汚染(visible pollution)」という名目のもとでファベーラへの立ち退きの暴力が正当化されてきたのだという。[*26]その言葉は、放射能汚染という目には見えない汚染に生活を脅かされ、しかも「アンダーコントロール」というウソに取り囲まれた日本社会にとって、ことさら不吉であるといわなければならない。

欧米の諸都市において、貧民に対してふるわれる直接的暴力の最たるものは、警察による暴力である。これに対し日本社会にあって野宿生活者の生命を奪う蛮行として真っ先に挙げられるのは、おそらく少年たちによる襲撃であろう。一九八二~八三年の横浜「浮浪者」襲撃殺人事件以来、野宿者襲撃は現在まで繰り返され続ける暴力としてある。近年では、二〇一二年に大阪の梅田においてガード下に寝泊まりしていた野宿生活者が次々と襲撃にあい、富松国春さんが凄惨な暴力の末に命を奪われるという惨劇が起きた。このような少年たちの暴力を、単なる逸脱行為として片付けることはできない。かれらにとって、野宿者襲撃とは「正義」であった。つまり「勤勉でなければならない」「きれいでいなければならない」という市民社会の価値観(あるいは脅迫観念)こそが、かれらを暴力へと駆り立てたのだ。あきらかに野宿者襲撃とは、市民社会に組み込まれた構造的暴力の現れである。

街が明るくなること、きれいになることを無批判に「善し」とし、それを汚す存在や行為を「迷惑」だとする差別的な感性は、世界のどの都市よりも根深く、日常生活の奥底に巣食っている。ここで、報復都市の感性を表現したニール・スミスの言葉を思い起こしておくべきだろう。

> 報復都市のスローガンは、以下のようなものとなるだろう。「誰の都市が失われたのか。そして、誰を報復の舞台にさらすべきか」。かくして、階級やジェンダー、国籍や性的嗜好といった点にもとづいてスケープゴートがあぶりだされ、物質的・法的・レトリック的な敵対キャンペーンが繰り広げられる。そうして表現される反動が、合衆国の現代都市の日常生活、政策運営、メディア表象に欠かせない台本となり、しかもその傾向は強くなる一方である。[*27]

オリンピックによる浄化キャンペーンは、日常生活の感性を動員し、そうして報復主義的反動をまき散らしていくことだろう。貧しき者たちを「迷惑」な存在だとする差別的感性は、都市空間をいっそう広く覆い尽くしていくに違いない。そのような感性に支えられて、立ち退きや警察の蛮行がます

---

*22 Centre on Housing Rights and Evictions 前掲書、p. 78.

*23 Ashok Kumar, "Want to clean your city of its poor?: Host the Olympics," *Ceasefire*, April 12, 2012.(https://ceasefiremagazine.co.uk/olympics-opportunity-cleanse-city/)

*24 Paul Watt 前掲書。

*25 Amnesty International, "Surge in killings by police sparks fear in favelas 100 days ahead of Rio Olympics," April 26, 2016.(http://www.amnestyusa.org/news)

*26 Luanda Vannuchi and Mathieu Van Criekingen, "Transforming Rio de Janeiro for the Olympics: another path to accumulation by dispossession?" *Articulo: Journal of Urban Research*, Special Issue 7, 2015.

*27 ニール・スミス前掲書、三八〇頁。

ます横行するだろう。あるいは警察権力の出番を待つまでもなく、いわば「空気」によって、貧民は街中から追い払われ、撲滅させられるかもしれない。ジェントリフィケーションという言葉には、ときに「浄化政策」や「社会浄化」という訳語があてられる。この訳語は、日本社会にとってあまりに的確なのだ。

5　反五輪のために

オリンピックとは、貧富の戦争である。冒頭で述べたように、それは釜ヶ崎のような土地で長年にわたり闘われつづけた戦争だ。私たちはいま、いっそう大規模で悲惨な戦争のとば口に立たされている。釜ヶ崎で起きた数々の暴動において、日雇い労働者たちは警察に対し石を投げることによって抗った。貧民を脅かすのが警察だけであれば、石を投げるべき相手ははっきりしている。だが「空気」とは厄介な対象だ。その正体がどこにあるのか分からないまま、真綿で首を締めるかのように貧民の息の根を止め、追い払ってしまうのだから。

とはいえそれは、ただ宙を浮いているわけではない。そのような「空気」は、マスメディアの広告や都市デザインによってこそ建造環境に植えつけられ、蔓延させられるものだ。つまり「空気」の正体とは、私たちの日常生活を取り巻く都市のインフラなのである。だとするならば肝心なことは、「空気」を壊すことであり、インフラを支配階級の好きには

写真3　西成警察署の前に集結する住民（2008年6月16日）
photo: 伊藤努（いとう商会）

させないことだ。都市を民衆の手に奪い返すことだ。二〇〇〇年代以降の数々の都市蜂起のなかで唱えられた「都市への権利」というスローガンが意味するのは、まさにそのことだった。

放射能汚染ゆえに、あるいは賄賂や汚職ゆえに、オリンピックは開催できないのではないか、という声も聞かれる。けれども真に重要なのは、「開催できない」という域を踏み越えて、それを「開催させない」都市状況を生み出すことなのだ。貧富の戦争のなかで命を奪われてきた犠牲者たちの声に、耳をかせ。生活を破壊されている人々の、怒りに呼応せよ。資本主義の暴虐を、私たちの手で終わらせるために。

オリンピックと生活の闘い

小川てつオ

私は都立公園に野宿者として生活している。もし、二〇二〇年にオリンピックが残念ながら東京で開催され、幸いながら私が公園で生活を続けていると一七年になる。

私がオリンピックに対する反対運動をしているのはまずは自分の生活を守るためである。私が住む公園でも五輪開催時に巨大なオーロラビジョンが仮設され競技中継などが行われる予定になっている。近年は公園のサービスセンター職員による、テント・小屋を減らそうとする動きが強まっている。

二〇一三年三月のＩＯＣ評価委員会東京視察時に、二〇二〇年東京五輪における野宿者排除がはじめて現実になった。

ＩＯＣ視察は三月一日から七日までだったが、彼らのバスが通る可能性がある代々木公園と国立競技場に近い都道で、東京都建設局第二建設事務所と警視庁代々木警察連名の警告書が大量に貼られた。「二月二七日までに撤去しない場合は不要な物として処分する。その後、三月八日までの間、この付近に放置された荷物・テントはすべて即刻撤去する」。当時、代々木公園近くの都道には一〇張り弱のテント、台車に載せた約二〇人分の荷物があり、国立競技場近くの都道には約一〇人分の荷物があった。また、国立競技場に隣接する明治公園に暮らす一〇数名の野宿者は同公園内の一角に押し込められ白い工事用シートで囲われた。都道の野宿者たちには代替地すらなかった。公園内に移動した荷物には、サービスセンターが翌日撤去期限の警告書を貼った。移動した先で台車ごと放火されすべてを失った方もいた。道路を管理する東京都

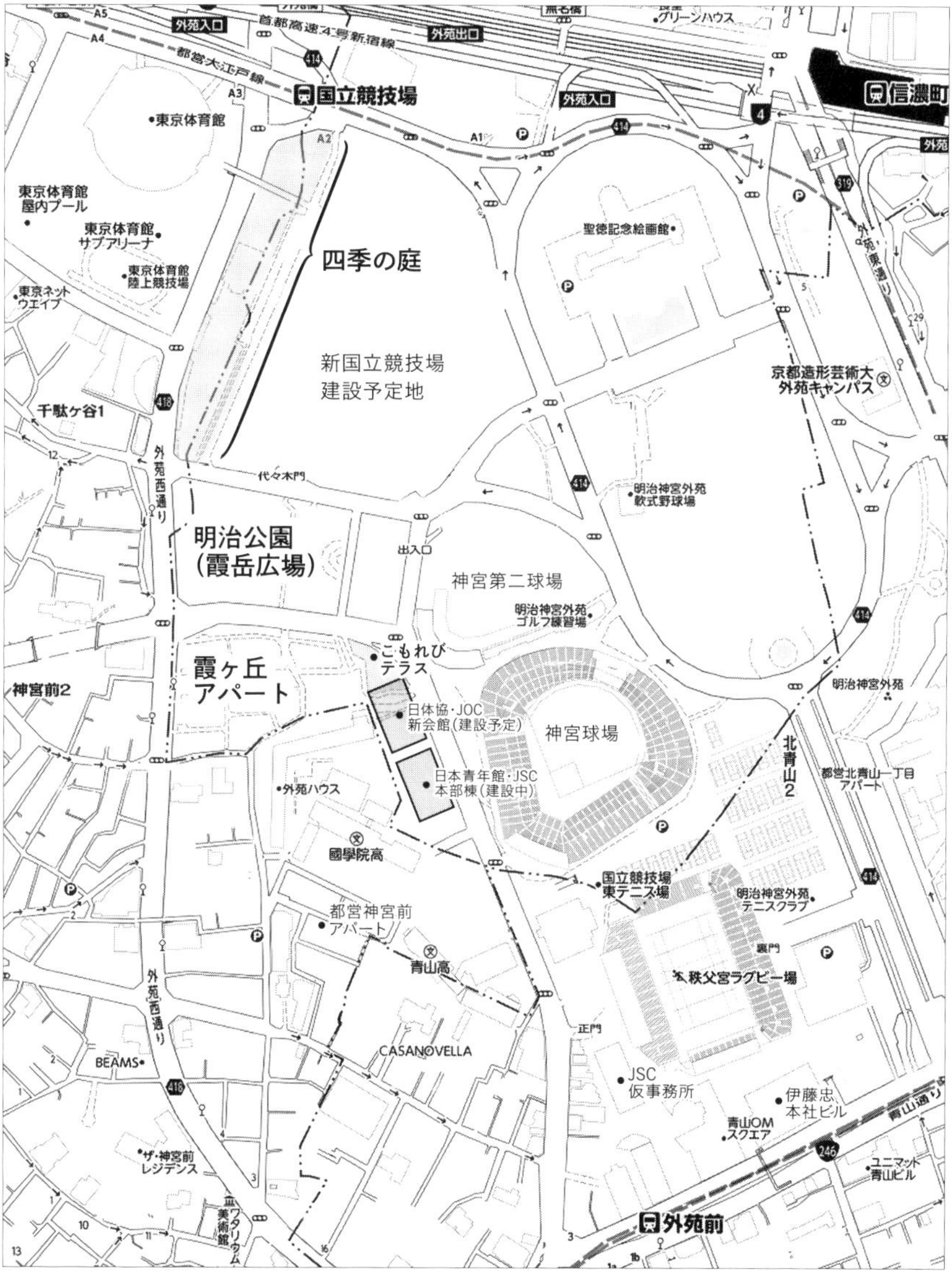
外苑入口
首都高速4号新宿線
外苑出口
都営大江戸線
国立競技場
信濃町
外苑入口
東京体育館
東京体育館
屋内プール
東京体育館
サブアリーナ
東京体育館
陸上競技場
東京ネット
ウエイブ
四季の庭
聖徳記念絵画館
新国立競技場
建設予定地
京都造形芸術大
外苑キャンパス
千駄ヶ谷1
外苑西通り
代々木門
明治神宮外苑
軟式野球場
明治公園
(霞岳広場)
出入口
神宮第二球場
明治神宮外苑
ゴルフ練習場
こもれび
テラス
霞ヶ丘
アパート
神宮前2
日体協・JOC
新会館(建設予定)
神宮球場
明治神宮外苑
北青山2
日本青年館・JSC
本部棟(建設中)
都営北青山一丁目
アパート
外苑ハウス
國學院高
国立競技場
東テニス場
明治神宮外苑
テニスクラブ
都営神宮前
アパート
青山高
裏門
秩父宮ラグビー場
外苑西通り
正門
CASANOVELLA
BEAMS
JSC
仮事務所
伊藤忠
本社ビル
青山OM
スクエア
青山通り
ザ・神宮前
レジデンス
ユニマット
青山ビル
ワタリウム
美術館
外苑前

図1　明治公園周辺図

第二建設事務所は「通常業務」とシラを切ったが、「上から口止めされている。言ったら俺の首が飛ぶ」という職員もいた。五輪による排除であることが明らかであっても行政は五輪が理由とはなかなか言うことはない。

都立明治公園テント村

明治公園という名称には三つの異なる対象がある。通常、明治公園といえば、フリーマーケットやイベント、集会などが開催されていた長方形のコンクリート舗装された霞岳広場のことを指していた。一方、正式な都立明治公園は、東京体育館敷地、霞岳広場、国立競技場周辺の〈四季の庭〉、霞ヶ丘アパートに隣接する〈こもれびテラス〉が含まれていた。また、都市計画上の第五・七・一八号明治公園は、神宮外苑地区とほぼ等しく、国立競技場・明治神宮野球場／第二野球場・秩父宮ラグビー場・絵画館・軟式球場・いちょう並木などを含むものを指す。

明治公園において野宿者は、高木含めて鬱蒼とした〈四季の庭〉に古い人で三〇年近く、二〇一三年時点で一〇数名が簡易な小屋やテントで暮らしていた。また、東京体育館や近場のトンネルなどに夜だけ就寝する人も点在した。

東京の主な公園の野宿者は二〇〇四年から都と区が行った〈ホームレス地域生活移行支援事業〉によって激減した。自立生活センターなどの就労を促す施策は公園で増大していた野宿者に対応できなかった。そのため、この事業は月額三〇〇〇円で民間アパートを最大三年間用意するものだった。追い出しをちらつかせて行った同事業のもう一つの側面は、公園へのテント新規流入禁止だった。事業を受けるために移動層の野宿者が滑り込みで公園にテントを作ることを防止するというのが東京都の説明だった。この事業の主目的は、目に見える形で公園からテントを減らすことにあったので、批判を受けて多少ゆるめられたが、移動層の野宿者は基本的に対象外だった。また、事業が終了しても新規流入禁止だけは厳しく続けられている。同事業を行わなかった明治公園においても、事情はそれほど変わらなかった。

東京に五輪が決定した直後である二〇一三年一〇月下旬、東京都建設局東部公園緑地事務所の職員らが〈四季の庭〉にある小屋を突然訪問し「一一月か一二月に工事に入るので立ち退いてください」と勧告した。明治公園に通っていた活動家のAさんが聞きつけ、野宿者支援を行っている人たちが取り組みを始めた。工事発注者である文科省傘下の日本スポーツ振興センター（以下JSC）に確認してみたところ、巨大化する国立競技場のための下水道付け替え工事に先立つ埋蔵文化財調査は小屋から離れており影響がないことが分かった。東部公園緑地事務所も事実誤認の可能性があることを認めた。東京都とJSCに共通の利害があるにせよ、東京都は一貫してJSCの下請けのような動きをしていた。明治公園にかかわる東京都の部署には、都庁舎内にある建設局公園緑地部公園課と上野公園内にある建設局東部公園緑地事務所があり、それぞれ野宿者排除を担当している適正（化推進）課長らがいる。また、公益財団法人東京公園協会がサービスセンターを運営し日々の公園管理を行っている。この組織には東京都の派遣職員がおり、また退職後の天下り先でもある。そのうえ、今回のケースには、国立競技場の運営管理者で工事発注者であるJSCもいる。このように関係する機関はいろいろあったが、まずは五輪という大義名分を背負っているJSCを相手に交渉した。

二〇一四年五月三〇日、航空自衛隊のブルーインパルスが空に五輪マークを描くなどする〈SAYONARA国立競技場〉というイベントが開かれた。〈国立競技場周辺で暮らす野宿生活者を応援する有志〉（以下、応援する有志）というグループ名はその抗議情宣の際につけられた。グループには、山谷や渋谷の野宿者および活動家が主に参加していた。七月九日、JSCによる説明会が、閉鎖されている国立競技場の軒下に折りたたみイスを並べて開かれた。この説明会は、国立競技場新設工事までは影響がないとの言葉を翻し下水道工事・埋蔵文化財調査においてテント・小屋の移転を求めてきたJSCに対して私たちが要求したものだった。一方、JSCにとっては下水道工事の入札公告をするためのアリバイづくりのようだった。そのために説明会ははじめから激しいやりとりになった。なぜ下水道工事をテント・小屋に影響するような形に変更したのか、という問いにはJSCは「コストが削減できるので」と言い切り、エリアを区切って順次工事をしてほしいという要望に対して「工期が間に合わない」。二一時を過ぎ、突然説明会の終了を告げ立ち去ろうとするJSCに対して、五輪のための排除かと問いかけると足をとめた。その後、JSC側の相談タイムで話し合いはたびたび中座したが、「朝までやってもかまわない」「ここで寝てもいいぞ」と私たちは座り込んで、用意したご飯を食べるなどしていた。ご飯を作りながら、または食べながら闘うというのが明治公園の運動の気風だった。結局、代替地のことも含め東京都と話し合うこと、テント・小屋がある限り住んでいる人が納得できる見通しがたつまで工事着工はしないこと、工事業者に現状を伝えること、人権に配慮すること、再度話し合いを持つことをJSCに約束させた。これらの合意事項は、その後の交渉において基点となるものだった。

七月末に同所で開かれた説明会では進展がなく、その後JSCが話し合いを先延ばしにしている間に、国立競技場解体工事の入札が談合の疑いによって契約破棄、入札やり直しを政府から命じられるという異例の事態になった。下水道工事着工予定の一〇月を迎えると東京都公園課が明治公園住人に「施設に入るか、出ていくか」と圧力をかけてきた。しかし、誰も従わなかったため、公園課は〈四季の庭〉内の別の場所への移転を提示し、明治公園住人はそれを受け入れた。シビアな条件をのちに緩和することによって、恩恵的に感じさせるという行政の常套手段ではあったが、交渉の結果として東京都は代替地を出さざるをえなくなったとも言えた。同様なことは二〇一五年一月にもあり、東京都がロープで囲って〈荷物の仮置き場〉として指定した〈四季の庭〉南側に明治公園住人たちは移動した。

代替地は野宿者の運動でも今まで何度か経験したし、自分が住んでいる場所も東京都が用意した代替地である。生活の継続という意味で、代替地は野宿者として最低ラインの目標である。行政に用意させるにせよ暗黙に認めさせるにせよ、新規流入禁止が徹底している現状ではそれすら簡単ではないが、排除に抗するなかで互いの妥協点として得られることもある。行政はそのような場合でも、いかにイニシアチブをとって管理するかに腐心する。また野宿者と活動家の間で代替地の評価について温度差が生まれることもある。明治公園の運動は明治公園住人と支援者が参加する週一回程度の〈寄り合い〉で活動内容を決めた。屋外で車座になって開く寄り合いは冬などストーブを持ってきても寒い。当事者の意見や気持ちを聞く努力はしていたが、議論が支援者（活動家）同士で進んでしまうことが多かったように思う。

結局、国立競技場の解体工事は予定よりも八ヶ月遅れて二〇一五年三月から始まった。しかし、予算高騰をめぐって様々に揺れたザハ・ハディド・デザインの競技場案は、七月一七日に安倍総理の政治判断によっていささか唐突に白紙撤回されることになった。それ以降、JSCは多忙などの理由をつけて私たちとの交渉を忌避した。そして、東京都が九月と一一月に「テント等すべての物件について、公園外に除却すること」とする〈指示書〉を公告し、サービスセンターも「物件を公園外に持ち出したうえで退去してください」と文書で〈お知らせ〉してきた。物件を行政が強制排除するには行政代執行法に則る必要があり、指示書は通常その最初の手続きにあたる。さらに、二〇一六年一月二七日に都立明治公園の霞岳広場、四季の庭を廃止し（東京都告示第一七〇〇号）、一月二八日からJSCが〈明治公園橋等とりこわし工事〉を予定していることが明らかになった。それまでに明治公園住人に対し行政代執行をして廃止部分をJSCに引き渡すというのが都の計画だろうと危機感が高まった。

また、渋谷区の福祉部生活福祉課やNPO新宿（新宿ホームレス支援機構）が明治公園のテント・小屋を訪れ生活保護へ誘導した。排除が起きている場所での福祉的施策への勧誘は、生活の選択肢を縮減したうえでの押しつけであり、実質的には排除へのアリバイづくりや住民のつながりの切り崩しにつながるものである。渋谷区の生活福祉課に対しては、テント・小屋への訪問をやめ本人が役所の窓口へ自らが出向いた時に適切な対応をするように求めた。行政と密接なNPO

新宿の動きによって施設に入ったが、すぐに部屋を出てテントは再建せず（できず）路上で暮らすことになった方もいた。これらの動きもこの問題にかかわる要素の一つであった。

現地を訪れた東京都を明治公園住人と〈応援する有志〉が迎えうったためか、東京都は指示書以降の手続きに進まず行政代執行の可能性はなくなった。一月二七日以降、廃止部分の都立明治公園は建設局からオリンピック・パラリンピック準備局へと移管され、JSCに無償貸与された。貸与者も借受人も直接的に五輪に関わっていた。

一月二七日、JSCは職員・警備員・警察官、約二〇〇名を動員して想像以上に強引な排除を繰り広げた。出入り口を警備員で固め応援が入れないようにしたうえで、水場としても使用している公衆トイレとテントの間にクレーンでフェンスを設置しようとした。大勢の頭上をフェンスがかすめる危険なやり方だった。私たちは出入り口を突破しフェンスを引き倒した。公衆トイレの水を寸断しようとしているのも中止させた。この日、JSCは明治公園住人だけは出入りをさせるつもりだったようだが、ライフラインであるトイレ・水道を奪い、応援する人の出入りを禁じて孤立させようとした。山本太郎参院議員が現場に駆けつけてくれたが、それを察知したためか、到着前にJSCは引き揚げた。また、代替地のテントから一名が路上へ移転し、明治公園住人は四名になった。法的根拠も人権への配慮もかなぐり捨てたこの日のJSCの姿勢は印象的だった。その変化に分水嶺を超えたと判断し、〈応援する有志〉は通行が遮断された廃道上に布団を入れるための倉庫テントなどを設置した。社会運動や災害復興のプロセスのなかで、権力の空隙をぬって現れる自主管理的な空間があるが、渋谷川にかかっていた橋の名前をとって観音橋広場と名づけられたここもそういう場所だった。このような場所の持つ非日常性は人を惹きつける魅力を持つが、日常を守るという野宿者の思いと齟齬をきたす時もあった。〈寄り合い〉で確認しながら、ブルーシートで屋根が作られたり、転がっている工事資材を利用して食堂的な場所が作られたり、場所の様相が日々変化していった。こういう時に建築現場で働いていたタイプの野宿者は手際の良さを発揮した。

三月二日、JSCの告発によって〈応援する有志〉として長く明治公園に関わってきたAさんが逮捕された。一月二七日の強制封鎖時にAさんがフェンスを投げて職員に怪我をさせたというデッチあげ逮捕だった。逮捕は事前にマスコミには知らされており、パトカーから降ろされるAさんを原宿署前でテレビカメラが待ち構えていた。また、テレビ・新聞は実名報道を行い、共同通信はAさんが「東京五輪に反対するため、路上生活者に都やJSCの立ち退き要請を拒ませ、工事を妨害」と予断に満ちた公安情報を垂れ流した。また、TBSにいたっては野宿者支援団体の事務所に家宅捜索が入ったことまでも報道した。Aさんは署内の保護房に縛られたまま倒され放置されるという拷問に近い処遇を受けた（三月二二日、処分保留で釈放、後日、不起訴確定）。

三月八日にはＪＳＣが監視カメラを住人テントに向けて設置した。三月一八日、ＪＳＣは弁護士を伴って〈仮処分命令申立書〉を明治公園住人に持ってきた。通常の裁判を経ずに強制力を伴った処分を裁判所に求める仮処分命令申し立てには、相応の緊急性がなければならない。ＪＳＣは仮処分の必要性として「平成二八年三月下旬までに本件土地を工事可能な状態にして施工業者に引き渡さなければ二〇二〇年東京オリ・パラ大会の開催自体が危ぶまれる状況にあること」を筆頭にあげ、五輪のための追い出しであることを明言した。仮処分の場合、裁判所が執行決定を私たちに通知するのは執行後でもよく、しかもＪＳＣが望めば三六五日二四時間いつでも強制執行ができる。三月三〇日、〈応援する有志〉はＪＳＣの仮事務所が入っている秩父宮ラグビー場門前で緊急記者会見を行った。明治公園住人のうち二名が記者を前に「ＪＳＣは貧乏人を追い出して悪いことばかりしている。話し合いで納得させるべき」「ＪＳＣはふざけるな」などと話した。発言者の一人であったＭさん（女性）は、一月二七日以降、積極的に対外アピールを行うようになった。Ｍさんは明治公園に生活物資を置き数年間居住していたものの一月二七日まではは自分のテントを持たず、他の住民に遠慮をしていたところも見受けられた。Ｍさんは歌もうまく声がいいので、アピールなどで多くの人の気持ちに訴えるところがあり自信がついてきたのだと思う。Ｍさんが「最後まで闘う！」「みんなとがんばる！」と言うことによって、明治公園住人の気持ちを引っ張っていくようなところがあった。

四月に入ってからはいつ強制排除されるか分からなかったので薄氷を踏むような思いで観音橋広場に集まった。また、朝夕ご飯をつくり連日一〇名前後で寄り合いをした。しかし、四月六日に新たな監視カメラを拠点テントなどに向けて設置した他はＪＳＣの動きがなかった。〈明治公園橋等とりこわし工事〉の入札が不調に終わり、似たような工事を入札公告するなどＪＳＣの混乱している様子も伝わってきた。

四月一〇日、明治公園の運動としては初めてのデモを原宿駅出発で行い八〇名が参加した。四月一四日には山本太郎議員に内閣委員会で遠藤五輪相に対し問題提起してもらい、四月一五日にはスポーツ庁への申し入れ・情宣とできることは何でも行った。私は観音橋広場の伐採予定の樹木に監視台を作り、その下に〈ドリームハウス〉という小屋を作った。場所をめぐる闘いが主な主題である野宿者の運動のなかで作られる小屋は、時には野宿者と支援者が作る新たな空間における日常性をも表すもので、単に作ることが可能という即物的な事情だけに依拠しているわけではない。元から住んでいる人がいるなかでは繊細な手続きが必要なことである。待ち構えるという状況が長期化してきて、空間のゆるみのなかで創

図2　計200名近くの執行官、警察官などによる明治公園住人に対する強制排除（2016年4月16日）

造力を発揮すべき／できる時だというふうに感じて、寄り合いで提案しつつ作った。その頃、公衆トイレの中やガードレールをうまく利用する形で、自分の寝床を作る人たちが現れていた。ただ、強制執行という爆弾を抱えたまま先行きの見えない時間は、応援であっても見知らぬ人たちが日常に侵犯してくることもあって明治公園住人にとってかなりのストレスをためこむことになっていたようで「勝手にしろ」など怒鳴る場面もあった。

そして四月一六日、応援が手薄な土曜日早朝に強制執行が行われた（図2）。私が見回りに行っている間に出入り口は警備員で固められ、中にいた人たちも数十分後に排除された。裁判所執行官および執行専門会社従業員たちは警官にも増して暴力的だった。執行範囲の荷物はその場で返却するのが法的な原則であるが、執行官はトラックでほとんどの荷物を持ち去ってしまった。その抗議の際に〈応援する有志〉の一人が逮捕された（後日、処分保留で釈放）。

Aさん逮捕から強制執行までの流れは、JSCと警察によってある程度タイムスケジュールが組まれていたものに思える。Aさん逮捕は運動の弱体化はもちろんとして、明治公園の抵抗が五輪阻止を目的としている、そしてそのような者は粗暴であるという印象操作を行い、野宿者の人権問題を後景化し、そのうえで五輪のためには強制排除も仕方がないという世論形成を狙うものであった。

明治公園住人は近くの公園に移動し〈応援する有志〉によってテントが即日再建された。そこは都立明治公園として残された一角であり、いわば代替地である。しかし、その公園も日本体育協会（日体協）とＪＯＣの巨大ビルをつくる計画があり、二〇一七年夏着工予定である。安住の地とは言えないが、明治公園住人たちは、いつ強制執行がくるか分からない不安な日々からは解放され一安心したと言っている。この公園は小さいながらも開かれた雰囲気の場所で、テント村も一見キャンプでもやっているように見える。自前のテーブルと椅子を設置し備えつけのテーブルを昼間は使わないなど、気をつかっている。日常が戻ってきた現在は、地域の中でどのように暮らすかというのが大きな課題になっている。

排除ではなく包摂を？

東京都は二〇一四年の〈長期ビジョン〉において「二〇二四年度までに全てのホームレスが地域生活に移行」と発表した。ちなみに、この部分は〈世界をリードするグローバル都市の実現〉の中の〈若者や女性、高齢者など全ての人が活躍できる社会の実現〉に含まれていて、〈福祉先進都市の実現〉ではないところに東京都の姿勢が現れている。生活保護かホームレスかの選択はありえても、いわゆる就労して自立というシステムは機能していない。この〈長期ビジョン〉は「東京が開催権を勝ち獲った二〇二〇年東京オリンピック・パラリンピック競技大会は、東京再浮上の起爆剤となり得る大きな力を持っている」という認識のもとに五輪を大きな軸にしている。五輪の成功とレガシーに向けて見映えのよいように野宿者ゼロの東京を目指すということが含意だろう。それに呼応して、東京工業大学の土肥真人研究室は、野宿者排除の懸念を表明しつつも、五輪を契機として〈ポジティブな〉野宿者対策を検討するために行政や行政に近いＮＰＯとの連携のなかで概数調査や政策提言を行っている。ロンドン五輪時の野宿者対策について彼らが主催した報告会に行ったことがある。二〇一二年ロンドン五輪の四年前にボリス・ジョンソン前ロンドン市長が“Ending rough sleeping by 2012”という目標を掲げ、民間団体と協力して事業を行った。しかし、その内容には、警官が同行しての街のパトロールや、野宿者のたまり場（ホットスポット）の排除などが含まれていた。研究室のメンバーが疑問を挟まず発表している姿を見ているうちに、行く末が案じられてきた。

「公共空間で起居する人々や、不安定な居住環境にある人を空間的・社会的に包摂するために、今何が必要なのでしょうか」（土肥研究室2020 Ending Homelessness Project）。最近よく言われている〈包摂〉が、渋谷でも行われようとしている。渋谷区は桑原敏武区政のもとで直接的な野宿者排除を繰り広げてきた。主な排除でも、二〇一〇年宮下公園、二〇一一年東京都児童会館前、二〇一二年渋谷区庁舎下・美竹公園があり、二〇一四年の年末年始は炊き出しなどの越年闘争を支援団体にさせないために渋谷駅周辺の公園を閉鎖した。二〇一五年四月の統一地方選挙で、桑原の後任として長谷部健が区長に当選した。博報堂出身の長谷部は街のゴミ拾いをするNPOグリーンバードを創設し、無党派層の支持を得て区議として連続トップ当選をしてきた。区長選の前に、通称〈同性パートナーシップ条例〉の提案者として話題を集め、ダイバーシティ（多様性）・インクルージョン（包摂性）などを唱えた。しかし、長谷部はナイキジャパンが宮下公園の命名権を買って改造した計画の立役者であり、その際の野宿者排除の責任を問われる立場であった。長谷部は「区も排除するのではなく、徹底した自立の支援を行なっていきます」とこれまでの施策の転換を表明している。その具体策としては、野宿者支援の関係者（ただし、渋谷での活動実績はほとんどない）などによる諮問組織〈アイ・リブ・シブヤ〉を設立し、そこでの検討に基づきハウジングファースト事業を二〇一六年度から開始した。仕様書によると「社会復帰をする意思を持っているが高齢及び障害、傷病等のため居宅生活移行に支援が必要と思われる者」に借り上げたアパートなどの住居（一六年度八床）を提供するものである。事業はNPO新宿と協働しているNPO法人インクルージョンセンター東京オレンヂに委託された。

一方で、再び宮下公園の整備計画が持ち上がっている。耐震性に問題があるという理由だったが、それはナイキジャパンの計画時に調査結果が出ていたことであり、二〇一一年四月にリニューアルオープンしたばかりの公園を再整備するのは整合性に欠けている。二〇一四年七月から検討委員会が設けられ、渋谷再開発を支配している東急建設と三井不動産の二社だけがプロポーザル提案し、三井不動産に決定した。その計画案は三階建て商業ビルの屋上に公園をつくり直し、敷地内に一七階のホテルも新築するものだった（図3）。二〇一五年三月、全会派一致で継続審議（実質的に廃案）になったものの長谷部区長が再提案し、ほとんど同じ内容で同年一二月に議決された。その間、〈宮下公園をより良い公園にする会〉という町内会・商店会役員に議員・学者が入った会と渋谷区の間で調整が行われた。会のなかでは、「公園としての設計&構築を最優先にし、渋谷への客寄せ商業ベースを第一に考えての付け焼き刃的な構造にならない事を切に望みます」「地元民から見れば、公園上のホテルは不要」（宮下町会長）など反対意見も多くあったが、最終的には丸め込まれたようだ。むしろ、ナイキジャパンの時も地元の説得役だった伊藤毅志区議が加入しているところから見ると、そういう装置としてこの会は設定されたのだろう。この計画は「二〇二〇年東京オリンピック、パラリンピックを迎えるにふさわしい公園」（宮下公園等整備事業プロポーザル実施要項）を目的にしている。渋谷区で現在進んでいる大再開発のすべてが二〇

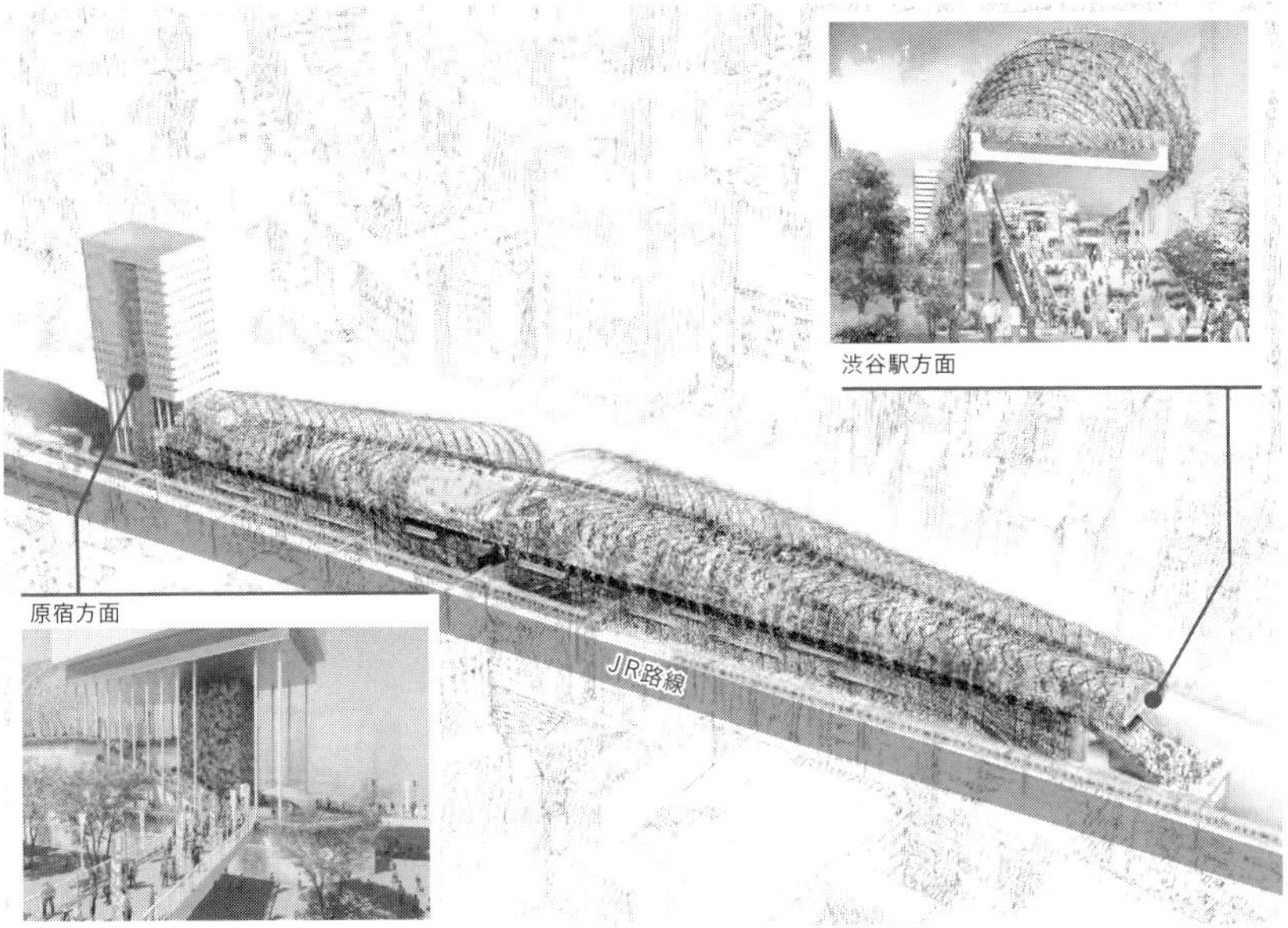

図3　新宮下公園イメージ図（https://www.city.shibuya.tokyo.jp/news/oshirase/pdf/miyasita_kettei2015a.pdf）

二〇年までに終わるわけではないが、新区庁舎（三井不動産）にしても五輪に間に合わせるというのが大きな推進力であり批判をそらすマジックワードになっている。

　ナイキジャパンによる公園改造時に公園から追い出された野宿者の多くは、渋谷区が指定した宮下公園に隣接する緑道に移動することを余儀なくされた。渋谷区はそこに選挙ポスター掲示板や工事用フェンスを使って仮設小屋まで作った。ナイキの看板に強制排除という泥を塗るわけにいかなかったためである。実際、その後の排除において渋谷区は代替地を用意したことはない。もっとも、宮下公園においても公園封鎖時に結局は野宿者を排除したので、二〇一五年九月の国賠判決で強制退去について賠償命令が渋谷区に下った。二〇一〇年二月以来、一五名ほどの野宿者が暮らしている代替地の緑道は新宮下公園の工事範囲に含まれている。長谷部区長は、同所の野宿者について、〈みんなの宮下公園をナイキ化計画から守る会〉[*1]による質問に「ホームレス支援プロジェクトにおいて自立に向けた対応を行います」（二〇一五年九月七日付）と回答している。ハウジングファースト事業は宮下公園を重点的にアウトリーチしており、また代替地の野宿者については適用外であっても対象にするという噂を聞いている。ハウジングファースト事業は、生活困窮者自立支援法が定める、最大六ヶ月で現物支給のみの一時生活支援事業に基づいている。長年宮下公園で生活をつくってきた野宿者が全員、生活保護や同事業を希望するわけではないだろう。

このような〈包摂〉〈社会復帰〉〈自立〉に抜け落ちている視点は、野宿者の生活におけるつながりである。野宿者は、危険を避け生活を成り立たせるために情報のやりとりや相互扶助を必要としている。コミュニケーションを閉ざしがちな野宿者すらある程度固まって寝場所を確保する。このようなつながりはテント村などの自律空間として具現している。一方で、行政サイドの考え方はいわゆる一般社会を無自覚な前提にして、そこに向けてベクトルと価値をおいている。野宿者のコミュニティ＝自律空間の価値を認めない点においては、〈排除〉を基調とする考え方と大きな差はない。そして、再開発の問題は常に自律空間の排除として現象する。少し変な言い方かもしれないが、そもそも自律空間があるからこそ、再開発が問題化するのである。

都営霞ヶ丘アパート

都立明治公園霞岳広場に隣接してほぼ同じ敷地面積の都営霞ヶ丘アパートがある。周辺には、運動場や野球場などのスポーツ施設を配置した広大な洋風庭園である明治神宮外苑がある。日本で初めての風致地区にも指定されており比較的環境の良い公営住宅であった。

一九四五年五月二四日・二五日の山の手大空襲で原宿から青山にかけて焼け野原になった。戦後すぐの一九四六年に一〇一戸の木造長屋として霞岳都営住宅が作られ、焼け残った兵舎や将校会議所、馬小屋などとともに戦災者が主に居住した。一九六四年東京五輪で、開会式や陸上競技が行われた国立競技場の周辺では家屋が立ち退かされ明治公園が作られた。霞岳都営住宅も鉄筋コンクリート五階建て一〇棟三〇〇世帯の霞ヶ丘アパートに建て替えられ周囲の兵舎などからも入居した。ちなみに、一九六四年東京五輪において、家屋の立ち退きは都が整備した道路建設だけで約七〇〇〇軒に及んだ。

招致にいたらなかった二〇一六年東京五輪ではメインスタジアムを晴海に新築する予定だったが、二〇二〇年東京五輪では国立競技場の建て替えに変わった。その背景には、神宮外苑地区の再開発計画があり、五輪を名目に建て替えを行うことによって風致地区などによる高さ規制（二〇メートル）

＊1　二〇〇八年六月結成。ナイキジャパンが宮下公園の命名権を一〇年契約（年間一七〇〇万）で渋谷区から取得し公園施設の改造も行う計画に反対する、野宿者支援者や表現者など多様な人が集ったグループ。当時、公園内には約三〇名の野宿者がテント・小屋で暮らしていた。二〇一〇年三月からは宮下公園で〈公園をつくる〉ことをテーマにテントを張った〈宮下公園アーティスト・イン・レジデンス〉がイベント等を行いながら工事を阻止した。宮下公園は同年九月に行政代執行が行われ、一〇月に工事着工、一一年四月、ナイキジャパンが命名権を行使せず〈みやしたこうえん〉としてリニューアルオープン。

図4　都営霞ヶ丘アパート（2013年1月）

を都市計画で取り払う目的があったと見られる。同地区には現在、日本青年館・JSC本部棟（七二メートル）、日体協・JOC新会館（六〇メートル）、外苑ハウスの建て替え（八〇メートル）などの巨大ビルが作られる予定で、五輪後においても伊藤忠本社ビル建て替え、秩父宮ラグビーと神宮球場の入れ替えなどの利権が絡んだ動きが存在している。

二〇一二年三月、JSCによって〈国立競技場将来構想有識者会議〉が作られ、ワーキングチームとともに新国立競技場の検討を始めている。同年四月一〇日、施設建設グループにおいて提出された文科省案は、従来の敷地に加え霞岳広場、四季の庭や日本青年館敷地だけを使い、霞ヶ丘アパートは計画に入っていなかった。しかし、同案は東京都都市整備局の参加者からも批判され否定された。そして、六月一四日第三回施設建築グループにおいて計画対象地区に霞ヶ丘アパートが含まれる案が提出された。公開された議事録に黒塗り部分があり明瞭ではないが、最終的に霞ヶ丘アパートが国立競技場の関連敷地に決定されたのは七月一三日第二回有識者会議とされている。

一方、都市整備局は同年三月頃にアパート全棟の耐震調査を行い、六月に町会に「全く問題がない」と説明をした。しかし、七月一九日、町会は国立競技場による立ち退きの話を東京都から聞かされた。「寝耳に水の話であり、とても『はい、わかりました』とは言えません」（霞岳町町会ニュース）。

七月二〇日には、霞ヶ丘アパートを関連敷地とする〈新国立競技場基本構想国際デザイン競技募集要項〉が発表され翌日全国紙三紙に全面広告が掲載された。しかし、デザイン競技募集要項は建築家に向けたもので、霞ヶ丘アパートの一般住民には内容を知らされることもなかった。また、募集要項において霞ヶ丘アパートの敷地は、「周辺駅からのバリアフリールートの確保、スタジアム来場者の溜まり空間の確保」とされ明治公園を再配置する範囲に入れられたが、その場所に都営団地が現存していることの記載はなかった。八月二六日、東京都が主催しＪＳＣも同席した移転説明会が開かれた。誰一人として計画に賛成する発言はなく、会は住民たちの反対する声によって占められた。「地域のほとんど、高齢の方は終の住処として考えている」。「あたかも三・一一の津波に襲われた東北地域のようにこの建築計画という津波が一気に町を襲って町がなくなっちゃうんです。それを僕らは反対している」。「私たちの絆を大震災のこの時に壊さないでいただきたい」。住民は説明や相談がなかったことに怒り、せめて同所での建て替えを求めた。都は「この場所に新しい物を建てることができない」としたうえで、国策として決まっていますと繰り返した。しかし、当初立ち退きに反対していた町会が一丸となって立ち上がることはなかった。また、計画に反対の住民で集まりを持ったらしいがグループを形成するには至らなかった。一方、東京都は猛烈な懐柔策を行っていた。都市整備局の旅行命令簿を見ると七月一九日から八月末までで、少なくとも一四回も都営住宅経営部整備課や東部住宅建設事務所の職員が町会長や町会を訪れている。町会は方針を変え、東京都に対しＪＳＣのテニスコートへの霞ヶ丘アパートの新設、もしくは建て替え計画のある神宮前アパートへの住民移転を要求した。東京都からは三ヶ所の都営アパート（神宮前、若松町、百人町）への移転を示す回答が年明けにあり、町会はこれを飲む形となった。以後、町会は東京都の意向に添う形で〈条件闘争〉を続けることになった。

その間、ＪＳＣは同計画の既成事実化を主導した。安藤忠雄を長とする選考委員会がザハ・ハディド設計事務所案を最優秀作に選び、一一月一五日の第三回有識者会議で了承した。一一月二七日にはＪＳＣ主催の住民説明会を開いた。そして、一二月四日、神宮外苑地区の都市計画をＪＳＣが東京都に提出した。二〇一三年二月二二日に、案内状に「都営住宅の移動についての説明ではありません」と記されていた都市計画案の説明会が開かれ、六月一七日に同地区計画が東京都で決定された。つまりは、霞ヶ丘アパートの立ち退きを含む計画は猛スピードで住民の頭上を越えてすっかり固められてしまった。

住民の声がなかなか表に出ることがないなか、Ｊさんは新聞雑誌などに移転したくないとコメントしていた。Ｊさんは団地内のマーケットで雑貨店を営み、老人会の会長や小学校で子どもの世話をして地域で活躍されていた。二〇一四年一月、〈反五輪の会〉[*2]がJさんの話を聞くイベントを催しパンフレットにした。反対の気持ちを持っている他の住民とも知り合い、〈住まいの貧困に取り組むネットワーク〉の稲葉剛さんや〈神宮外苑と国立競技場を未来に手わたす会〉の森まゆみさんなどにも声をかけて〈霞ヶ丘アパートを考える会〉(以下、考える会)が作られた。

二〇一四年六月から七月にかけて稲葉奈々子研究室(当時、茨城大学)による住民アンケートが行われた。アンケート配布数が一七八(実質居住は約一六〇世帯)、回収四一、「このまま霞ヶ丘アパートで暮らしたい」という方は三二人にものぼった。アンケートからは、七〇代以上が二七人と六割以上、また四〇年以上居住が二一人で半数以上、高齢化と長期居住の実態が浮き彫りになった。多くの住民が口にした〈終の住処〉という言葉はリアリティがあった。七月一五日、調査結果を受けて住民とともに都庁で記者会見を開いた。住民は町会との関係やバッシングの可能性から前には並ばず、記者席からそれぞれの思いを語った。マスメディアでも報道され、霞ヶ丘アパートの問題と〈考える会〉の存在はある程度社会的に認知されることになった。また、有田芳生参院議員の力添えで九月八日に参議院会館で都市整備局・JSC・文科省の役人に住民が要望を伝えた。これらの動きに強く反発したのが町会と公明党都議だった。

〈考える会〉がニュースレターを全戸配布したのに対し、「当町会は、『霞ヶ丘アパートを考える会』に対して、チラシの回収、および、今後、団地内において、こうした活動を行うことのないようにお願いしました」とする文書が団地内の階段ごとの掲示板に貼られた。また、参議院会館での交渉内容を記し茶話会への参加を呼びかけたチラシについても、町会は「数名の居住者が起こした勝手な行動であり、皆さんを混乱させるだけの内容であって、大変問題があると思っています」「東京都や町会と関わりのないそのような場に参加することは、かえって不安や混乱が増すだけの結果となることは明らかです」との貼り紙をした。結果として茶話会への参加は少数にとどまることになった。また、〈考える会〉は住民の間での広範なつながりや運動を作ることがより難しくなった。団地内のマーケットで八百屋を営み総菜の宅配も行って情報や人が集まるセンターになっている町会長夫妻をはじめとした町会は、何十年にも及ぶ関係性の網が作られた団地において大きな拘束力を持っていた。

その力のもう一つの側面は、町会役員のほとんどが創価学会に関係していたことだった。公明党の吉倉正美都議は東京都と町会の間を結ぶ役を果たし、しばしば町会ニュースにも名前が出てくる。五輪を推進する公明党の都議が町会の意向に強い影響力を持ったことは想像にかたくない。吉倉都議は議会において霞ヶ丘アパートに対する東京都の対応を手放しに礼賛する一方で、〈考える会〉についてあしざまに非難をしている。「都と町会により極めて順調に進んでいる移転の取り組みに冷や水を浴びせるような動きが発生しております。霞ヶ丘アパートを考える会を名乗る外部の団体が、国立競技場の建設に伴う都営住宅の立ち退きは人権と居住権の深刻な侵害であるといった主張をしていると聞いております。これは全く事実と異なる一方的ないいがかりであり、居住者の方々は不安と戸惑いを隠せない状況にあります」「高齢の居住者の方々の不安な心理につけ込み、都と町会が築き、積み上げてきた移転への動きに混乱を与える行為は、断じて容認できるものでありません。こうした行為に対して都は強く抗議すべきであります」（二〇一四年一〇月一五日平成二五年度各会計決算特別委員会）。住民に不安と戸惑いを与えているのは誰なのか、と反問するまでもないが、都議の不安と戸惑いはよく伝わってくる。問題発覚当初、議会質問など積極的な動きをしていた共産党は町会には逆らえないという住民の声を受けて反対住民をまとめることを断念、この問題から引いた形になっていた。つまり、団地を一定掌握することの多い公明党と共産党のうち、公明党が役員を中心に優位な政治空間の中で、この問題は発生し推移したということもできる。

二〇一四年後半は、〈考える会〉に危機感を持った東京都が移転への動きを強めてきた。三回目の早期移転で一〇月頃に約三〇世帯が都営百人町アパートに移った。早期移転には、希望すれば世帯人数より大きな部屋（一人住まいでも二Kの部屋）に移れるという原則外の特典があった。住民の話によれば、早期移転したのは比較的居住歴の短い世帯が多かったようである。この時期まで計約八〇世帯が早期移転したことになり、空室が増えて移転に向けた雰囲気が作られつつあった。一一月一九日・二二日には集会所で棟別に四回に分けて〈最終移転に関する説明会〉が行われた。東京都が二年ぶりに開いた住民全体に対しての説明会だった。町会の手前、意見を出しにくい回もあったとのことだったが、ここでも住民からの強い異議が出された。「町会では私たちの意見をまとめる会合もなく町会ニュースにも報告がない」「国策という言葉で縛らないでください」「なぜたった五日間のスポーツイベントのために私たちが強制的に移転させられなきゃならないのか」「移転料を払うから強制ではないというのは理解できない。たとえばダムで村が水没するという時には一〇年かけて説明する。それが一回の説明で住民を納得させるというのは、強制なんですと言っているわけです」「早期移転が今ま

＊2　二〇一三年一月結成。五輪に様々な立場から反対をする個人が集まったグループ。新宿や渋谷で七回のデモを行う（二〇一六年七月現在）。五輪による排除の問題についても積極的に取り組んでいる。観音橋広場で巨大凧あげや〈ゾンビ満開〉を行うなど表現的な活動も多い。

でに三回ありましたけど、残っている人たちに対してすごく気持ちを煽る。外灯も真っ暗というところもある。それが精神的に負担になってノイローゼになりました」「今までは明治公園が避難場所になっていましたが、工事をやっていてどこへどのように避難すればいいのか。みなさんお陀仏してくださいということなのか」。東京都の役人は額面どおりの回答しかしていないが、住民からはユーモアも交えて強烈な言葉が発せられている。「え、引っ越しのお金出す、バカいっちゃいけないよ。引っ越しの金なんて出さなくていいから、ずーーーといるよ。火つけて焼いてくれて結構。本当よ、そういう気持ちだもん。焼き場行くの面倒くさいから火つけていいよ。家が棺桶でいいわ」。

〈考える会〉は月に二回程度の会議で物事を決めていた。はじめの頃を除けば会議は住民の部屋で開かれた。議題を出し合ってから各議題について討議するといった運動体形式は、今抱えている問題をすぐに話したい、もっと普段な感じがいいという住民の感覚とずれがあった。しだいに、茶飲み話からなんとなく議論に入るというような形に会議も変化していった。

二〇一五年七月一七日に新国立競技場設計が白紙撤回された後、七月二三日には共産党都議団に対して文科省から「霞ヶ丘アパートもゼロベースで見直す」との発言があった。直後にそれを否定したが、白紙撤回は移転見直しにまたとな

図5　解体中の都営霞ヶ丘アパート（2016年７月）

い好機であることに違いなかった。八月三一日、文科省・内閣官房に「私たちは、霞ヶ丘アパートを存続させること、その方法を誠実に模索し、話し合いの場を持つことを求めます」とする要望書を提出し参議院会館で記者会見を行った（九月三日、東京都に同様の要望書を提出）。記者会見では〈考える会〉の大橋智子が霞ヶ丘アパートを数棟残す具体案を提言し住民が次々に発言をした。「霞ヶ丘の地に生まれ育ち、九四歳の母の介助をしながら一緒に住んでいます。母にとっては七〇年以上も住んでいますので、全く知らない土地に行くのが苦痛で、夜中にうなされて、どこに行かされちゃうの、と言うような精神的な不安を抱えています。何とかしてこの町に住み続けたいと希望しています。私たちもできるだけ協力していい方向でオリンピックが迎えられたらと思っていますが、あまりにも突然で強制的なので納得いきません。東京都からきちんと説明を求めています」「半世紀以上こちらに住んでおります。この歳で引っ越すとは思いませんでしたし、したくありませんし、できません。どうしたらよいのか夜も眠れず困っています」「ここの町は故郷なんです。昔は、男の子たちはザリガニを取ったり女の子はレンゲの首飾りを作ったり。東京にもっとこういうオアシスみたいな場所を広げていきたいと思っていたのに巨大な建物を建てて昔からある町を壊すというのをさびしく思っています」「東京都の移転先は、母を介護するためにベッドを入れてタンスを入れたら私がまっすぐに寝る場所もありません。在宅介護を東京都は訴えていますが、私たちが移転しなければならなくなったら共倒れです」「高齢者を大事にしない社会がどうやって発展していくのか。行政は会ってもくれない」。時に記者の質問を切り返し、次々にコメントする住民の姿は一年前の記者会見と比べると大きな変化に思えた。また、〈考える会〉は新国立競技場プロポーザルに応募した建築家の伊東豊雄と隈研吾に対しても「新国立競技場の設計において霞ヶ丘アパートに配慮していただくことで、私たちは東京都の計画を変更しうると考えています」と要望した。

しかし、国とＪＳＣは住民の働きかけに対し、霞ヶ丘アパート立ち退きを東京都の計画として自らの責任から切り離すことで対処した。当時の舛添都知事も九月四日の定例記者会見で、住民には会わない、粛々と進める、裁判になっても仕方がない等、強硬な姿勢を変えなかった。建築家の設計案においても霞ヶ丘アパートへの配慮はなかった。霞ヶ丘アパート立ち退きの流れを変えることはできなかったことで、参加している住民には失望があったと思う。

一〇月二二日には移転先抽選会が行われ、それ以降〈考える会〉の住民メンバーのところには東京都が繰り返し説得に訪れた。東京都が紹介する都営団地を下見に行った方もいたが、いずれも希望にそうものではなかった。東京都は一転して、「移転先を決めないと都営住宅の使用許可の取消し、明渡し請求の手続きをとる」「霞ヶ丘アパートは、平成二八年二月から解体工事に着手する」（二月二八日付）などという威圧的な文書を立て続けに送ってきた。二〇一六年一月一八日付の文書では「住宅を明け渡さないときは、本件住宅の明渡請求訴訟を提起します」「町会名義での共用部分の電気契約については、平成二八年一月末で終了となる予定です」とした。共用電気によって給水塔の揚力ポンプを動かしているため、水道を含めたライフラインを止めるという非道な脅しだった。移転を拒んで残っても電気水道を止められる、町会分を個人が負担する、などという噂はどこからともなく流れていた。そういう不安によって移転というのは促進されたのである。

二〇一六年一月後半、一緒に闘ってきた住民の一人が東京都の重圧に耐えかねて移転した。しかし、二世帯三名は二月になっても住み続けた。二月二三日に〈都営霞ヶ丘アパート敷地整備工事〉が、競争入札も行わず特命随意契約で大成建設に決まった。「本工事は、都営霞ヶ丘アパートの敷地を新国立競技場建設の際の作業ヤード（ダンプ待機場所・資材置き場・屋根地組用地等）として使用するための準備として都営霞ヶ丘アパート（一〇棟）の解体等を行うもの」とあり、今まで住民に対して東京都・JSCが説明していない内容だった。ほとんどの住民はすぐに公園が作られると思い移転したのだが、公園になるのは少なくとも東京五輪後である。

五月九日、仮囲い工事が始まった日に九五歳の女性が救急搬送された。入院せずに帰宅したが、翌日部屋の前で振動と大音量を伴う杭打ちをされ再び救急搬送された。進行性の脳梗塞だった。約一ヶ月で奇跡的に回復して現在は再び霞ヶ丘アパートで暮らしている。住民たちは高齢者が出入りしやすい仮囲い設置を要望したが東京都は対応しようとしていない。また、緊急避難時の隣接する公園への出入りについては「明治公園からの野宿者が入ってくると危ないから」という理由で門を閉じ鋼板を設置した。住民たちは、移転のプロセスや要望書などへの不誠実な対応に納得していないが、希望する都営団地に転居する気持ちは持っている。しかし、介護中の母と並んで寝られるスペースやかかりつけの医者から近い、などの住民の生活条件に適した都営団地への移転を都が拒絶する状態が続いている。また、〈考える会〉とのつながりの薄い一世帯がまだ居住していることが分かった。白い工事用鋼板に囲まれて三世帯が生活を続けているが、七月四日、東京都は団地軀体の解体をはじめた。

霞ヶ丘アパートには、長い人で七〇年、建て替えからでも五〇年にわたって住んでいる人たちがいて町会を中心に盆踊り、秋祭り、餅つきなども行ってきた。戦後、一升樽で作ったものから始まった神輿には愛着が強いようで、今回の件でも神輿の去就について最後までもめていた。もちろん、聞き取りをしてみると長く暮らしていても町会や近隣住民とは距

図6　新国立競技場予定地を囲む鋼板に描かれた絵（2016年4月）
graffiti: はんごりん

離を置いている人たちもいた。コミュニティといっても日常においては、幾人かのキーパーソンの周りに集まりができるほかは、顔を合わせれば挨拶するくらいだろう。それでも共有部分の掃除やゴミ出しなどから生まれるつながりはあるし、おかずのおすそ分けや病気の時に買い物に行ってもらうなど団地ならでは共生的な空間があった。はじめて、霞ヶ丘アパートを訪れた時に、それぞれ手入れしている庭の鬱蒼とした草木の繁殖がとても印象的だった。住民は、どこにどんな草が生えているのか実によく知っていた。庭の手入れを通して共有の空間を作っているという意識もあったと思う。一方、移転先の三つの都営アパートには、住民が自主的に作ることができる庭は存在していない。Jさんは移転した後も仮囲いがされるまで、片付けが終わっていないという理由で自分の店の周りにいて、草花に水をあげ続けていた。

　そのような自律空間であった霞ヶ丘アパートに対置されたのが〈国策〉という言葉だった。それは国家に従えという、歴史をもった団地の自律性を否定する言葉だった。ただし、戦中、戦後を生きてきた住民の多くにとっては、むしろ自分たちのコミュニティの危機をより強く感じさせる押しつけがましい言葉でしかなかった。しかし、都の懐柔や五輪を推進する政党の介入によって町会は切り崩され、現実的な妥協を強いられたのだとしても、自律的な組織ではなく都の下請けになってしまった。〈考える会〉に対する町会の抑圧は、ある意味で町会の自律性を表しているかのようだが、広い文脈では都に対する面従の強化を意味していた。一連の出来事は、五輪という国家事業が霞ヶ丘アパートの自律空間を暴力的に解体した動きだった。一方で〈考える会〉によって新しい自律空間＝コミュニティを築くまでには至らなかった。しかし、〈考える会〉に参加する限られた住民の間には貴重な出会いが生まれていたと思う。もともとは親しい間柄ではなかった住民たちが集まってみると満州から引き揚げてきた方が多くいるなど不思議な共通点もあった。

自律空間と当事者

記者会見の席で霞ヶ丘アパート住民の一人はこう語っていた。「戦後七〇年というけれど、どういう時代を生きてきたのかみなさんご存じない。私たちもそこらへんにあるものを拾って食べたりしていました。法に触れるか触れないかなんて考えていられない時代だったんです」。宮下公園は、戦後すぐに開園した戦災復興公園である。新宮下公園に付随して再開発されようとしている〈のんべえ横丁〉は、渋谷駅周辺の闇市における飲食系の店を移転させた代替地である。霞ヶ丘アパートは戦災者や引き揚げ者などが多く住んでいた。また、明治公園・霞ヶ丘アパート・宮下公園・のんべえ横丁はすべて渋谷川沿いにある。これは偶然ではなく、川沿いや河原は氾濫もあり所有者が曖昧な土地として歴史的に存在した。この所有の曖昧さは私的所有の秩序に馴致されていない空間と言ってもいいが、そのような要素を含む時空にこそ自律空間は形成される。上から管理されることが少ない空間に参入し共に空間を作り上げる時、主体的に時空を〈生きている〉という強い実感が人にもたらされる。また、霞ヶ丘アパートの場合、共用の庭やお祭りや人だまりのするマーケットなど私的所有を超えた部分が空間や関係を具体的に形作る結節点となるものだった。現在、公共地は資本主義的な私的所有秩序の趨勢が強まるなかで、公共団体の私有地のようになろうとしている。霞ヶ丘アパートや明治公園への東京都の態度にもそれが現れている。しかし、日本の公園には、貧しい者の生活を可能にしていた近世における寺社の境内地や都市の火除け地が転換してきた歴史があり、〈誰のものでもない〉という公共的な場所の理念が潜伏している。野宿者や震災などの避難民が公園に暮らすのは、それらの歴史と理念が顕在化したものとも言える。たとえば渋谷川が暗渠になり下水道化されたように一九六四年五輪は東京の風景を変えた。二〇二〇年東京五輪もまた、言わば戦後的風景を根本的に変えようとしているが、重要なことはそれらが単なる風景ではなく自律空間であるということだ。

明治公園も霞ヶ丘アパートの運動も生活を守る〈自律空間を守る〉ものであって、直接五輪を名指して批判する運動ではなかった。むしろ、〈応援する有志〉が逮捕された時に示されたように、警察側が運動を五輪に反対するためのものと擬装しようとした。霞ヶ丘アパートにおいても、東京スポーツ紙に以下のような記事が出た。「政府関係者は『住民らを支援する組織に〈霞ヶ丘アパートを考える会〉があります。それはいいのですが、〈反五輪の会〉という組織も支援しています。立ち退き問題が反五輪とからんでくると、簡単にはいかない』と注意深く見守っている。この立ち退き問題は反五輪活動の一環なのか」（二〇一五年六月二四日）。もちろん、現実と距離があるこのような言説は否定すべきだが、その否定のそぶりにおいて前提になる反五輪へのスティグマを強化することを招き、結果として権力／行政の言説が機能することになりがちだ。当事者は自分の身に降りかかってきた問題に対処するのであり、また問題意識が様々であるのは当然だが、生活を守ることと五輪を否定することの間には幾多のバリアがありストレートにつながらない構造が作られている。

二〇一三年九月一〇日に五輪招致メンバーを招いて都庁前広場で六〇〇〇人を集めた帰国報告会は、IOC総会時の狂喜乱舞するお祭り騒ぎをそのままに挙行されたイベントだった。〈反五輪の会〉が異議申し立てのマイクアピールを沿道ではじめると、スタッフらしき人物が掴みかからん勢いで怒鳴りこんできてバナーを蹴った。そしてイベント終了後に駅に帰る人たちから投げかけられた言葉は「非国民！」だった。東京五輪を招致した際の〈オールジャパン〉や〈夢の力〉や〈レガシー〉という合言葉は、国家が主体となった空想的な空間創出に向けたものだった。そこにおいて五輪は、自律空間が解体され私的所有の中に幽閉されている個人を再編するために国家が賦与するお祭りである。しかし本来の自律空間は当事者として参加するものであるが、国家による空想的な空間には観客としてしか参加できない。

スポーツの興奮や一体感と経済効果への期待の入り交じったお祭り感は、五輪の本質である再開発の推進を補強しながら覆う煙幕のようだ。現在、二〇一二年ロンドン五輪での二一〇億円を超える規模で文化事業にお金が流れようとしている。アート系NPOなどには期待感があるようだが、五輪にひも付けされたお金によってそれぞれの自律性が飼いならされ、文化事業が五輪の煙幕の一部門になる可能性が高い。五輪に反対することの課題は、これらの煙幕を破り、自律空間としての生活とそれを破壊する五輪の間に直接的な関係を見いだしていくことである。

明治公園や霞ヶ丘アパートの運動は活動家や支援者が組織したという面もあった。私もまたそのような関わり方をしていたと思う。もとからある自律空間が巨大な機構に対抗力を持つかは分からない。そのような時、活動家や支援者が状況に介入することで問題が可視化される場合もある。しかし、支援者が運動をリードすることで当事者同士のつながりが後景化するとしたら弊害もある。当事者間の関係が豊富にならず当事者が力を得られない運動であったら私には意義が見いだせない。五輪のような与えられた時空に本質的に対抗するものは、自律空間の充実にほかならないからである。明治公園の運動において、二〇一六年一月二七日以降、闘争が日常を秩序づける状況のなかで、当事者と支援者が新たな自律空間の形成を試みる時期があった。言い換えれば支援者がその空間の当事者に変化する可能性がある状況だった。しかし、それは強制執行で潰え、再び日常に闘争を組み込んだ空間、支援者の関わりは寄り合いを中心としたものに戻ろうとしている。このように自律空間は変化する可能性もあるし、そこには様々な立場と距離で関わる人が登場するが、自律空間の主人公はあくまでそこに根を張っている当事者である。もちろん、自律空間はバラ色ではない。自律空間の中にも複雑な権力関係があり、関係性が緊密になり外部の目が失われる傾向にあるために、直接的な差別や抑圧や暴力が現れることもある。それは、テント村の暮らしの中で実感されるところである。しかし、自律空間において生起する問題は当事者の手の届くところにある。

明治公園で暮らす野宿者にしても霞ヶ丘アパート住民にしても、闘いは継続しており苦難の時はまだ終わりそうにない。それぞれが形作る空間に支援という形で関わるなかで、当事者の姿から私なりに多くのものを得てきたように思う。

東京五輪まで四年。自分の生活を守るために当事者として五輪に立ち向かう時期が私にもやってくるだろう。その時は自らが生きる自律空間の内容と質が問われる正念場である。その闘いの中で新たなつながりが生まれることを希望している。

付記
〈国立競技場周辺で暮らす野宿生活者を応援する有志〉、〈霞ヶ丘アパートを考える会〉、〈みんなの宮下公園をナイキ化計画から守る会〉、〈反五輪の会〉の活動については各ブログ等をご覧ください。本稿はこれらの団体の意見を代表するものではなく私の立場から書いたものです。また、以下の関連するブログも参照していただければ幸いです。〈Planetary No Olympics network〉、〈宮下公園「整備計画」よもやま話〉。

反オリンピック

ジュールズ・ボイコフ／鈴木直文 訳

二〇一〇年一月の爽快なある朝、私はバンクーバーのダウンタウン・イーストサイドのイースト・ヘイスティングス・ストリートを歩いていた。すると、改修工事の済んだばかりのウッドワード・ビルの外壁に奇妙な白いパネルがいくつも掲げられているのに気がついた。それらのパネルには、強い拒絶の意志が込められていた。飾り気のない黒で印字されていたのは、例えば"Hell no（ダメに決まってんだろ）""I said no（ダメだって言ったじゃん）""No bloody way（だから、あり得ないって）""No way josé（無理だから、絶対）"といったフレーズだった。シンプルに"No"とだけ書かれたプラカードも四つあった。あとでわかったことだが、これはバンクーバーに住むアーティストのケン・ラムがサイモン・フレイザー大学のアウダイン・ギャラリーのために作成したサイトスペシフィック・アートだった（写真1）。「二〇一〇年冬季大会条例」がオリンピックに先駆けてバンクーバー市議会を通過したことを受け、これに抗議するものだったのだ。この条例は、二〇一〇年冬季大会を「祝い、祝祭的環境と雰囲気を創造したり促進したりする」ことに反するプラカード、ポスター、横断幕を禁止したものだった。この法令は反オリンピック的な掲示物を犯罪とみなすもので、カナダ政府当局はそうした掲示物を公私の区別なく土地や建物から撤去する権利を与えられた。

その翌月私は、反オリンピックの組織化がどのような形で進んでいるかを確かめようと、再びバンクーバーを訪れた。

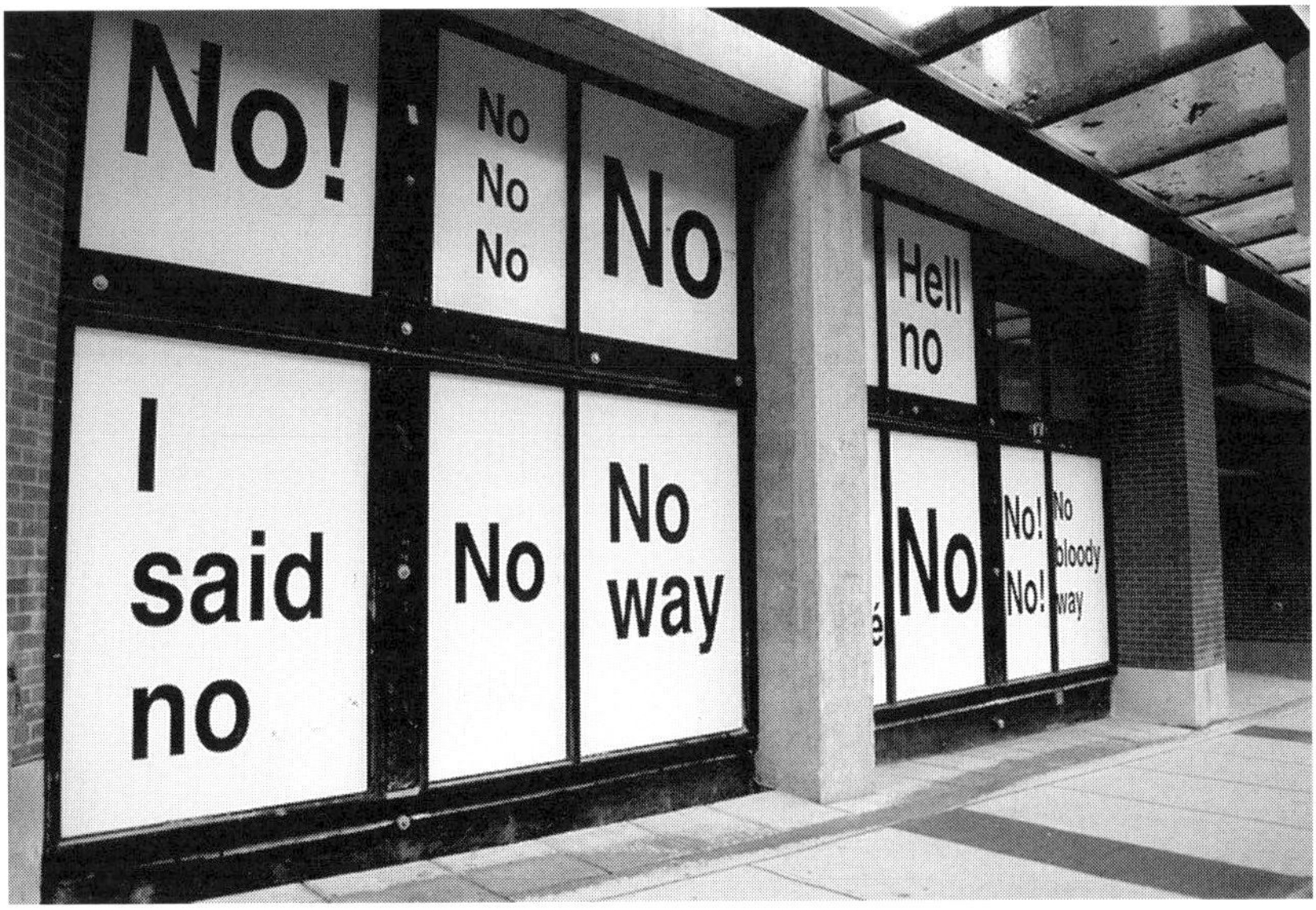

写真1　Ken Lum 2009-2010, “I Said No,” Audain Gallery, Vancouver, January 2010.
photo: Gordon Brent Ingram

大会直前のオリピック・ビレッジの近くを歩き回って気づくのは、無邪気なスポーツへの熱狂とあざとい監視国家という矛盾した二つのものが渾然一体となっていることだ。そこは、陽気な観光客、アスリート、オリンピック関連の職員、カメラとプレスバッジを首からぶら下げたジャーナリストといった人々でごった返していて、マーケティング調査で検証済みの二〇一〇年冬季大会オフィシャルカラーである派手な青緑色であふれていた。同時に、ある種の浄化された抑圧地帯に足を踏み入れたような感覚があった。新しく組織されたバンクーバー統合警備ユニット（カナダ山岳警察を筆頭に二〇以上の警察機関によって構成される）の警察官たちがあらゆる街角に屯し、フォールス・クリークの入り江の騒々しい歩道をパトロールしていた。外周部には、監視カメラが等間隔で柱に括りつけられていた。ヘリコプターが頭上をブンブン飛び回り、CF－18ホーネット戦闘機がビュンと飛び過ぎた。クリスト&ジャンヌ＝クロードを模したスタイルの、やはりオリンピックの青緑色の横断幕で覆われた金網のフェンスが、人々を入場が許可されたゾーンへと誘導すると同時に、いわゆる公共空間であるはずの区画を覆い隠してもいた。

筋肉と真鍮

オリンピックは、いまや世界最大のメディアおよびマーケティング・イベントである。巨大企業が「オリンピック・ブランド」との提携を求めて競い合い、全世界の何十億人に向けたマーケティング機会を獲得しようと躍起になる。国際オリンピック委員会（ＩＯＣ）は多国籍企業ともグローバル機関ともつかない存在になっていて、国家機関、国際機関、各スポーツ連盟、スポンサー企業の結合した巨大な構造のど真ん中に腰を据える。この数十年オリンピックは、夏季冬季を問わず、国連の祝福も受けるようになっている。国連は新たなオリンピックの年が来るたびに、決して遵守されることのないオリンピック停戦の決議を儀式的に採決してきたからだ。このＩＯＣが、各国オリンピック委員会から提出されるオリンピック招致の申請を吟味している。スイスのローザンヌに本拠を置き、そこで非営利のＮＧＯとして登記されているため、ＩＯＣはどこの国に行っても課税を免除されている。にもかかわらずＩＯＣは、二〇〇八年夏季北京大会で三億八三〇〇万ドルの利益を得た。しかもこれは二四億ドルの総収入の大部分を、オリンピック・ムーブメントを構成する他の事業に回した後に残った分にすぎない。それでいて、独立機関による財務監査を課されることはない。金庫に流れ込む歳入の多くが最終的にどこに消えたのかは謎のままで、ＩＯＣの執行役員の報酬額は公表されることがない。[*1]

　近代オリンピックの発案者はフランス貴族ピエール・ド・クーベルタン（一八六三～一九三七）だが、エキセントリックなイギリス贔屓だった彼は、トーマス・アーノルドのラグビー校的なスポーツ文化に、大英帝国の権勢につながる魔法の公式を見て取った。[*2]その厳格な規律と男性的な自己顕示との組み合わせのなかにこそ、普仏戦争の恥辱からフランス国家が復権するための方法が横たわっているではないか。クーベルタンは、当時の社会進化論の単純な信奉者だった。「すべての人種が同等の権利を持つという理論は、植民地における進歩を阻害する政策につながってしまう」。「優等な人種は、下等人種に対して市民生活上の特定の恩典を与えない完全な権利を持つ」。彼はユダヤ人問題についても、同じように明確な立場を取った。「ビジネスでは如才なく抜け目がない」かもしれないが、「心の底の部分ではアジア人と変わらず」、その歴史に果たす役割は「取るに足らない」[*3]。彼の発想は、

＊1　Tripp Mickle, "IOC cashes in on Beijing," *Sports Business Journal*, 13 July 2009; Christopher Shaw, *Five Ring Circus*, Gabriola Island, BC 2008, p. 72.

＊2　「近代で最も偉大な教育者であるアーノルドは、彼の国の現在の繁栄と驚異的な拡大に対して、誰よりも多くの貢献をしたのである。彼によって、身体運動がある偉大なパブリック・スクールに浸透し、その学校が一変した。彼が手がけた最初の世代が世に出た日から、大英帝国は生まれ変わったのだ」。Pierre de Coubertin, "The Olympic Idea," *Discourses and Essays*, Stuttgart 1967, p. 8; quoted in Ljubodrag Simonovic, *Fascism and Olympism*, p. 14, available on the Cirque Minime website.

＊3　Pierre de Coubertin, "Histoire universelle," vol. 2, p. 447.

帝国主義的な運動競技を、当時行われていた巨大な世界博覧会と合体させ（実際、初期のオリンピックは博覧会の余興として行われた）、それを古めかしい賛美歌や旗、そして月桂冠で飾りつけることだった。一八九六年にIOCは、クーベルタンを会長として、最初のオリンピックを開催した。当初から、トーマス・クックはオリンピックの公式な旅行代理店だった。アメリカ人のスポーツウェア起業家のアルバート・G・スポルディングも間もなくこれに加わって、プロダクト・プレイスメント（商品の露出を高める広告手法）の機会を大量に得ることになる。

一九一四年に勃発したより大きな男性的美徳の発揚のために、オリンピックは一時中断され、二四年に冬季大会が追加されたとはいえ、二〇年代に勢いを失う。しかしクーベルタンは、ナチスドイツが三六年のベルリン・オリンピックへの準備において示した熱意を非常に喜んだ。「ヒトラーの強さと規律に照らされた」ベルリン大会を、後続の大会は模範とすべきである、と。[*4] 同じように熱心だったのがクーベルタンの子分たちである。後のIOC会長でシカゴの不動産王エイヴリー・ブランデージ（一八八七〜一九七五）は、反ファシスト運動を一顧だにせず、三六年にマディソン・スクエア・ガーデンで開かれた集会で次のように言った。「我々がドイツから学ぶべきことはたくさんある。我々も、我々の諸制度を維持したければ、共産主義を撲滅しなければならない。我々も、愛国心の衰退を阻止するために何らかの方策を取らなければならない」と。[*5] 五二年から七二年にIOC会長を務めたブランデージは、アパルトヘイト政策下にあった南アフリカの白人のみで構成された選手団を熱心に支持したし、スペインのフランコ独裁体制に好意を持っていたことも明らかだ。六五年のIOC総会をマドリッドで開催した折には、フランコ大元帥その人が開会演説を行った。ブランデージは、フランコがアマチュアリズムの原則を見事に理解していると、度が過ぎるほどの賛辞を返した。[*6] 実際、ブランデージがお気に入りの後継者であるファン・アントニオ・サマランチ（一九二〇〜二〇一〇）は、一九八〇年から二〇〇一年までIOC会長を務めたが、彼はファランヘ党員であり、フランコの死を迎えるまで、自身を「一〇〇％のフランコ主義者」と呼んでいた。[*7]

サマランチの就任以前のオリンピックは数々の困難に見舞われていた。一九六八年メキシコシティ大会は、場外で反対行動を行う学生を警察が弾圧するのに用いた催涙ガスの痕跡がスタジアム上空に漂うなか、アメリカ代表の陸上選手が表彰台の上でみせたブラックパワー・サリュート（アメリカ公民権運動でアフリカ系アメリカ人が行った拳を高く掲げ人種差別に抗議する行為）によって記憶されることになった（本書後出、山本写真1参照）。七二年と七六年にはアフリカ諸国が反アパルトヘイトを理由に組織的なボイコットをしたし、ミュンヘン大会（七二年）ではドイツ警察が失態をおかし、イスラエル選手団と彼らを人質にしたパレスチナ人たちが虐殺され、大会に影を落とした。サマランチと彼の同僚たちによる対応は、放映権をオークションにかけて資金のスケールアップをはかりつつ、スポーツに政治の入り込む余地はない（そうでしょうとも！）と宣言することだった。八四年ロサンゼルスで行われた「レーガン・オリンピック」が、その後に続くトレンドを作った。世界的なテレビ放映という餌に群がるスポンサー企業と、ディズニー的デザインの公式マスコットが、それである。

これ以降IOCは、現在我々が知るような巨大なトランスナショナル組織となり、放映権契約と企業スポンサーシップ・プログラムが生み出す莫大な資金の流れに乗って航海する船のようになった。企業スポンサーシップ・プログラムはTOPと呼ばれ、「ザ・オリンピック・パートナー」（コカコーラ、マクドナルド、ダウ・ケミカルズ、ビザ、パナソニックなど）に対し、IOCのトレードマークである五輪を使用した「正統な」オリンピック・ブランドの商品でグローバル市場を溢れさせる権利を付与する。競技場内では、ドーピングがあまりにも広範に横行したため、IOCでさえこれに注意を払い、独自の倫理委員会を設置しなければならなくなった。時代の流れに合わせるように、近年の大会は負債によって信用バブルを膨らませながら、「国際社会」から象徴的な信任を得る場となっている。二〇〇四年のアテネ大会は七二億ユーロに迫る費用がかかり、ギリシャの財政赤字を悪化させた。〇八年北京大会はグローバル資本主義への最新の参入者を華々し

＊4　Hans Joachim Teichler, "Coubertin und das Dritte Reich," *Sportswissenschaft*, 1982, p. 12, quoted in Simonović, "Fascism and Olympism," p. 3.

＊5　"Brundage extols Hitler's regime," *New York Times*, 5 October 1936. この二万人強を集めた集会の終わりには、「星条旗よ永遠なれ」「世界に冠たるドイツ」、そしてホルスト・ヴェッセルの歌が歌われた。ブランデージは、一九二九年にシカゴ商業協会で語ったように、待望していたのは「運動場で培ったスポーツマンシップの原則に動かされた新しい人種の発達」であった。それは「肉体的に強壮で、精神的に鋭敏で、道徳的に健全な人種であり、人につけ込まれることのない人種」であった。Cited in Maynard Brichford, "Avery Brundage and Racism," *University of Western Ontario paper*, October 1998, p. 131.

＊6　"Proclamation of Opening by the Head of the Spanish State, Generalissimo Franco," and "Address by President Avery Brundage to 63rd Session of the IOC," *Bulletin of the International Olympic Committee*, Lausanne 1965, pp. 64-66.

＊7　繊維業界の有力者の息子だったサマランチは資産家の娘と結婚し、一九九一年に（[スペイン首相] フェリペ・ゴンサレスから）生涯の仕事を讃えられて貴族の称号を授けられた。Andrew Jennings, "Why Juan Antonio's right arm is more muscular than his left," transparencyinsport.org; Dave Zirin, "Burying Juan Antonio Samaranch," *Huffington Post*, 22 April 2010.

く歓迎するパーティーのようで、開会式だけで一億ドルの費用がかかった。当然ながらＩＯＣは、今ではベルギー人のヨット操者でスポーツ官僚のジャック・ロゲが率いているが、チベットで行われていた弾圧を見て見ぬふりをした。

オリンピックがいつもその時代の大きな政治論理（古典的な帝国主義者の力の誇示、冷戦下のブロック間の敵対関係、パックス・アメリカーナなど）を代表してきたとすれば、今では同時にいく先々で政治的係争の急激な高まりを引き起こすのが当たり前になっている。ＩＯＣの公式憲章はオリンピックへの異議の表明を禁じており、規則五一には「いかなる種類のデモンストレーションまたは政治的、宗教的、人種的プロパガンダも、すべてのオリンピック区域、会場、その他の場所において許されない」と明記されている。にもかかわらず、オリンピックが開催都市に到着するやいなや、反対運動がそれに続く。ＷＴＯやＧ20といったグローバルサミットは、シアトルでの暴動以来、国際的なアクティヴィズムの大きな波の焦点となった。オリンピックもまた、都市環境に恒常的な社会的ダメージを与える権力と富とスペクタクルによる不透明な世界秩序の化身としての姿を、露わにするようになったのだ。

イベント連合

バンクーバーの活動家たちは反オリンピック運動をいち早く開始していた。二〇〇二年には、まだ市が招致を勝ち取っていない段階であったにもかかわらず、すでにキャンペーンが始まっており、一〇年冬季大会の開催期間を通じた勢いを築きあげていった。バンクーバー・サン紙は反対派を「不平不満ばかりうだうだ言ううさぎちゃん」と呼び「特別な日にも口を噤んでいられない」人たちだと評したが、反オリンピック活動家たちは負けじと勇ましい批評を展開した。納税者の金が必要不可欠な社会サービスに回されるのでなく二週間半のスポーツパーティーに浪費されている。市民の自由が強大に軍事化された警察の力によって脅かされている。オリンピックが、取り上げられたままの先住民（コーストセイリッシュ族）の土地で行われている、と。[*8]「ノーゲームズ二〇一〇連合 No Games 2010 Coalition」などの団体は、オリンピック関連産業の複合体の危険性に攻撃を集中し、長期的な大衆教育プロジェクトを通して表向きはウインウインだと言われているオリンピックの神話を解体することを目指した。「コミュニティへのインパクト連合 Impact on Community Coalition」は当初、中立的なスタンスを採用したが、ひとたびオリンピック開催の矛盾が看過できないほど剝き出しになると、その独立的な立ち位置をかなぐり捨てた。「誰も違法ではない No One Is Illegal」や「反貧困委員会 Anti-Poverty Committee」といった既存グループは、オリンピックという超大型トラックにラディカルな分析のメスを入れ、宗教、環境、原住民に関わる各種団体もこれに加わった。「正義の流れ Streams of Justice」、「女性の力グループ Power of Women Group」、「盗まれたネイティブの土地でオリンピックを許すな No 2010 Olympics on Stolen Native Land」、「ヴァン・アクト! Van.Act!」、「ネイティヴ若者運動 Native Youth Movement」もまた、主要な運動団体であった。これらの団体に所属する多くが、分権的、非階層的、反権威主義的連合である「オリンピック抵抗ネットワーク Olympic Resistance Network」を形成した（写真2）。

写真2　オリンピック抵抗ネットワークの集会のチラシ（2010年1月）

バンクーバーのアクティヴィズムは、トム・メルテスがグローバル正義運動について「特定の形に収斂しない絶えず繰り返される同盟と連合の連続」と評した組織化の考え方に近く、従来の社会的連帯の進展に依拠した動員のモデルとは異なるものだった。[*9] 実際、反オリピック抵抗運動は「イベント連合」と呼ぶのがより正確かもしれない。なぜならこのアクティヴィズムは、かろうじて時間を超えて場所から場所へとつなぎとめられたからである。活動家たちは二つのアプローチの違いに自覚的で、自分たちの行動を「オリンピックの時」に合わせた「いくつもの運動の漸次集合」だと口を合わせ、ひとつの「社会運動」だとは言わなかった。社会運動という用語は、不均質性を許容せず連続性を強調しすぎる傾向にあるからだ。[*10] 昨今の運動は、より柔軟かつ即時的に、横のつながりを生かしたやり方で組織化を進めるようになっているが、バンクーバーにおける反オリンピック抵抗運動はこうしたダイナミクスが働いた典型例である。

〇三年二月、バンクーバーの有権者のオリンピック招致へ

＊8　Barbara Yaffe, "PM's strategy of controlling message fails to silence opponents," *Vancouver Sun*, 12 February 2010.

＊9　Tom Mertes, "Grass-Roots Globalism," *NLR* 17, September-October 2001, p. 108.

＊10　Sidney Tarrow, *The New Transnational Alliance*, Cambridge 2005. Donatella della Porta and Sidney Tarrow, eds. *Transnational Protest and Global Activism*, New York 2005.

の支持率を測定するため、住民投票が行われた。オリンピック推進派は大衆を説得するために七〇万ドルをかけた（これは反対派の一四〇倍の金額だった）。しかし、投票率が四〇％であったことを考慮すると、賛成票を投じたのは投票権を持つ市民のたった二六％にすぎなかった。[*11] この弱々しいオリンピック支持をメディアは大きく持ち上げたが、反対の声は全くやまなかった。活動家たちは、通常ありえないような組み合わせで手を握り合った。先住民の反体制活動家、反貧困キャンペーン主催者、環境主義者、アナーキスト、市民的自由主義者などの間で、数々の組み合わせが生起した。その結果、オリンピックへの反対行動において、横断的な連帯が結ばれることになった。抵抗運動はNGOによる活動の枠を大幅に超えて拡大し、ある勢力が既存の権力的な制度的枠組みのなかで活動し、別の勢力が外側から直接的な行動を通じて圧力をかけるという、二方面作戦の形をとった。

先住民による抵抗

先住民の活動家も、重要な役割を果たした。ここで強調すべきは、「ファースト・ネーションズ」（カナダ先住民族）の諸部族と、カナダの一州であるブリティッシュ・コロンビア州との、ユニークな関係性である。イギリス領の植民地がカナダ連邦へ編入され始めたのは一八六七年だが、そのはるか以前からロンドンのイギリス本国政府はすでに先住民の人々と協定を結ぼうとしていた。それらの協定は、先住民の土地を取得する権利が国王にのみあると謳った一七六三年宣言の延長上にあった。しかしブリティッシュ・コロンビアが連邦に加わった一八七一年時点で、一五の協定が合意されたにすぎず、残りの地域に対する先住民の権利関係は未解決のままだった。一八九九年締結の第八協定および二〇〇〇年に決着したニスガーの協定を除けば、ブリティッシュ・コロンビアにおける先住民の権利はまだ法的に消滅していなかったのである。[*12] 協定関係が存在していないブリティッシュ・コロンビアの状況を、先住民の知識層を代表するタイアイアケ・アルフレッドは「絶え間なく続く植民地主義とそれに対する抵抗の綱引き」であると評した。[*13] 二〇一〇年、この綱引きは反オリンピック運動のなかで最大限に発現した。

後に「イーグラーリッジ・ブラッフスの封鎖」として知られることになるのが、環境主義者とファースト・ネーションズの活動家が共闘して行った、バンクーバーとウィスラーを結ぶシートゥースカイ・ハイウェイの延伸事業への抗議行動である。〇六年の五月末、ファースト・ネーションズの長老であり活動家でもあるハリエット・ナハニーが、ベテラン環境活動家のベティー・クラウシクとともに逮捕された。高齢にもかかわらず、二人は乱暴に牢にぶち込まれた。〇七年二月、クラウシクとナハニーがまだ拘留されているなか、バンクーバー・オリンピック組織委員会（ＶＡＮＯＣ）が企画し

写真3　ネイティヴ戦士の会 Native Warrior Society が公開した写真（2007年 3 月 7 日、コーストセイリッシュ地域）
photo: Vancouver Media Co-op (http://vancouver.mediacoop.ca.)

た「オリンピック・カウントダウン・セレモニー」を二人の活動家が妨害した。反貧困活動家のデヴィッド・カニンガムと先住民の子孫であるゴード・ヒルが突然ステージに飛び乗ってマイクを掴むと、「ゲーム（＝オリンピック）ではなく、ホーム（＝家）を！」「くたばれ二〇一〇！」と、コールを先導したのだ。悲しいかな、ハリエット・ナハニーは刑務所内で肺炎を患い、ひと月後に亡くなった。〇七年三月、活動家たちがまたも騒ぎを起こした。市庁舎に掲げられた巨大なオリンピックの旗を持ち去ったのである。間もなくして、その旗をバックにして三人の覆面をした活動家がナハニーの遺影を掲げている写真が、「ネイティヴ戦士の会 Native Warrior Society」と名乗るグループによって公開された（写真3）。

ファースト・ネーションズの人々が、オリンピックの際に敬意を持って扱われるかどうかについて懐疑的になるのも、無理もないことだった。一九七六年の夏季オリンピック・モントリオール大会の閉会式の一環として、ファースト・ネー

*11 Helen Jefferson Lenskyi, *Olympic Industry Resistance: Challenging Olympic Power and Propaganda*, Albany 2008, p. 65.

*12 Hamar Foster and Alan Grove, "Trespassers on the Soil," *BC Studies*, no. 139-9, 2003, pp. 51-84; Cole Harris, *Making Native Space: Colonialism, Resistance and Reserves in British Columbia*, Vancouver 2002. 現在当該地方では六〇のファースト・ネーションズがブリティッシュ・コロンビア州との協定交渉を行っている最中で、その段階は様々である。www.bctreaty.net を参照。

*13 Taiaiake Alfred, "Deconstructing the British Columbia Treaty Process," *Balayi: Culture, Law and Colonialism*, vol. 3, 2001, p. 42.

ションズの九つの部族が「記念式典」に参加することに合意していた。その際、各部族を代表して参加した計二〇〇人に加え、先住民ではないダンサー二五〇人がコスチュームとペイントで着飾り、あたかもファースト・ネーションズの人々であるかのように見せかけたのである。大会公式レポートでは、「その壮麗な行進」は「光の戯れとアンドレ・マシューのダンス・ソヴァージュを使った演劇的な音楽のおかげで、よりエキサイティングなものになっていた」とされた。[14] 結局、ある批評家が言ったように、「先住民自身の祝典のはずなのに、〝インディアン〟の仮装をした先住民ではないパフォーマーに、先住民の参加者がつき従わねばならなかった」のである。[15] それでも、ファースト・ネーションズに属するリルワット Lil'wat、ムスクイーム Musqueam、スコーミッシュ Squamish、ツレイル・ワウトゥト Tsleil-Waututh の四部族の族長は二〇〇四年、二〇一〇年大会の開催に協力することに合意した。IOCは史上初めて、先住民が公式な開催パートナーとなることを許可したのである。公式マスコットも、ファースト・ネーションズから着想を得ていた。ミーガは神話に登場する海に棲む熊で、クワッチは雪男、スーミは動物の精霊である。アメリカ大陸の先住民関連問題に特化した週刊新聞のインディアン・カントリー・トゥデイ紙は、大会は「先住民文化のショーケース」であり「先住民の人々が生き生きと本来あるべき形で大会に参加する様子がはっきりと見てとれる」と、持ち上げた。[16]

反オリンピック活動家たちはいち早く反応し、オリンピック憲章が「人間の尊厳の保全を促進する」と謳っているにもかかわらず、IOCが大会の開催地に選んだのは、本来コーストセイリッシュ族に帰属する未返還領土だと指摘した。こうして、過去の収奪の亡霊がオリンピックに取り憑いたかのように、「盗まれた先住民の土地でオリンピックをするな」というフレーズが有力な反オリンピック・スローガンの一つになった。巨額の財政的優遇策にもかかわらず、ブリティッシュ・コロンビア州内に存在する二〇三の先住民グループのうち八〇が、参加を強く拒んだ。[17]

統合的警備体制

メガイベント開催都市では、期間中に軍事要塞に匹敵する警備体制を敷くことが、いまや標準的手続きになっている。バンクーバーも、その例外ではなかった。警備関連予算はもともと一億七五〇〇万ドルと見積もられていたが、結局一〇億ドル超まで激増した。先住民活動家のゴード・ヒルはこの予算急騰のプロセスを「支配階級が警察を使って恐喝している」と表現した。[18] カナダ政府当局はオリンピックに乗じて、国民一人当たりのケブラー繊維指数〔ケブラー繊維は防弾ベストの素材。警備隊の重装備化を揶揄している〕をつり上げたかったようだ。グローブ・アンド・メール紙でさえ警戒し、

「反対派の一員でなくとも、バンクーバー・オリンピックの警備に投じられた金額には狼狽せざるをえない」と報じた。[*19] 政府はその金を使って都市全体を監視で覆い尽くそうと、一万七〇〇〇人もの警備員を配備した。カナダ国境サービス庁は隊員（実態は出入国管理警察である）をダウンタウン・イーストサイドに配備し、住民に市民権保持を証明するための身分証の提示を要求した。警察はデモ隊に対峙する際、半自動式小銃で武装したため、権威主義が常態化し恐怖が拡散した。重要なことは、一時的な例外状態への対処だと言って導入された最新鋭の警察の装備が、知らぬ間に通常の装備として定着してしまうことだ。軍事仕様の兵器が日常的に用いられるようになってしまうのだ。

　おびただしい数の警察官が配備されたことに加えて、バンクーバー都市圏全体で一〇〇〇個に迫る数のCCTV監視カメラも設置された。市の統合警備ユニット（VISU）は大会が終われば撤去すると約束したが、「撤去」が「撤退」を意味するわけではない。[*20] 監視の目は、監視カメラの点滅する赤いセンサーよりもずっと遠くまで、届いていたのである。ジェイミー・グレアム警察長は反オリンピック団体にセキュリティ・エージェントを潜入させたことを自慢げに語った。警察のスパイがバスの運転手になりすまして潜り込み、オリンピックの聖火リレーへの抗議行動に参加する活動家の送迎を担ったのだ。[*21] 歯に衣着せぬオリンピック批評家で『五輪サーカス』の著者、クリストファー・ショーは、VISUからしつこい嫌がらせを受けた。二〇〇九年六月以来、彼は家、仕事場、路上を問わず、VISUに追いかけ回された。時折VISU職員が彼の著書を手にして、「不穏な情報」を見つけたから話をしたい、だの、VISU捜査官のジェフ・フランシスが「よろしく」と言っている、だのと言ってきたという。一〇年になる頃には、こうした訪問はほとんど毎日のことになり、友人や恋人や元夫人さえVISUの尋問を受けるようになった。[*22]「オリンピック抵抗ネットワーク」に関係す

＊14 Comités d'organisation des Jeux Olympiques, *Montréal 1976, Games of the XXI Olympiad, Official Report*, vol. 1, Ottawa 1978, p. 306.

＊15 Janice Forsyth, "Teepees and Tomahawks," in Kevin Wamsley, Robert K. Barney and Scott G. Martyn, eds, *The Global Nexus Engaged*, London, ON 2002, p. 72.

＊16 Hans Tammemagi, "Olympic Games a Showcase for Native Culture," *Indian Country Today*, 24 March 2010.

＊17 Kim Pemberton, "Aboriginal Groups Divided on Whether to Support Olympics," *Vancouver Sun*, 6 February 2010.

＊18 本人へのインタビュー、二〇一〇年八月一八日。

＊19 Gary Mason, "The Real Threat to the Olympics Could Be a Bloody Protest," *Globe and Mail*, 11 February 2010.

＊20 Office of the Privacy Commissioner of Canada, "Privacy and Security at the Vancouver 2010 Winter Games," August 2009.

＊21 Darah Hansen, "Victoria Cop Infiltrated Anti-Games Group, Jamie Graham Says," *Vancouver Sun*, 2 December 2009.

るほぼ全員のもとにも、ＶＩＳＵがやってきて尋問を行った。

これらすべてに加え、常軌を逸した法令や規則が多数作られた。地方自治体レベルでは、ブリティッシュ・コロンビア州が野宿者収容支援条例を制定した。これは事実上、野宿を犯罪とみなすもので、警察は野宿者を強制的に追い立てることが許されることになった。『強い叱責――バンクーバーにおける暴動略史 *Reading the Riot Act: A Brief History of Rioting in Vancouver*』の著者マイケル・バーンホールデンは、次のように言った。「オリンピック期間中は、まるで差し支えない範囲でしか人権が許されないという雰囲気だったね[*23]」。法的異議申し立てを通じていわゆる「掲示物条例」の効力を弱めることはできたが、ＩＯＣが定めた「清潔な会場のためのガイドライン」を盾にすれば、改訂された条例でもオリンピックの企業スポンサーのロゴに害をなすような掲示物を禁止することが可能だった[*24]。〇九年一二月、バンクーバー市はアーティストのジェス・コルコランに対して、彼の制作した反オリンピックの壁画を撤去するように命じた。この壁画は市内にあるクライング・ルーム・ギャラリーの正面の壁面に掲げられたもので、オリンピックの五つの輪が顔になっていて、四つが顔をしかめるなかで一つだけが笑っているという作品だった。多くのアーティストや活動家や市民的自由を擁護する団体が抗議の声をあげたため市は前言撤回し、壁画を撤去した理由は反オリンピックだからではなく、落書き条例によるのだと主張したが、最終的には矛を収めて再掲示を許可した。

こうした小さな闘争が例示しているのは、大会に先んじて市民的自由主義者や活動家側からの押し返しがあったことだ。そして彼らの成功が物語るのは、早くから組織化を進めること、そしてその際に論争的な方法も辞さないことが重要だということである。「ブリティッシュ・コロンビア市民的自由協会 BC Civil Liberties Association」がこの過程で果たした役割は重要だったが、直接行動に訴えた人々も同じくらい重要だった。大会に至るまでの期間に、ＶＩＳＵは中距離音響装置を購入した。これは悪名高い軍事仕様の音響兵器で、〇九年にピッツバーグ（アメリカ・ペンシルヴェニア州）で開かれたＧ20での抗議行動に対しても用いられたものである。しかし批判的な報道と活動家による強烈なプレッシャーに屈する形で、ＶＩＳＵは大会前に同装置のハードドライブから武器機能を削除すると約束した。こうして事実上、この兵器は単なる高額なメガホンになりさがることになった。結局、この中距離音響装置は大会期間を通じて、包装を解かれぬままに終わったのだ[*25]。

コンドミニアムとキャンパーたち

ＩＯＣは、ブリティッシュ・コロンビアの人々に「祝賀資本主義」を紹介しようとしていた。「祝賀資本主義」は、ナオミ・クラインの「惨事便乗型資本主義」と表裏をなすものだ。そもそもの始めから、オリンピックというパーティーは財政破綻マシーンそのものだった。五輪につけられた値札は、もともとの見積もりでは一〇億ドルだった。ところが大会の前月の時点までに開催費用は六〇億ドルまで膨れ上がり、大会後の推定では八〇億から一〇〇億ドルの間だと言われている。バンクーバー市だけでみても、市民一人当たり一〇〇〇ドル近くを投入した計算になる。使われたモデルはいわゆる官民連携（public-private partnership: PPP）というもので、そこでは公共が支払いをして民間が利益を得ることになる。バンクーバー市長のグレガー・ロバートソンは、新民主党的なリベラル派のはずなのだが、例に漏れることはなかった。ことオリンピックに関する限り、オーガニック・ジュースで知られるハッピープラネット社の共同創立者である彼をもってしても、官民連携というクールエイド（粉ジュース）を暴飲する羽目になってしまった。

バンクーバーは新自由主義時代のジェントリフィケーションを宣伝するポスターのような都市になってしまった。貧富の格差は底なしの淵のごとくに拡大した。まるでアンリ・ルフェーヴルが言った「空間的矛盾」そのものである。[*26] バンクーバーは最も住み心地のよい街だと言われているが、同時

---

*22 ショーの著作は、ＩＯＣが「多かれ少なかれスポーツだけに取り組んでいた比較的控えめなベンチャー企業」のような状態から「国際的なメガコーポレーション」になるまでの軌跡を分析している。次のような彼の指摘は正鵠を射ている。「ある都市が一度オリンピック招致を勝ち取るための道のりに踏み出してしまったら、とりわけもしそれに成功してしまったら、そこから先の七年間はＩＯＣがアジェンダを設定することになる。実質的にその都市と周辺の地域で行われるすべてのことは、オリンピックのため、ＩＯＣの利益のため、そして組織委員会を動かす人々のために行われることになる」。Shaw, *Five Ring Circus*, pp. 74-5. ＶＩＳＵはトロントで開かれたＧ８／Ｇ20サミットの直前にももう一度ショーのもとを訪れ、彼を情報提供者側に寝返らせようと試みたが、彼はその申し出を即座に拒絶したという。本人へのインタビュー、二〇一〇年八月一七日。

*23 本人へのインタビュー、二〇一〇年八月一九日。

*24 International Olympic Committee, *Brand Protection: Olympic Marketing Ambush Protection and Clean Venue Guidelines*, Lausanne 2005.

*25 一見すると態度を軟化させる形で、オリンピック職員たちは「安全な集会場所」を提供することを約束した。表面上のご機嫌取りとして、オリンピック競技会場、メディア、観客の目につくところの見晴らしのよい空間を抗議者たちに明け渡そうとしたのだ。これも活動家たちの神経を逆撫でした。彼らからみればアメリカの政治的コンベンションや北京オリンピックでの「フリースピーチ・ゾーン」や「抗議のための囲い」に等しく映ったからだ。結局当局は大衆の抗議が拡大したことを受けてこの方法を取り下げざるをえなかった。

*26 Henri Lefebvre, *The Production of Space*, Oxford 1991, p. 365.〔斎藤日出治訳『空間の生産』青木書店、二〇〇〇年〕

に最も生活費の高いグローバル都市である。二〇一〇年の住宅価格の中央値が五四万九〇〇ドルだったのに対して、家計収入の中央値は五万八二〇〇ドルだった。[*27] 成り金と古典的な貧者との格差がこれほどどぎつく現れている場所は、バンクーバーのダウンタウン・イーストサイド地区をおいて他にないだろう。この八×一五ブロックの細長い区画は、砂にまみれた都市的な厳しさで満ちていて、先住民の居住区を除けばカナダで最も貧しい地区とされる。しかし、優れた「住み心地のよさ」と切実な貧しさが対照的に混じり合っているということは、キラキラに飾られたグローバル資本主義の地盤に立脚したバンクーバーの地位を、少しも揺るがすことはないのだ。オリンピックのようなメガイベントを招致すれば、この地位はますます強化されることになる。ジェントリフィケーションをよりいっそう急速に進めるための、劇薬となるからだ。

「空間的矛盾」を地で行くような出来事が、一〇年二月、つまりオリンピックの開会式の数日前に起こった。ピジョン公園で行われた集会でジェントリフィケーションと野宿者の犯罪扱いが同時に進行していることに異議を唱えた後、参加者たちはウエスト・ヘイスティング・ストリート五八番地へと下っていった。そこは嫌われ者の不動産ディベロッパー、コンコルド・パシフィックの所有地で、大会期間中、駐車場として貸し出されていたスペースだった。その場所が選ばれたのは、戦略的理由からだった。非常に目につく場所にあり、そのうえ空間的不正義が社会的風景に深く刻印されているからだ。コンコルド・パシフィックはその敷地に、富裕層向けのコンドミニアム群を建設する許可を得ていた。敷地は広大で、集会参加者たちがそこに立てたテントの数が最終的に一〇〇を超えても、まだ余裕があるほどだった。

そのテント村に足を踏み入れた者が最初に目にしたのは、先住民の長老たちに見守られた聖なる炎だった。音楽、ワークショップ、スキルをシェアするセッションが、その場を満たしていた。「爆弾ではなく食糧をFood Not Bombs」が食事を提供していた。「正義の流れ」というキリスト教系の社会正義団体と、「ヴァン・アクト!」というブリティッシュ・コロンビア大学のSDS（民主的社会を目指す学生組織）を母体に拡大した団体は、ロジスティクスの面から支援を行っていた。警備クルーが、例えばカメラを振り回すメディアのような、望まれない部外者が敷地内に進入するのを食い止めていて、キャンプ村の内部で緊張が高まるような事態を未然に防ごうとしていた。ある時などは、警察の潜入捜査官と思しき二人組を追い出すこともあった。有機的なリーダーシップが生まれたのは、「女性の力グループ」が行った組織化の努力の賜物だった。この団体はダウンタウン・イーストサイドの住民たちで構成されていて、その多くが先住民の長老たちだった。彼女たちはその地域に深く根ざしていたので、活動家の仲間たちから広く敬意を集めていたのである。このグループの人々が、「正義の流れ」のデイブ・ディエワートや「誰も違法ではない」のハルシャ・ワリアとともに、メディア対応のスポークスパーソンの役割を担った。コミュニティのミーティングがほぼ毎日行われたことが、キャンプ内の行動基準を定めて徹底したり、作業スケジュールを構築したりすることに役立った。[*28] こうした活動は必要不可欠であり、「結束を強めるためのナノ・レベルのプロセス」として知られている。そのプロセスは、予想がつかず、収束することがなく、むしろ乱雑であることが望ましいのだが、これこそが「あらゆる運動の活力の源」なのである。[*29]

反対運動を行う際には、安全な活動場所を確保することが重要だ。それによって非競争的なやりとりの場ができ、多様な個人や組織が協働することができる。オリンピック・テント村は、他にはないような社会集団間の交流が行われるようになった。大学生と路上生活者が、また大学教授と最貧労働者とが、渾然となって交流したのである。このような豊かなやりとりは、昔ながらの抗議行動の形態がとられていたら起こりえなかっただろう。[*30] もともと、テント村の設置期間は五日間と予定されていたが、人々のエネルギーの高まりと政治的影響を考慮して、オリンピック終了後まで延長されることになった（写真4）。筆者が話をした数知れない活動家がこぞって強調していたのは、オリンピック・テント村を創造したことは単なる象徴的な行為にとどまらず、実質的成果にもつながったということだ。この行動の結果として、およそ八五人がバンクーバー市営住宅またはブリティッシュ・コロンビア州の営団住宅へ入居することができたのである。[*31]

オリンピック・テント村以外にも、住む家を求める抗議行動が市内で展開していた。例えば「ピボット・リーガル・ソサイエティ Pivot Legal Society」が先頭に立って展開した赤テント・キャンペーンでは、鮮やかな赤いテントが町のあちこちに無造作に設置され、ホームレス問題への理解を促す一方で、国の住宅政策に対してプレッシャーをかけることが意図された。一〇〇ドルを払えば誰でもテント一つのスポンサーになることができ、そうすると「住宅は権利だ Housing Is a

---

*27 Economist Intelligence Unit, *Global Liveability Report*, January 2010; Frontier Centre for Public Policy, "International Housing Affordability Survey: 2010 Ratings for Metropolitan Markets," p. 39, available online.

*28 デイブ・ディエワート本人へのインタビュー、二〇一〇年八月一七日。ハルシャ・ワリア本人へのインタビュー、二〇一〇年八月一八日。

*29 Merres, "Grass-Roots Globalism," p. 110.

*30 一〇〇以上の団体がこの行動を支持して参加を表明したにもかかわらず、多くの活動家が指摘していたのは、奇妙にも労働運動が反オリンピックの組織化に加わらなかったことだ。

*31 ディエワートとワリアへのインタビュー。まず最初に約四五人、つづいて約四〇人強が入居した。

Right」というスローガンが派手に描かれたテントが野宿者一人に一時的な寝場所として寄贈された。彼らが手本にしたフランスの反貧困団体である「ドン・キホーテの子供たち」は、同様のやり方で〇六年の終わり頃にパリのホームレス問題に対する啓発を行っていた。バンクーバーの赤テント・キャンペーンでは、オリンピック会場のすぐ外の通行の多い場所を選んでテントを立て、観戦に訪れた人々にリーフレットを配った。挙げ句にはカナダ・パビリオンを赤い防水シート製の横断幕で取り囲み、世界一長い横断幕としてギネスブックに登録されることになった。彼らのやり方は法令遵守を旨としていて、その狙いは連邦政府に国レベルでの住宅政策を策定するよう要求することだった。オリンピック・テント村は空間を違法に占拠したもので、国家と対話するのではなく対決することが目的だったのだが、オリンピック・テント村にも赤いテントが寄贈された。[*32]

もう一つ、重要な「対抗的空間」が、アーティスト自身が運営するVIVOメディア・アーツ・センターにも出現した。そこでは「セーフ・アセンブリ・プロジェクト」と称して、「午後の学校」ワークショップ、上映会、美術製作、海賊放送作詞プロジェクトなどが行われた（写真5）。特に重要だったのが、「イブニングニュース」というフォーラムである。アム・ジョハル、セシリー・ニコルソン、ニコラス・ペリンの三人によって企画され、大会期間中一晩おきに行われた。

写真4　オリンピック終了後も抗議行動を展開するテント村（2010年3月2日）
photo: Filip Bondy / Vancouver Media Co-op (http://vancouver.mediacoop.ca.)

イブニングニュースのイベントでは、映像アーティストが抗議行動現場の動画を無加工で流したり、駆け出しのアーティストがオリンピック関連産業やその影響に反応を返したり、活動家や学者がパネルディスカッション形式で特定のテーマについて議論したりした。VIVOでのイベントがこだわったのは、アートが中心的な役割を担うことで反オリンピック抵抗運動のあり方を刷新することであって、カラフルなショーウインドウの飾りのような存在に成り下がることではなかった。VIVOのおかげで、バンクーバーのアーティストと活動家の二つのコミュニティが、政治的で歴史的な因習から離れた中立な場所で、力を結集することができたのである。VIVOの公式スケジュールでも革新的な詩人やアーティストが扱われた。彼らの作品は、何かの答えを提示するというよりは問いを投げかけるような、綺麗に詩をまとめるというよりは投げっ放しのようなものが多かった。

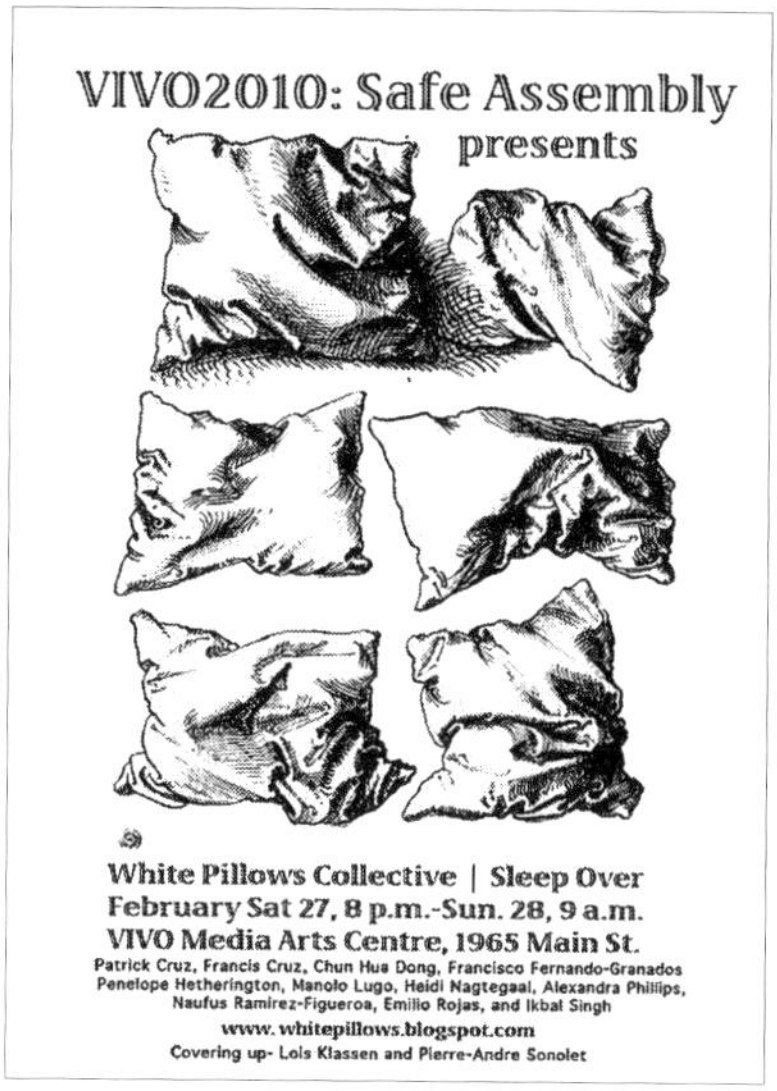

写真5　VIVOメディア・アーツ・センター「セーフ・アセンブリ」のチラシ（http://www.vivomediaarts.com/vivo-2010-safe-assembly-presents/）

イブニングニュース同様、詩の力を利用したのが、「短距離詩作装置 Short-Range Poetic Device」という海賊放送の番組で、詩人活動家のスティーブン・コリスとロジャー・ファーがホストを務めた。この「詩作装置」は、より幅広い詩作と政治と反オリンピック抵抗運動の実践の一部だった。ドナート・マンチーニ、リタ・ウォン、ジェフ・ダークセン、キム・ダフ、ナーヴァ・スモラッシュといった地元の詩人活動家が招かれて、作品朗読や彼らとのディスカッションが行われた。番組は、オリンピック期間中定期的に放送された。[*33] ラジオ局自体は、大会が始まって間もなく、ラジオ、電波、通信の全国基準を統括する政府機関であるカナダ産業省によって閉鎖されてしまった。そのカナダ産業省の調停官たちは、オリンピック関連の服装で着飾っていた。しかし詩人活動家たちは屈することなく、オンラインのストリーミング放送で番組を継続した。

戦術論争

VIVOのイブニングニュース・フォーラムは、運動内の目的と手段に関する不一致を仲裁するうえで、重要な役割を

＊32　アム・ジョハル本人へのインタビュー、二〇一〇年二月五日および八月一七日。
＊33　shortrangepoeticdevice.blogspot.com.

担った。守るべきものは何だったかというと、「戦術の多様性」と呼ばれるアプローチであった。大会前、数々の反オリンピック団体が、これを用いることに合意していたのである。このアプローチは、各団体でスタイルも違えば好みの手法も違うなかで、ある団体が何かの論点に関する闘争を展開している間は、お互いに支援し合うか、少なくとも表立って攻撃し合うようなことをしないという協定によって成り立つ。特定の戦術が最初から排除されることはなく、お互いに対する批判は運動の内部にとどめて、主流メディアに漏らしてはならない。このやり方がもたらすのは、社会運動学者が「過激部隊効果」と呼ぶものである。運動全体にとってよいところは、過激派の存在によって、他の勢力が掲げる急進的な目的や戦術や戦略が比較的穏やかに映り、したがって既存権力構造のなかで受け入れられやすくなることだ。[*34]「戦術の多様性」アプローチはまた、ガンジー的非暴力を支持する勢力と物的な破壊行為も辞さない勢力とが連帯する橋渡しとなりうる。が、ここからひび割れが生じることが、ままあることも否めない。

二・一三ハートアタック・マーチは、「資本主義の動脈を寸断しよう」というかけ声で行われ、シアトル暴動のバンクーバー版ともいうべき様相を呈した（写真6）。武闘派が計画に沿った行進の列を離脱し、新聞販売箱や金属製の椅子を使ってハドソン・ベイ・カンパニーをはじめとする企業のビ

写真6　2.13ハートアタック・マーチにおける「反貧困委員会」の行動（2010年2月13日）
photo: Carlito Pablo

ルのガラス窓を割って歩いたのである。この事件は、運動の内外で戦術や戦略をめぐる激しい論争を巻き起こした。破壊行為を支持する人々は、ハドソン・ベイ・カンパニーがイギリスの植民地主義と歴史的に強く結びついていることをもって、窓を割られて当然だと考えた。つまるところ、カナダ政府が一九世紀にブリティッシュ・コロンビアにおける先住民の権利を消滅させようと企てた際、その片棒を担いだのもハドソン・ベイ・カンパニーだったではないか、と。[*35] それに対して破壊行為に批判的な人々は、こうした戦術は一般大衆を遠ざけ、警察の怒りを買うばかりだと主張した。とりわけ、ブリティッシュ・コロンビア市民的自由協会のデヴィッド・エビーの言葉がメディアで取り上げられ、窓を割った「ちんぴらども」には「吐き気がする」と言ったと報じられた。[*36] 数日後、エビーがイブニングニュース・フォーラムで市民的自由に関するパネルに登壇すると、彼の発言に不満を持つ活動家にパイを投げつけられた。その活動家からすれば、エビーは「戦術の多様性」アプローチを下支えする連帯の精神に反したのである。

　この出来事を受けて、ＶＩＶＯでも活発な論争が交わされた。そこでの議論は激しい熱を帯びたが、ニコルソンによる冷静かつ毅然とした舵取りのおかげで、そのイベントは建設的な方向に進行していった。「我々が創出した対話はハーバーマス的な合理性に基づいた解決には至らなかったかもしれないけれど、深い亀裂が存在した時にも、みんな部屋に残って話し合いを続けたのだ」と、ペリンは言った。[*37] パイ事件の数ヶ月後、エビーは淡々とこう言った。「あれをきっかけに、どうやってよりよい世界を目指すかということに関心を持つ人々が、話し合いを始めたのだ。戦術に関すること、特にブラック・ブロック戦術の是非について、そしてその方向に進むことが、市民的自由の観点からみて、より民主的で、平等で、参加型の文化をカナダに築いていくことになるのかどうかについて、我々は話し合ったのだ」。彼は一つの教訓を得た、と言った。法的なオブザーバーのように第三者的に振る舞うのではなく、同じ一つの論点について闘争中の運動に弁護士としてかかわる当事者として、周りからみられるようにしなければならないのだ、と。[*38]

　ＶＩＶＯのイブニングニュース・フォーラムを通じて、直接行動派の活動家とＮＧＯとの間に以前から存在した緊張関係が表層に現れた。バンクーバーの活動家たちがはっきり示

＊34　Doug McAdam, John McCarthy and Mayer Zald, eds, *Comparative Perspectives on Social Movements*, New York 1996, p. 14.
＊35　Foster and Grove, "Trespassers on the Soil," p. 53.
＊36　Robert Matas, "Olympics Protest's Vandalism Denounced," *Globe and Mail*, 15 February 2010.
＊37　本人へのインタビュー、二〇一〇年八月一八日。
＊38　本人へのインタビュー、二〇一〇年八月六日。

BALACLAVA!

the daily newspaper of the 2010 anti-olympic convergence, a project of the Vancouver Media Co-op

FEBRUARY 14, 2010 • ISSUE FIVE • UNCEDED COAST SALISH TERRITORY

VANCOUVER.MEDIACOOP.CA • 2010.MEDIACOOP.CA

2010 CONVERGENCE VANCOUVER BC

VMC LOCAL INDEPENDENT NEWS vancouver.mediacoop.ca

'Criminal Element' is Vanoc and IOC

ORN says state violence disproportionate to protest damage

by Moira Peters

PHOTO: INSURGENT PHOTO

Alissa Westergard-Thorpe of the ORN

FEB 12 – Police used disproportionate violence in arresting and detaining protesters during this morning's Olympics resistance "Heart Attack" march, said representatives of the Olympics Resistance Network (ORN) at a press conference this afternoon in Pigeon Park in Vancouver's Downtown Eastside.

"We witnessed excessive and disproportionate use of state forces," said Peggy Lee, of ORN's legal committee.

She described hundreds of riot police armed with a diverse array of weapons, including AR-15 assault rifles, shields and batons, forcibly detaining unarmed protesters.

An unconfirmed 13-15 arrests were made, all against peaceful protesters who had not caused property damage, including several protesters who were arrested after the demonstration had dispersed and they were leaving the intersection of Robson and Jervis Streets, according to Lee.

A Vancouver Police Department release today described a "criminal element" that "marched among about 200 legitimate protesters... breaking windows, turning over boxes and clashing with police."

Gord Hill of the Kwakwaka'wakw First Nation agreed that a criminal element had infiltrated the protest.

"I'm glad you brought up the criminal element. The IOC and VANOC is the criminal element, pillaging public coffers, the effects of which we will see long after the Games," with cuts to health care, affordable housing, education and meaningful social services, he said.

"Gangs like the VPD, the RCMP, CSIS and CAF make up some of the 17,000 thugs in our streets."

Hill said he disagreed that police were reacting fairly to the damage done by protesters to buildings and buses in downtown Vancouver.

"Buildings are not made of flesh and tissue. They are made of concrete and steel." Hill said buildings were targeted because they belong to the corporations – The Hudson Bay, The Toronto-Dominion Bank – that do damage to flesh and blood humans.

Alissa Westergard-Thorpe of the ORN said compared to the violence to human beings sponsored by the state of Canada, the demonstration resulted in "minor property damage."

The march today was a "successful disruption of the messaging of the Olympics," according to Westergard-Thorpe.

PHOTO: INSURGENT PHOTO

TARGET: Hudson's Bay Co.

Saturday morning's Corporate Heart Attack witnessed the store fronts of banks and department stores smashed and paint bombed. One target, the Hudson's Bay Company (HBC), represents the colonization of British Columbia directly through it's own involvement in the colonization and genocide of Canada's Indigenous populations. As the oldest corporation in North America, HBC forcefully controlled the fur trade in British-controlled North America and even acted as a colonial government itself in Western Canada.

According to no2010.com, "Under the HBC agent James Douglas' administration, the 1862 Small Pox Epidemic hit, starting in Victoria. It quickly spread throughout the coast, killing an estimated 1 in 3 Indigenous people. Government officials helped spread the epidemic by forcing Natives out of Victoria at gunpoint, knowing full well the impact this would have as these people then returned to their villages, carrying the deadly disease as they went."

Now, as the official department store sponsor of the 2010 Olympics, HBC continues to exploit Native culture by stealing Cowichan sweater designs after refusing the Cowichan tribe's proposal to produce sweaters for HBC's line of Olympic clothing.

EXCERPT from the ORN Solidarity and Unity Statement

Despite our differences in analysis and strategies we believe we have a significant opportunity to come together and voice our opposition to the 2010 Olympic Games, and to find ways to support each other in our complementary efforts to expose this two-week circus and the oppression it represents to many communities and sectors.

This is especially true since police and security forces already have and will continue to surveil, target, infiltrate, repress, and attempt to divide our movement. We realize that we may have many differences in analysis and tactics and such disagreements are healthy. However we believe such debates should remain internal and we should refrain from publicly denouncing or marginalizing one another especially to mainstream media and law enforcement. In particular, we should avoid characterizations such as "bad" or "violent" protestors. We respectfully request that all those in opposition to the 2010 Olympics maintain our collective and unified commitment to social justice and popular mobilization efforts in the face of massive attempts to divide us.

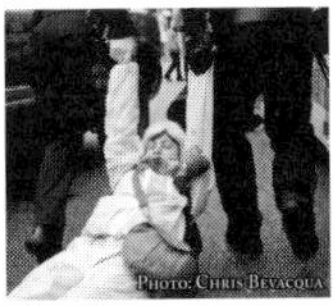

PHOTO: CHRIS BEVACQUA

After the Protests: **Police Behaving Badly**

- Gord Hill of no2010.com gets $115 ticket for cussing (sec. 2(2)(b) "using abusive language" Safe Streets Act)
- Cyclist and known organizer is arrested on E. Hastings for "riding on sidewalk" (he was officially charged with obstruction.) Witnesses say that he stood up for a homeless man hassled by Police in Pigeon Park. *see hilarious video: vancouver.mediacoop.ca/ video/2750*
- Two legal observers ticketed for jaywalking on E. Hastings.

PHOTO: MURRAY BUSH

REPORT FROM THE STREETS with 2010.mediacoop.ca

FOLLOW US! *Go to twitter.com/vanmediacoop and click "receive mobile updates" to receive trusted tweets.*

FLICKR AND YOUTUBE! *Tag your pics and videos #no2010 or #report2010 and they'll show up at 2010.mediacoop.ca.*

INTERNET *Hit up 2010.mediacoop.ca and hit "add report" to update.*

TIPS! *Email us vmc@mediacoop.ca or post to our website. You can also call us and (604) 630-6864 and record audio reports.*

写真７　「バラクラヴァ！」５号（2010年２月14日）
photo: Vancouver Media Co-op (http://vancouver.mediacoop.ca.)

したのは、この緊張関係は二項対立に回収できるものではないということだった。つまり、一方に「伝統的な政党や中央集権的なキャンペーン」があり、他方に「水平的ネットワークによって組織された新しい運動」があるわけではないということだ。[*39] イブニングニュースという安全な空間で核心をついた論点が取り上げられ、一二年ロンドン大会、さらにはそれ以降にもつながる重要な問いの数々が発せられたのである。「戦術の多様性」アプローチは、器物損壊に対するアリバイを社会のほうから与えてしまうことにならないか。それとも直接行動の切れ味を損ない、効果を弱めてしまうのか。傍観している大衆が、白けてしまうのか。それとも一つの旗のもとでの連帯への道を拓くのか。メディアが陳腐な反体制批判へと落ちてしまう口実となってしまうのか。空虚なキャッチフレーズとして硬直化し、かえって活動家の気を散らしてしまうのか。戦術の多様性に焦点を当てたことで、他にも様々な戦略がありうることを検討しなくなってしまっていないか。戦術に関する論争をするのは、闘争を展開している最中がよいのか、それとも事後に行うのがよいのか。極端に男性的な威圧行為、例えばけんか腰にパイを投げつけるようなやり方で亀裂が生じれば、国家につけいる隙を与えるのではないか。例えば、マッチョな潜入捜査官が紛れ込んで扇動者になることもできてしまう。バンクーバーで「マッチョなアナーキストの白人男子」と呼ばれるような輩になりすますのは、比較的簡単なのだから。

サマランチ会長時代以降、テレビ放映権を通じて金銭収入が大海のようにもたらされるようになり、IOCはその上を悠々と漂っているかのようである。これに対抗するメディア戦略のお手本のような事例が、反オリンピック運動のなかから立ち上がった。バンクーバー・メディア・コープ（VMC）である。「オリンピック抵抗ネットワーク」のメディア・コミュニケーション委員会から生まれたVMCは、エンジンをフル回転させた急進的メディア・マシーンそのもので、最新の情報や、政治的意図を込めたアート作品その他の、大手メディアからすれば「印刷に向かない」ニュースを、大衆に向けて配信し続けた。VMCは読者中心の経営モデルを採用していて、収入源は賛同者が支払う毎月五ドルから二〇ドルのチップだった。大会期間中、VMCはオルタナティヴ版のオリンピックを開催して、アメリカの代表的なコミュニティ・メディアである「デモクラシー・ナウ！」に二度取り上げられたほか、「バラクラヴァ！」という現在まで続く大判印刷物を生み出した（写真7）。

しかしVMCを主宰したドーン・ペイリーが指摘したのは、メディア活動家は対抗的メディアの枠内に閉じこもっていて

＊39　Michael Hardt, "Today's Bandung?," *NLR* 14, March–April 2001, pp. 115-6.

はいけないということだ。ペイリーが言うには、大手メディアが現状追認志向でくだらないとしても、そのアジェンダ設定力を無視することはできない。他方でツイッター、フェイスブック、フリッカーといったソーシャルメディアも、夢遊病者のような大手メディアに対する真のオルタナティヴにはなりえない。広く受け入れられた認識として、ソーシャルメディアによって人々が水平的にコンテンツを作り出したり経験を文章化したりすることが可能になったと信じられている。ソーシャルメディアのそうした側面は、抗議行動への参加者数を増やすことにつながりうる。だが、VMCの運営に参加したフランクリン・ロペスは、これらの広告依存のイベント駆動型サービスを「ソーシャルメディア・マフィア」と呼んで批判している。ロペス自身、大会期間中ユーチューブを使用していたのだが、VMCのアカウントにあげた動画の多くがあっという間に削除されてしまったという。「オリンピックの間は、IOCが気に入らないものは何であれ自動的に取り除かれるように設定されているかのようだった」と。[*40] VMCがこうした検閲と戦うには、資源も時間も不足していた。以上の状況をよく踏まえたうえで、バンクーバーの活動家たちがとった方法は、バンクーバー・サン紙をはじめとした新聞各紙に社外論説文を掲載したり、数々の媒体に情報源として登場して発言が取り上げられることだった。こうして、なぜ自分たちが抗議を行っているのかについて、大衆の理解を促したのである。

生き返る抵抗運動

二〇一〇年冬季オリンピックに八〇億ドル以上をつぎ込んでおきながら、行政当局は厳しい財政緊縮措置を行うと発表した。アートへの助成が大幅に削減されたことを受け、ブリティッシュ・コロンビア・アートカウンシルの議長が同年八月に突如として辞任した。バンクーバー教育委員会は一〇／一一年度予算の不足分が一八〇〇万ドルに上るとし、音楽の授業が削られ、何百人もの教師に解雇通知が手渡された。怪我人に侮辱を加えるかのように、州政府の「二〇一〇スポーツ&アート・レガシー・ファンド」から助成を受けるための条件がつけられた。ポジティヴなオリンピック・レガシーをでっちあげるために企画された「スピリット・フェスティバル」への参加が義務づけられたのだ。[*41] 新しく整備された中心市街地とリッチモンドや空港をつなぐ鉄道サービスはバンクーバー市民が待望したものではあったが、それと引き換えに巨額の負債も抱え込むことになった。活動家のアム・ジョハルが言ったように、「オリンピックというのは、企業特権を公的資金で買い取っているも同然」なのである。[*42] さらに市は、まだオリンピック・ビレッジが半分もできていないうちに財政破綻したディベロッパーを救済するために、貸付保証まで行った。オリンピックに投じられる費用を正確に把握しようとしても、毎度毎度困難にぶつかる羽目になった。いくつもの官民連携のスキームがパッチワークのように入り組んでいて、どう考えても監査が必要なはずなのだが、ブリティッシュ・コロンビア州レベルでも国レベルでも会計監査院がVANOCの帳簿にアクセスすることはできなかった。

政府はまた、大事な約束を反故にした。表向きの理由は、財政危機だという。反故にされたのは、フォールス・クリーク沿いに作られたオリンピック・ビレッジの敷地内の広大な一帯を、社会住宅に転用するという約束だった。この選手村が設えられた区画は、社会的持続性に関する公約の目玉だったはずなのだが、市が優先したのは市場を通じて賃貸に出すことだった。[*43]オリンピック・ビレッジの建物は「アルミニウムをまとった空間的不正義の象徴」と呼ばれるようになった。

それが象徴しているのは、このウォーターフロントのエリート層による占有化が長い時間をかけて進められてきたという事実である。その過程で、労働者階級がその土地に刻んできた歴史は深い泥の底へと葬られてしまった。そして、再開発によって変貌を遂げたウォーターフロントが、再び街の未来を形作るという希望的観測のもと、土地投機の対象となったのだ。[*44]

二〇一〇年五月一五日、活動家たちは、政府が態度を豹変させたことに対する不満が広がるのを受けて、ポスト・オリンピック抗議行動「フォールス・クリークのフォールス・プロミス（偽りの約束）」を行った。抗議行動の参加者は、例のコンドミニアムがまさに分譲開始されようというその日に、その現場に集まって一日中販売を妨害した。「ヴァン・アクト！」のような団体の反体制派市民は、一連の反オリンピック闘争を通じて過激化していたのだが、「正義の流れ」、「女性の力グループ」、「全市住宅連合 Citywide Housing Coalition」、「コミュニティへのインパクト連合」などの各団体所属の活動家も彼らに合流した。繰り返すが、これは単一の運動が生起したということではない。ディエワートが言うように、それは「共闘によって生まれた連帯感や友情とでもいうべきもので、どこかの団体が旗を上げれば他の団体もそれに呼応し

*40 本人へのインタビュー、二〇一〇年八月一八日。

*41 Peter Birnie and Tiffany Crawford, "'Discouraged' Chairwoman Quits Over Lack of Provincial Support," *Vancouver Sun*, 19 August 2010; "School Board Riled Over Budget Review," *CBC*, 14 April 2010; Rod Mickleburgh, "BC Arts Groups Blast Funding Cuts," *Globe and Mail*, 12 July 2010.

*42 本人へのインタビュー、二〇一〇年二月五日。

*43 "Olympic Village Social Housing Units Still Empty," *CBC*, 13 August 2010.

*44 Jeff Derksen, "Art and Cities during Mega-Events," *Camera Austria* 111, September 2010, pp. 60-1.

て集まる」のである。

反オリンピック運動によって、活動家たちは新たな活力を得た。ディエワートは次のように言う。オリンピック・テント村のような行動を通じて「信頼感が深まった」ことによって、「抵抗運動のコミュニティの結束が強固なものになり」、「人々の集合知の価値をより深く理解するようになった」のだ、と。オリンピックは間違いなく、長年バンクーバーで活動してきた古参の活動家を元気づけたといってよい。と同時に、よりエネルギーのある若い世代が抗議行動に加わることで、部隊の顔ぶれをリフレッシュすることにもなった。こうした若い参加者にとって、オリンピックという一生に一度の機会があったことが、「通常の」政治状況では越えられない一線を飛び越える助けになった。フランクリン・ロペスは言う。「今バンクーバーにいられるのは、本当に特別なことなんだ」と。詩人活動家のレグ・ヨハンソンが同調する。「もし反オリンピックの集まりが目指したのがもっとたくさんの人をアクティヴィズムに巻き込むことだったとすれば、まさにそのことが起こったのだ」と。詩人メルセデス・エングが付け加える。「本当に、本当に、本当に、楽しかったよ！」と。さて、次なるお楽しみは、ロンドンの二〇一二年夏季大会である。

祝賀資本主義に対抗する市民の力

鈴木直文

本論文は、二〇一〇年冬季オリンピック・バンクーバー大会における反オリンピック市民運動の様子を詳細にレポートしたものである。著者ジュールズ・ボイコフの筆致は軽妙で、皮肉たっぷりの豊富なレトリックで彩られる。オリンピックの構造的不正義を辛辣に糾弾しながらも、散りばめられたユーモアがそれに抗する市民の力への希望も抱かせてくれる。内容もさることながらそうした原文の雰囲気が少しでも伝わればと願ったが、訳者の力不足をお赦しいただきたい。ともあれ二〇二〇年東京大会を四年後に控え、我々はボイコフの論考から何を学ぶことができるだろうか。

　ボイコフはアメリカの政治学者・社会学者で、社会運動とメディア研究を専門としている。元プロサッカー選手で、詩人でもある。二〇一三年に *Celebration Capitalism and the Olympic Games* という単著を上梓し[*1]、その後もオリンピックに関する批判的な著作を立て続けに発表している。彼の提起する celebration capitalism（本書では祝賀資本主義と訳した）の概念は、本論文の位置づけを理解するうえでも二〇二〇年東京大会をウオッチするうえでも重要なので、はじめに少し詳しく紹介しておこう[*2]。

　祝賀資本主義という用語はボイコフ独自のもので、ナオミ・クラインの惨事便乗型資本主義（disaster capitalism）から着想したという[*3]。クラインの惨事便乗型資本主義は、自然災害・武力紛争・財政危機などの惨事が起きたとき、それにともなう制度の空白を衝いて新自由主義的な競争原理優位の社会制度が一気に導入されることを指している。これに対してボイコフが祝賀資本主義と呼んでいるのは、オリンピックという世界最大の祭典にともなう祝賀的雰囲気に乗じて、公共の巨大な支出に支えられて民間企業が独占的に資本蓄積を一気に進める仕組みである。この祝賀資本主義は莫大な負債を開催都市に残し財政危機を呼び込むので、惨事便乗型資本主義と共犯関係にあることになる。

　祝賀資本主義は六つの教義によって成り立つ。第一に、祝賀的雰囲気と絶対的な期限の存在によって、統治機構が超法規的措置を乱用する例外状態が作り出される。第二に、過大な経済効果予測と過少な開催費用の見積もりをもとに招致が勝ち取られるが、開催準備に入ると費用が際限なく膨張し、これを公的資金によって賄うことになる。公共が民間のリスクを負担する官民連携型のプロジェクトが乱立し、これによって利益を得るのは民間ディベロッパーである。一方オリンピック関連消費のほとんどは、ＩＯＣとグローバル・スポンサーが持ち逃げしてしまう。したがってオリンピックが都市経済を成長させることはなく、負債返済のための増税と緊縮財政によって市民が長く苦しめられることになる。第三に、高度なマーケティング手法によって祝祭が演出され、数々の事前イベントが大衆を熱狂させていく。第四に、テロ対策と称して厳重な警備体制が敷かれる。グローバルなセキュリティ産業が利益を得る一方で、野宿者の排除をはじめとした都市空間の浄化が進む。反オリンピックの言論への統制も強化される。第五に、持続可能性への貢献が謳われ、環境や先住民などの社会参加に配慮した取り組みが多数行われる。これが内実をともなわないまま、オリンピックの搾取的構造の隠れ蓑になる。第六に、マスメディアを通じて政治経済的なスペクタクルが作り出される。スペクタクルとは観るものと演じるものの分断によって成り立つ。つまり、大衆の目の届かないところでオリンピックの「大成功」が意図的に演出されていくのである。

　ボイコフは一九三二年夏季ロサンゼルス大会まで遡り、祝賀資本主義の六教義が徐々に形を現して二〇一二年夏季ロンドン大会に完成をみるまでの歴史的過程を分析している。祝賀資本主義が進展する過程の中心には、ＩＯＣという非営利組織が鎮座している。本論文でも、ＩＯＣの金満体質へのボイコフの批判は手厳しい。しかし筆者が戦慄するのはむしろ、祝賀資本主義が特定の個人や企業の悪意に駆動されているのではないようにみえることだ。つまり、資本自体の自己増殖への欲求の凄まじさを感じざるをえないのだ。

　そんな抗いがたい資本の増殖運動への対抗手段として、ボイコフは市民運動に希望を見いだす。事実、本論文が題材とするバンクーバー大会では、市民側が祝賀資本主義にやられっぱなしでは終わらなかった。市民の声によって当局による抑圧的な政策のいくつかを、押し返すことができたからである。アーティストに対する表現規制や過度な武装による威圧行為を市民の抵抗によって軟化させるくだりには、爽快感を覚える。民主主義が健全に機能すれば権力の暴走にブレーキをかけることが可能だということを、バンクーバーの経験が教えてくれている。ではそれは、どのようにして可能になったのか。ボイコフは、市民運動の内側に入り込んだ詳細な調査によってこれを明らかにしている。

　バンクーバーにおける反オリンピック運動の最大の特徴は、目的や手法を異にする多種多様な団体が「反オリンピック」という一点において共闘する体制を築くことができたという点だろう。「戦術の多様性」アプローチと呼ばれるこの体制では、破壊行動も辞さないラディカルも、あくまで法の枠組みをはみ出さず非暴力を貫く穏健派も、お互いのやり方を認めあわなければならない。前提となるのは、ゆるやかな連帯である。一つの統一的な運動というよりは、たくさんの独立した運動がお互いを認めあいながら連携しあうというところがポイントである。オリンピックに対して反対の声をあげるに当たって、オリンピックのどの側面を問題視するのかは各団体で異なるし、それぞれの求める成果も異なるだろう。しかしオリンピックに異議を唱えるという一点で、共闘することができるはずだ。そうしなければ、祝賀資本主義という圧倒的な構造的暴力に抗うことは難しいだろう。

　そうしたゆるやかな連帯を可能にするのは、主義主張を異にする団体間の対話の場を確保することである。バンクーバーでは、オリンピック・テント村のなかで行われた日々のミーティングや、VIVOメディア・アーツ・センターでのイブニングニュース・フォーラムがそうした対話の空間になった。特にテント村のエピソードは印象的だ。富裕層向けのコンドミニアムの建設予定地で、しかもオリンピック開催中の駐車場になるはずだった場所が、野宿者の住む場所を求める運動の野営地になったのだ。大会期間にわたって続けられたこの占拠行動は、オリンピックに異議を唱える各団体が外界から物理的に遮断された空間を共有し、テント村というひとつのプロジェクトを維持するという共通の成功体験の場になった。SNSですら検閲の対象になる状況にあって、物理的に顔を突き合わせて対話をし経験を共有することは大きな意味を持ったはずだ。ここで築かれた信頼関係がオリンピック後にも維持されたという事実は、注目に値する。もち

＊1　Jules Boykoff, *Celebration Capitalism and the Olympic Games*, Routledge, 2013.

＊2　より詳しい紹介は、鈴木直文「図書紹介：Jules Boykoff著『Celebration Capitalism and the Olympic Games』」『一橋スポーツ研究』第三四巻、二〇一五年一二月、六〇－七〇頁を参照。

＊3　ナオミ・クライン『ショック・ドクトリン〈上・下〉――惨事便乗型資本主義の正体を暴く』幾島幸子・村上由見子訳、岩波書店、二〇一一年。

ろん結果として八五人の野宿者が公共住宅への入居を勝ち取ったという成果も、見逃してはならない。

もちろん対話と共通体験が、無条件に一枚岩の協力関係を約束するわけではない。イブニングニュースでの「パイ投げ事件」が、その難しさを象徴している。ラディカルによる破壊行為に異議を唱えた穏健派の指導者デヴィッド・エビーが、パイを投げつけられたのである。破壊行為がエビーの主義にたとえ反するとしても、主流メディアの前でそれに嫌悪感を表明することは「戦術の多様性」を約束した以上ご法度である。バンクーバーの市民運動の強さは、この事件を建設的な討議へとつなげたことである。対話を継続することができれば、意見の食い違いは相互理解を深めるきっかけにもなるのだ。

他方、市民運動にとって団体間の連帯だけでなく大衆を味方につけることも重要である。イブニングニュースでの討議は、その観点からも「戦術の多様性」アプローチの是非を問い直すことに向けられた。ラディカルの存在を許容することは、「戦術の多様性」アプローチのポイントのひとつといわれる。ラディカルとの相対的な評価で他の団体の主張が穏健にみえるため、運動全体としてより多くを勝ち取る可能性を高めるというのがその理由だ。しかし運動が過激化しすぎれば、大衆の心は離れてしまう。VMCのような対抗的メディアも、同様のリスクを負っている。主張を同じくするコミュニティ内で盛り上がれば、一時の満足感は得られる。だが大衆を味方につけたければ、主流メディアのアジェンダ設定力を利用することも必要になる。運動がある程度先鋭化することが避けがたいなかで、何に反対を表明しているのか、その背景を大衆に理解してもらわなければならない。そのためには、冷静なメディア戦略が要請される。

バンクーバーの市民運動がゆるやかな連帯を形成し長期間にわたって運動を維持することに成功した背景として、先住民の活動家の存在を忘れてはならないだろう。「盗まれた先住民の土地でオリンピックをするな」というのは、これ以上なくパワフルなメッセージだ。高齢の先住民活動家の獄死、テント村内に灯された聖なる炎、先住民女性グループへの信頼感に根ざしたネットワーク型リーダーシップの形成など、印象的なエピソードが並ぶ。帝国主義者に土地と尊厳を奪われた先住民たち。彼らの存在が反対運動の内部の連帯にも、大衆を味方につけるのにも、大きな影響力があったことは想像に難くない。このようなより大きなストーリーの中にオリンピック反対運動を位置づけられるかどうかも、運動の成否を分けるかもしれない。

最後に、見逃さないようにしたいのが、バンクーバーの活動家たちがこれらのプロセスを楽しんでいる様子である。メルセデス・エングの最後の一言を待つまでもなく、ボイコフの描写の端々から愉快な雰囲気が伝わってくる。中距離音響装置をもじった海賊放送「短距離詩作装置」、「資本主義の動脈を寸断しよう」というかけ声で行われた「ハートアタック・マーチ」など、随所に洒落が効いている。怒りや正義感から立ち上がった運動であるとしても、彼らのようなユーモアの感覚を持ち続けたいものである。

バンクーバーの活動家は開催決定前の二〇〇二年から動き始めていたというから、二〇二〇年にむけて声をあげるなら悠長に構えてはいられない。バンクーバーで生まれた運動が二年後のロンドンに引き継がれたように、東京も開催都市をまたいだ連帯を形成していくべきだろう。目前に迫った二〇一六年リオデジャネイロ大会も、その先の二〇一八年平昌大会も、他人事ではない。そして、「東京にも最高に愉快な運動があったんだよ」と、後の同志たちに語りたいものである。

ありがとう、でももう結構

――オリンピック協約の贈与と負債

フィル・コーエン／小美濃 彰・友常 勉 訳

「ありがとう、ロンドン」。オリンピック開催地選考でのロンドンの勝利が発表された瞬間、組織委員たちが発したのはその言葉だった。彼らはロンドンの勝利を祝福したＩＯＣ（国際オリンピック委員会）に対してではなく、開催地住民に対して謝辞を送ったのである。招致プロジェクトに関する住民の支援を得るために多くの時間と資金が注がれ、宣伝に労力が費やされてきた。開催地発表直後、ロンドンの祝賀ムードの興奮のなかで（これは翌日の爆弾テロによって無残にも打ち切られたが）、招致委員が最初に意図したのは、オリンピック招致という機会を与えてくれた人々に対して、感謝という負債を表明することであった。

オリンピック開催都市への立候補において鍵となる基準の一つが、有識者会議、投票、報道内容などで測られる住民の支持率であり、これに応じて、例の「ありがとう、ロンドン」という発言がなされた。この発言は、ある種の法的拘束力を持つ住民投票のような効力を持っており、それがなければオリンピック招致は強力なトップダウン方式の指令や統治戦略になりかねなかった。しかし実際のところ、誰が選考をくぐり抜けたのか、そして感謝されるべきは誰だったのだろうか。明らかにそれは、世論を巧みに形成し、ロンドン市民にオリンピックを売り込んでいった広報担当者であった。しかし、ロンドン市民への感謝が次のようなことを含意している場合、つまり、招致委員と住民とのあいだに相互の負債という関係に基づくある種の契約が存在し、オリンピックを通じてこの均衡の取れた互酬関係の原則が結ばれたのだということを意味しているかぎり、こうした感謝の言葉は相手への特別な返礼を含んでいる。そのときに二〇一二年大会の首脳陣がそうでありたいと信じていたものは、実態とはまったく異なっていた。実際はどうであったのかというと、LOCOG（ロンドン・オリンピック・パラリンピック組織委員会）とODA（オリンピック会場建設委員会）は、企業、地域組織、それから多少なりとも彼らと顧客の関係を有していた諸団体からの奉仕や献身を得るために資金を放出していた。こうした背景とは裏腹に、招致競争への住民の支援に対する感謝を述べるにあたって、二〇一二年に向かって共同で進められていくオリンピックという事業においては、オリンピックへのさらなる支援に住民を巻き込んでいくだけでなく、実際の両者の関係はともかく、組織委員も住民も対等なパートナーであると、ともに信じ込むという盟約を結ぶことが、利益として期待されていたのである。このことは、単なるポピュリスト的な振る舞いというよりも多くのことを含んでいる。

　ここで、社会性の原初的な構造とそれが政治的に収奪されるプロセスについて検討してみよう。もしも昼食でたまたま相席したまったく初対面の人物が、（「塩をとっていただけますか」の意味で）塩を取ってくださってありがとうと声をかけてきた場合、習慣的に「どういたしまして」、「なんてことないです」あるいは「お気になさらず」などと返答する。しかしこのささやかな儀礼は、ある種の深層構造に触れている。デヴィッド・グレーバーが指摘しているように、誰かに対して感謝することには、私たちが「贈与」と呼ぶところのもの、すなわち相手が他の行動を取りえたにもかかわらず、一つの選択あるいは決定をしたことで、恩義あるいは負債がつくりだされるという含意がある。[*1] ただし、ロンドン市民の一部は、LOCOGの感謝を拒絶し、オリンピック招致に反対した。

　しかしながら、塩を回してくれるよう頼まれたときにもし無視したり断ったりした場合には、社交儀礼の原則的な規則を破ることになるし、後味の悪い思いをすることになるだろう。例えば、伝統的な親族社会では、パンを分けあったり塩

＊1　ここでの議論は多くのことをデヴィッド・グレーバーに負っていることをここで述べておきたい。とくに、*Towards an Anthropological Theory of Value* (Palgrave Macmillan, US 2001) と *Debt – the first 5000 years* (Melville House Publishing, 2011) を参照されたい。グレーバーはなかでも、彼が「ベースラインコミュニズム baseline communism」と呼んだ、資本主義社会に存在している日常的な相互扶助文化に向かって民族誌学研究の新たな領域を切り開き、我々がここで行おうとしている調査に必要な概念的道具をいくつか供給している。贈与交換の並行分析で興味深いものとして、そして贈与交換と条件的な利他主義との関係について心理分析的な視点を持つものとして、A・フィリップスとB・テイラーの *On Kindness* (Hamish Hamilton, 2009) が参考になる。

を共有したりすれば決して敵とは見なされない、というルールが存在している。それゆえ、食事で同席している人に塩を回したとき、それに対する相手の謝辞に、「お気になさらず」あるいは「どういたしまして」と返礼するのは、心のなかの道徳の通帳にツケを記録などしていないと、相手を安心させる行為になる。むしろ塩を取ってくれと彼らが頼んだことで、あなたは喜びと見返りをほのめかしている。すなわちすばらしいテーブルマナーを身に付けていることを示すような会食あるいは機会を提供してくれたのは彼らであると。善行はもう一つの善行に値する、ということわざがある。ひとは善行を施すとき、次のようには考えない。「ふん、やつに塩を回してやるさ。それは見返りがあるはずだから。やつの隣にある砂糖が必要になったらこっちに回してくれるはずだからな」。いいかえれば、塩という「贈与」は砂糖という互酬的な「贈与」の条件とはならない。あなたは、たとえ料理にふりかけるスパイスを取ってほしいという相手の切実な願いを拒絶するような無礼をあなたがしでかした場合でも、食事のパートナーはあなたに砂糖を回してくれるはずであり、あなた自身と同じようにこの暗黙の社交儀礼の法や礼節に拘束されていると思い込んでいる。しかし、このような対照性をもった歓待には限界がある。いずれの当事者も、感謝の意がどれだけであろうと、相手の食事代まで支払おうとは思わない。

次に厄介な食事の席を想定しよう。見返りなしには何もせず、必ず個人的な損失や利得の計算によって動き、自身の利益に基づいていつも合理的な選択を行うような場合である。いいかえれば、資本主義的企業のように、一部の経済学者が想定しているように、私たちはすべて「ホモ・エコノミクス」というモデルに従って行動する、という振る舞いである。そこで塩を回すのは、次に砂糖が必要になるのが分かっていて、そのために塩を回すのが最も早くて楽な手段だと考えるからである。この立場においては、初めの自発的な善行にはあらゆる付帯条件が張りめぐらされ、参加者たちは相互に負債という暗黙の計算に巻き込まれていることが判明する。「私は君に借りがある」、「いや、君は私には何の借りもないよ、実際に君に借りがあるのは私のほうだ」等々。ああ言えばこう言うといった具合になる。得た分だけの善を与えよ。贈与と返礼。君が私の背中を掻いてくれるなら、私は君の背中を掻くよ。

さて、ここでは可能的にまったく異なる二つの論理が存在している。一つは文化人類学者のマルセル・モースが「個人的コミュニズム」と呼んだ贈与経済である。それは日常の親密な相互関係の様式に属している。これによって人々は互いに折り合いをつけ、同じ企てに協働して取り組み、他者に負い目を感ずることなく、無制限の寛容さをもって振る舞うことが可能となる。[*2] 他者への善行はただその喜びのため、あるいは贈与する側の快のためになされるのであり、感謝せねばならないのは与える側である。そこには対等な者同士の相互的な贈与関係があり、これが双方に負債を生じさせて友好や協約を固める。この種のモラル・エコノミーにおいては、常に一つの善行が別の善行に値する。もう一つは、より競争的な贈与戦略である。そこにおいて贈与は他の者を出し抜く一つの方法か、贈与を行う者が受益者に対する力を行使するために、相手に借りや恩義を負わせることを目的としている。この場合のモラル・エコノミーは、様々な富や特権に基づいた社会的な不平等関係を実現し、それを正当化する。

招致委員が「ありがとう、ロンドン」と発したときは、どちらの論理が働いていたのだろうか。ロンドン市民に対し、実際、「招致競争での勝利のために私たちのためにしてくれたことを記憶し、ロンドンに恩恵をもたらすという約束を果たすことで、あなたたちの誠実さに報いたい」と言おうとしていたのか。それとも、暗黙のうちにまったく異なった作法を引き出していたのか。すなわちロンドン市民に次のように返礼させることである。「いや、どうかいわせてください。あなた方に感謝すべきなのは私たちであって、私たちに健康と富、そして賢慮をもたらすオリンピックという素晴らしい贈与を私たちのこの偉大な街にもたらしてくださったご恩は、あなた方のこれからの活動を今後とも熱心に支援することで返していきたいと思います」。

この問いの答えを決めかねるのは、実のところ両方の論理が使用されているからである。しかし、それだけではまだ話は終わらない。「ありがとう」という言葉それぞれに対して「お願いします《プリーズ》」という言葉が対応している。子どもの頃に「マナー」を教わったとき、何かを求めるときには「プリーズ」という言葉を添えるようにいいつけられた。これは、そうでもしないかぎり、「塩を取れ」といった命令になってしまうような事柄を相手に伝えるための一つの手段なのである。子どものような従属的な存在は、大人など目上の者に対しては命令を下すべきではないとされている。労働者も慣習としては雇用主に対して経営方法や、どのように労働過程を最適化するかということについて口を挟まないことになっている。しかし、「恐れながらお願いいたします」とか、「非常にあり

＊2　マルセル・モース『贈与論　他二篇』森山工訳、岩波書店、二〇一四年を参照。グレーバーによれば、モースの贈与モデルは一般的な交換理論に誤って同化されている——例としてクロード・レヴィ＝ストロース「マルセル・モースの業績解題」清水昭俊・菅野盾樹訳、アルク誌編『マルセル・モースの世界』みすず書房、一九七四年所収。異なった視点としてグレーバーが依拠しているのはフランスのMAUSSグループの業績であり、たとえばアラン・カイエの“Marcel Mauss and the Gift Paradigm” (*Sociologie et Société*, Vol. 36 No. 2, 2004所収)、あるいはマルセル・フルニエによる*Marcel Mauss, a biography* (Princeton University Press, Princeton NJ 2001) がある。

がたく思っています」というように解釈されるような要求は、発話者を恩義の受け手として位置づけ、当局から望ましい返答を引き出すための適切な敬語表現なのである。私たちはかなり早い段階で、マーズバー（マーズ社のヌガー入りスナックバー）が欲しくてたまらなくなったときに、ただ「くれ」と言うより、「もしくれたら本当に嬉しいのだけど」と言ったほうが、希望どおりの結果を得られやすいということを学んでいる。子どもや貧しい大人に喜びを与えることに対して、あえて抵抗するような人がいるだろうか。とりわけ、その依願が、要求の受け手にとって、気前良さを示すことができ、またそれと同時に寛容や慈善への称賛に結びつくという喜びにつながる場合はどうだろうか。[*3]

　二〇一二年大会スポンサーはキャドバリー（イギリスの菓子・飲料メーカー）であった。とはいえすべての人がマーズバーやオリンピックを自分にとってありがたいことだと考えているわけではない。莫大な資金が、これが本当に必要なのだと人々に訴えるために注がれたというのが実情である。「コミュニカティブ・プランニング（対話的合理性）」の時代においては、大規模なプロジェクトが立ち上げられるときに公衆に聴聞するのが通常の手立てで、「プリーズ」や「サンキュー」という言葉がいくつも飛び交う。土地デベロッパーや開発計画の当局は、地域再生を望んでいるコミュニティに対して、いま提示されている計画がコミュニティにとって最良であり、またそれは幅広く開かれた協議会で練り上げられたものであるから、必ず多大な利益をもたらすからと、腰を低くして迫り、嘆願する。もちろんそういったコミュニティからの承認はいつも必要というわけではなく、デベロッパーはコミュニティに対する親切心として手間をかけているのであり、説明を受ける側はそれに感謝し、見返りとして計画に調印すべきだということなのである。決定を下すのが、人々によって選出された代表者ではなくてプランナーたちであることや、大きな反対があったときに最終的に調整に乗り出すのが国家であるならば、現地コミュニティの同意は大きな問題ではないのだ。[*4]その協議のプロセスは、好意の交換に基づいた協約によって公衆の要望に先行するように仕向けられ、計画の有効性に関する合意を生む条件を作りだす一方、実際の交渉や実質的な歩み寄りをすべて不要にしてしまうである。[*5]

　さらに残酷な話だが、ビジネスを遂行するためのこうした手間を軽減させる方法がある。コー男爵（金メダリスト、国際陸上競技連盟会長、国際オリンピック委員会調整委員）が中国の役人に対して、オリンピック・パークの計画が承諾されるまでにくぐり抜けねばならない協議上の規制を説明したとき、中国の役人はショックを受けたものだ。彼が、建物を壊すにあたって同意が取れなかった場合にどうするのかと聞くので、コー男爵は強制収用法について話した。するとその役人は、「なんと。中国ではそんな手段はいらない。話し合いに時間を浪費する必要はない」といった。さらにこう言い添えた。「我々にはブルドーザーがある」[*6]。共産主義をめざす諸政党が決して理解せず、また抑圧しようと全力をかけてきたのは、相互扶助の文化から生じる集団的な行為である。デヴィッド・グレーバーは、しかし、多少冗談めかしてこれこそが実在のコミュニズムだと呼んでいる。

これらの事例は、贈与にはしばしば隠された付帯条件が張りめぐらされており、複数の経済やイデオロギーが働いているため、それらは非常に複雑に絡み合っていることを示している。その一例として、まさにオリンピック・スピリットの体現であり二〇一二年の偉大な成功物語であるヴォランティアについて考えよう。ヴォランタリズムは私的な慈善行為の公的な形式であり、慈善活動と同じように、真正の寛大さという要素に競争的な贈与交換が結びついている。ある水準では、キリスト教神学が定義しているチャリティー〔慈善〕あるいはカリタス〔神への愛、兄弟愛〕は無償の、匿名であることが好ましい施しであり、神から人へ、人から神への相互的な献身をモデルとした相利共生の一形式であり、共同体内で善を遂行する実践的な共感《コンパッション》の形式を意味する。とはいえ仮に、徳に対する固有の報酬を想定するのであれば、宗教的には救済がそれにあたる。慈善行為とは、宗教と同様に、来世のために徳を積み、神への負債を引き受け、その報いに天国に入ることを確実にする一つの方法である。これは極めて競争的になりうる。慈善家たちは、善行や寛容さを誇示する建造物の華々しさでいかに他人を出し抜けるかということを気にかけながら、互いに張り合っていくことになる。私的な慈善行為もまた、貧者に施される小金という、わずかな富の再分配によって大きな富を蓄えることの正当化の手段である。そこでは、貧者たちから収奪されたものが、提供者の富と受

＊3　今日、こういった話にはさらなるねじれが存在している。何名かの親が自分たちの子どもに好かれようと必死になるあまり、往々にしてはかないものであるような、子どもが学校で好成績を収めたり、動物や祖父母にやさしくしてくれたりすることで恩返しをするほどの十分な恩義を感じるはずだという願いを持ってプレゼントに多額の金を費やしてしまう——そして一般的には甘やかされて育った子どもの振る舞いへと、親たちの「寛容さ」が子どもたちを変えてしまうのである。同様な傾向で政治家も、たとえ打算的で表面的なものだろうと、有権者から好まれたがる。オリンピックはこれと同じように風で偶然落ちてきた果物、あるいは寛大さの賜物として提示されるのである。

＊4　キャメロン首相が導入した都市計画の関連法のもとでは、公衆による計画要請や地方行政によってではなく、主要なインフラ整備事業は政府によって決定される。

＊5　この論点についてのさらなる議論としてJ・フォレスターの *Planning in the Face of Power* (University of California, Berkeley 1989) を参照。

＊6　S. Coe, *Running My Life*, Hodder&Stoughton, 2012, p. 231.

け手の富者への依存を作り出しているのである。さらに、貧者の側は施しに対して感謝すべきものとされ、しかも感謝する者のみが施しを受けるに値すると考えられている。プリーズとかサンキューと返礼することを学んでいない、報いを受けるに値しない貧者には何も与えられない。つまり、施すということは、恭敬の意思を形式的な儀礼によって表現することを要求し、強制するだけでなく、贈与の受け手をさらに貧しくする象徴的な負債の論理を強化するのである。

ヴォランタリズムは慈善活動の公的な形式であり、これもまたヤヌスの顔〔二つの顔〕を持っている。ヴォランタリズムは相互扶助の文化の本来的な表現として、収奪や拝金主義を土台としないポリティカル・エコノミーの関係を望んでいるヴォランティア当事者の希望を引きつける。ヴォランティアは、その定義からいえば、彼らの努力に見合った物質的な利得は期待しない。たとえそうするものがいるとしても、それが何らかの象徴としての報酬を受け取らないということではない。ヴォランティアが行う努力は公的な感謝をもたらすし、また明らかにそれに値しよう。しかし、それはこの話の一面でしかない。二〇一二年のロンドン・オリンピックにおいてゲームメーカーになることは、快感を得るだけでなく、仲間内での特別な地位をもたらすことになる。選ばれること自体がある種の賞与であり、善良で忠実な市民の証であり、さらにそれは公的な名声を高める。履歴書の見映えも良くなる。失業者は雇用主への自己アピールになり、就職の助けになるかもしれない。要するに、将来的に対価が支払われることへの希望や期待がいくらかはあるのだ。カリタスから利を得るためには、不況の時代には、ヴォランティアのゲームという名目を必要とするということである。若者たちが、インターンシップにおいて、推薦状をもらうこととのバーターで、無償で、ときには数年にわたって労働し、就職のためのハシゴの一段目に足をかけるという期待をもって繰り広げた競争をみてみればいい。

二〇一二年のオリンピック大会で、ヴォランタリズムは様々なイデオロギー上の策略の中に巻き込まれざるをえなかった。ゲームメーカーたちは自分たちが、ＬＯＣＯＧによって煽られた大衆的愛国主義に暗黙のうちに関与していることを自覚していた。ＬＯＣＯＧはヴォランティアを戦後国家事業のエートスの復活へと投げ込んだのである。君たちは国家に忠誠を尽くすべきだ。ロンドン・オリンピックは君を必要としている。二〇一二年が一九四〇年と異なるのは、多くの人々が莫大なものをわずかな人々に負っているわけではないということである。ヴォランティアは、デヴィッド・キャメロンの大きな社会というヴィジョンのもとへ否応なく集められたのだと自覚していた。それは隠れ社会主義者や至れり尽くせりの福祉国家のフロンティアがひとたび後退してしまった後に、普通の人々に何ができるかということの試みであった。[*7] それは政府がそうした若者たちの肩にイメージと物語からなる表象の遺産を負担させようとすることであった。政府のギブ・アンド・テイクの考えは、市民に対して、緊縮財政でひどいダメージを受けた市民社会の骨組みを回復するために、多くの時間と金、エネルギーを費やすように勧めることであった。しかしながら私の考えでは、閉会式でヴォランティアたちに送られたスタンディング・オベーションは、トーリー党のパターナリズムに対する信頼の表明ではなかった。むしろ、ゲームメーカーたちが、公共サービスの精神を本気で表明するようになったことの証である。それは財政カットで破壊されたり、そのアリバイづくりに利用されたりするはずのものではなかった。

　最後の例として、贈与と負債の緻密な弁証法と野蛮な思想の反 - 事実的な事態を推定してみよう。もしロンドン・オリンピックの招致が失敗していたらどうなっていただろうか。そのとき招致委員はこう言っただろうか。「すまない、ロンドン。私たちはへまをして、ロンドンの権威を失墜させた。だが我々のことを忘れないにしても、許してはもらえると思う」。こうした謝罪の言葉は、贈与によって生み出された債務を償却し、施しや善行の循環を断ち切る試みであり、それと同時に、片方が約束を履行しなかったにもかかわらず、協約を正当化する行為でもある。それは権力の地位にあるものが臣民に対して次のように言う弁解のための交渉の一形式である。「あまり厳しい評価は下さず、どれだけ我々が自己卑下して君たちに頼んでいるのかをみてほしい。君たちの寛容に感謝している。そしてどうか、我々への信用を失わないでほしい。次はもっとうまくやるつもりだから」[*8]。

　当然、目には目をという相互応酬的な姿勢を続ける以上は、拳をくらわせるよりも言葉を交わし、親切に応え、自分が得ただけの善を与えるほうがいい。いかなる場合でも、パーティを台なしにするものやマナーを知らないもの、そして互酬関係の釣り合いを乱すものは必ずいるものだ。たとえば、

*7　J・マッカイとM・ヒルトンの *The Age of Voluntarism* (Oxford University Press, 2011)、そしてB・ファニングとD・ディロンの *Lessons for the Big Society* (Routledge, 2011) を参照。

*8　両刃の謝罪というのがどういったものになりうるかということは、有名だが明らかに典拠が怪しい、トロツキーがコミンテルンへ電信を送った話の中に描かれている。「私が間違っていた、あなたが正しい。私が謝らねばならない」とトロツキーが送信したところ、これを耳にして使節は安心と喜びに圧倒されたが、その場の興奮状態のなかで今度は、ヴィーツェプスクからやってきたユダヤ人の使節が立ち上がり次のように述べた。「同志たちよ、あなた方の喜びを台無しにするようなことはしたくありませんが、私にはスターリン同志がトロツキーからの電信を意図されたそのままの通りに読むのかどうか確信できないのです。『私が誤っていたのか？　あなたが正しいのだろうか？　私は謝るべきなのか？』という読み方をされるに違いないのです」。

反対派はオリンピックを「買う」ことを拒み、オリンピック協約に加わるように誘われるやいなや、「どうも。でももう結構です」と返答した。実際、そうした人々はロンドン・オリンピック当局に対して「あなた方のためにトーチを運んでほしいのだろうが、我々にとってトーチの使い道といえば、スタジアムに明かりを灯し、あなた方の虚栄を照らすことだ」と言おうとしていた。あるいは食卓の例に戻れば、「メニューをこちらに回してもらいましたが、そこにあるのはマーズバーのフライのセットだけで、それは健康的な食事じゃない。しかも、あなたたちは無料の食事を約束したのに、いま割り勘にしようとしている」と。

すなわち、結果的に債務に転じる贈与があるということである。それは返礼が惨事を招くからであり、あるいは遺産だと思っていたら災厄になる——かの有名な毒杯のように——からである。たとえば、匿名での献血は自己奉仕的な贈与だったり、金銭的な取引だったりするが、いずれの場合でも、被輸血者にとってそれが贈与あるいはあいまいな金銭的な取引としての意味を持つのは、血液が何かに感染していた場合である。[*9]病に感染した血液が現金を欲する薬物中毒者によって売られたものなのかどうか、HIVのキャリアであることを知らないゲイの男性から悪意なしに提供されたものなのか、あるいは自らの運命にまきこむために、不特定多数の誰かに病を拡散させようとして悪意をもって贈られたものなのか、ということはここでは大した問題ではない。重要なのは贈与の隠れた本質である。そうした場合においては提供者の動機や受益者との関係ではなく、贈与の固有の性質こそが最も重要な問題となる。

こうした贈与の前払いに関する最も有名な例はトロイの木馬である。[*10]贈与をめぐる教訓的なこの話は、私の世代だと学校で教えられたラテン語の巧妙で複雑な韻文、ウェルギリウスのアエネイスの最も有名な一節として知られている。Timeo Danaos et dona ferentes——私はギリシアを、そして彼らが持ち込んだ贈り物を恐れている。この一節はおそらく、オリンピックゲームについて一部の人々が感じていることを総括しているのではないだろうか。マーズバーという安っぽいみせかけを装ったオリンピックゲームは、実際のところトロイの木馬であり、何の疑いも抱いていなかった長たちがイーリアスの城壁内部に招き入れてしまったものである。

植民地主義の歴史には、自由かつ平等な交易という装いのもとで、強奪や海賊行為を伴い、抑圧を合理化する贈与についての多くの先例がある。「贈与がひとを奴隷にし、鞭がひとを犬にする」というイヌイットのことわざは、「文明化の使命」の適切な表現であるように思える。アフリカの長老がヨーロッパの宣教師たちに対して述べた有名な次の言葉もそうだ。「あなた方がここに来る以前、我々は土地を持ち、あなた方は聖書を持っていた。今では我々が聖書を持ち、あなた方が土地を所有している」。この言葉は次にはああ言えばこう言うといった帝国の応酬を喚起した。「我々がここにいるのは、おまえたちがそこにいたからだ」。それは相互の欠落の交換である。シオニストがパレスチナ人を約束の地から追い出すときのスローガン「民なき土地に、土地なき民を」も同じである。ディアスポラのモラル・エコノミーによって担保された平等の同一化と帰還の権利は、パレスチナ人の存在を消去し、彼らが国民あるいは民としてそこに存在することを一挙に否定してしまう。もちろんそれほど極端な帰結ではないが、よく似た同一化がロンドンにおけるオリンピック招致に書き込まれているのである。

　一部の狂信的なオリンピック反対派のなかには、イーストロンドンの魂が安っぽいポタージュスープの寓話のために売り払われてしまった、また、かつて未開地を付随した豊かな土地の大部分が、適当な大きさの塊にされて現代風の荒野にされてしまったという見方がある。しかし実際に提示された契約内容は異なっていた。ロンドン・オリンピックのチームは招致を正当化するためにイーストロンドンを必要としたのである。イーストロンドンという地区の複雑に積み重なった窮状がロンドン・チームに招致の根拠を与えたのであり、逆にそうでなければ招致理由を欠いていた。仮にオリンピックチームが大会の中心地を豊かな中流階級の住むブラックヒースなどの郊外に置いていたとすれば、招致チームは最終選考が行われたシンガポールまでたどり着かなかっただろう。しかしながら、招致記録の中ではそうした依存関係が転倒された。つまりイーストロンドンが自らの再生産と貧困からの脱却のためにオリンピックを必要としていると。繰り返しになるが、暗黙のうちに確定されていたのは大会組織委員会という準政府的な主体と市民とのあいだの、相互的な義務と負債という関係であった。ここにおいて彼らはあたかも共有のプロジェクトにおける対等なパートナーであった。しかしそのもとで、一部のロンドン市民が実際に協約に従って振る舞お

＊9　互酬関係にない贈呈の典型として献血を取り扱った議論に、R・ティトマスの *The Gift Relationship: from human blood to social policy* (Palgrave Macmillan, 2002) があり、ティトマスは贈与と商品の循環を区別するためにモースとレヴィ＝ストロースを参照している。似たような二項対立の図式はC・グレゴリーの *Gift and Commodities* (New York Academic Press, 1998) においても展開されている。グレーバーは対照的に、この二項対立は誤りだとしており、また、負債の強化としての競争的な贈与が市場経済の原型であると主張している。

＊10　アガメムノンが、包囲した都市に残したギフトは、ギリシア艦隊が日没のほうに向かって撤退し始めていたのと同じように、表面上は戦争補償の形をとっていた。インターネット世代にとってのトロイの木馬というのであればもちろん、見せかけには正当なファイルや便利なプログラムであるが、実際の目的はハッカーにコンピュータへの違法なアクセスを可能にすることであるようなマルウェアとして言い直すことができよう。

うとし、実体的な見返りを要求し、オリンピック・プロジェクトに発言しはじめるなど、興味深い派生効果をもたらした。〔原著の〕第一〇章で見ていくが、このことがとてつもない摩擦と幻滅をもたらしたのである。

これらの交渉を記述することは興味深い。贈与や施し、礼節は、その目的に基づいた相互扶助、貸与、歓待の言語を引き寄せるものだと考えられているのに、しかし、債務について、それを返済しないことのリスク、報酬について語っている自分たちに気づく。いいかえれば、利益を最大化しリスクを最小化しようとする個を記述するための言葉を使っていて、道徳的な従属や権利ではなく、合理的計算や経済の言語を使用しているのである。こうした言語の切り替えはとりわけ否定的な返礼に対して用いられる。報復が必要なときにはある者に対する仕返しを語り、有罪にする、投獄する、あるいは他の方法で罰しなければならないときには、その者が受けるべき報いについて語る。また平等で自由な権利が認められている消費社会において、取引先や顧客に有無をいわさないようにする暗黙の強制、またしばしば、暴力的な取り立てとして知られている、強制的な債務システムという文脈でも、そうした言語が語られる。

いまここで考察しているのは二種類の価値経済である。一つはモラル・エコノミーのことで、これは地域経済を包摂し、また食糧の調達、日用品の価格、課税の適切な管理、そして隣人への扶助の実施を伝統的にコントロールしており、社会関係や行動に関わる一連の規範的態度や慣習的実践を指している。こうした日常的な事柄に関して、教会が一定の役割を果たしているような時空間は、「公正価格」の規範によって覆われてきた。これは自給自足的な倫理として理解されることもある。それは地域の社会的編成は貧者の需要を尊重しつつ組織されるべきだという思想であり、相互扶助、地域社会の収穫への協力、家の建築や補修、病気や死別などの災厄から回復するための支援に高い価値が置かれる。こうした文化では、伝統や慣習的な権利、個々人や集団の行為は共同体的な規範に求めることで正当性が確保されるので、正確な取引記録を残す必要はない。そうした行動の意味が構成されるのは、彼らが想起する記憶の内部においてであって、収支が記された帳簿の上ではない。この枠組みにおいて、債務は道徳的な義務であり、法的拘束力のある契約ではない。我々はまさしくこれを、信用関係のなかに埋め込まれた言語の遂行的な力に依存しているという意味で、名誉の債務と呼ぶ。私の言葉が私の規則である。モラル・エコノミーは共同体主義的で平等主義的であるが、位階的でもあり、強い父権制社会のような恩頼関係を支えてもいる。一般的な規則としては、一方で贈与と負債は対等でないもののあいだで交わされるが、他方では否定的な互酬性は肯定的なそれへと転換され、既存の力関係を強化するだろう。とりわけそれが対等な関係として装われている場合にそうなる。与えることは卑下または服従の行為なのである。[*11]

モラル・エコノミーは前資本主義的社会において開花したが、資本主義社会で衰退したわけではなく、むしろ市場経済の下支えと対抗的資源の両方を構成している。前者についていえば、モラル・エコノミーは「残忍な」資本主義が引き起こす社会的不安定を緩和する規制の原理を導入する。後者においてモラル・エコノミーが提供するのは、新自由主義とそれが及ぼす地域共同体や生活様式、そして生存へのグローバルな影響に対する大衆的な抵抗の場である。

これまでの議論をまとめよう。二種類の贈与が存在している。一つはモラル・エコノミーの規則に基づいて実行され、もう一つは市場経済に巻き込まれている。前者の場合は贈与を行うということが原初的な人間的な連帯という目的に基づいている。これは制限的、あるいは条件的な利他主義であり、「それぞれの能力に応じて、必要に応じて」が標語である。これらの贈与には付帯条件が張りめぐらされているが、それらが互酬的なものであるとすれば、それはボーナスであって見返りではない。モラル・エコノミーの実践をあらわす知恵ある格言は次の言葉にまとめられる。「贈られた馬の口の中を見てはならない」。もらい受けた馬の年齢を確かめるために歯を確認してはならず、もしそれが老いた馬であっても乗ることのできるものをもらい受けたことにただ感謝せよということである。誰かが贈り物をしてくれたものの、それがとりわけ自分に不似合いだったとき、「気持だけでうれしい」というのと同じなのだ。感謝するthinkingは語源のうえでは考えるthinkingに関連しており、それゆえこの場合の感謝が意味するのは、この青い水玉でピンク地の素晴らしいネクタイをつけるときには、毎回このネクタイをくれた色覚障害の友人のことを、愛情をこめて思い出す、ということになる。モラル・エコノミー内部での贈与の価値は、要するに原初的には象徴的であり、贈呈品そのものではなくて、提供者と受容者の関係の中に現れるのである。贈与はそれが強化する関係の類型を示すものであり、どんな状況で誰に何を贈るのが適切かということに関する極めて精密で細かな状況に即した慣習が存在しているのだ。こうした類の贈与交換は相互扶助と現実的かつ日常的に存在するコミュニズムの基層となっているのである。

競争における優位性を獲得するために行う贈与は、まった

*11　たとえば、一八世紀から一九世紀のイギリスにおける農村社会では、荘園領主が借地人に対し、豪華な食事を用意したり、クリスマスや収穫時期にプレゼントを与えるということが慣習であった。その見返りとして、借地人は労働力か生産物のどちらかを領主へ「提供」するものとされていた。S・バレルの *The idea of landscape and the sense of place* (Cambridge University Press, Cambridge 1972) を参照。

く異なった原理を持っている。それは実際には債務の付与と呼ばれるべきであり、常に意識的に企図されていなくても、その効果は提供者への何らかの負い目をこうむる服従的な地位に、受容者を置くからである。取引がモラル・エコノミー内部に限られる場合は、それは単に社会的階層を裏書きすることにとどまる。しかし一度それが資本主義的な交換関係に組み込まれ、贈与が商品として機能するようになると、まったく新しい取引の枠組みが可能になる。慈善としての施しを多く行えば行うほど、株取引でより多くの利益が得られるようになるのだ。資本主義的な記号のもとでは、原初的な贈与の意味や価値は、モノ自体や提供者や受容者に関わって表現されているのではなく、市場価値のなかで表されるのである。しかし、贈与は金銭関係を超えたメッセージの伝達も果たしている。たとえば相対的な社会経済的地位や、取引に関わる提供者・受容者双方の公的な評判などについてである。それゆえに、それが埋め込まれている交換の象徴として、どのような種類の贈与が働いているのかを内容としたモラル・エコノミーが、再び発動しなければならないのだ。問い「すべてを持っている億万長者に何を贈るか」。答え「免税」。いいかえれば、贈与は単なる商品から刺激へと変容するということである。こうした種類の付与の例には、発展途上国に対する支援と貿易政策、裏取引の遂行、契約や就職を確実にするための「甘いエサ」やその他の賄賂、労働者に高い生産性と生産のスピードアップを、（しばしばようやく手に入れた労働者の職場の権利を否定することによって）引き出すためのボーナスという仕組みなどがある。これらの贈与や賄賂はモラル・エコノミーの請願‐感謝の心配りが商品制の語彙に置き換えられたものなのだ。これこそが、猛威をふるう資本主義的企業主義の中心で、伝統的な社会道徳が強い規範的な位置を保っている西洋のビジネスカルチャーと、アジアのタイガーエコノミーの接触面において、贈与や賄賂が盛んになった理由である。そもそもの定義からすると、付帯条件が与えられた贈与とは「あなたが私の背中を掻けば私もあなたの背中を掻いてあげよう」ということである。そういった行為は需要と供給の規則に働きかけることで正当化されている。またそうした行為は注意深く監視されることで、口座も返済時期の通知も守られるのである。これが「自助努力（自分を自分自身の気力で叩きあげる）」という、人間の顔を贈与された資本主義の基本線である。

　オリンピックの歴史においてそうした取引の例はいくつもある。シドニー招致を成功させたチームリーダーがかつて、開催地の選考投票の前に行ったＩＯＣ派遣団への惜しみないもてなしを参照しながらはっきりと認めたように、「派遣団が部屋に入ってきたら服従の感を抱かざるを得ない」。立候補地に関わる不正な支出、大げさな贈呈品、ＩＯＣにおいては当たり前の贈賄や腐敗に関する告発は山ほどあるし、それらはオリンピック反対派に大喜びで取り上げられる。しかしせいぜい資本主義下で市場とモラル・エコノミーとが交錯するなかでの通常のビジネス程度にしか理解しかされない。

　モラル・エコノミーと市場経済《マーケット・エコノミー》は様々な関係性や強弱の組み合わせのなかに存在しており、両者が直接衝突することもありうる。この用語をはじめに生み出したのは、一八世紀イギリスにおける暴動をとおした労働者の集団行動を研究していたE・P・トムスンであったが、これは人頭税暴動やブリクストンの警察への暴動、それから二〇一一年にイギリス諸都市で展開された暴動においても参照された。トムスンは一八四〇年代イギリスの食糧暴動について、「これは倉庫の打ち壊しや商店の強奪が昂じた単純な蜂起では決してなく、人々の生活必需品から利益を得て売値を押し上げる不当な手段の非道徳性を説いた、古きモラル・エコノミーの習慣によって正当化されていたのである」と述べている[*12]。同様に二〇一一年の若い暴徒たちも、単に家賃の足しにしようと物品を取りに商店に押し入ったのではないし、暴動というストリートパーティを楽しもうとしていたのでもない。彼らは暗に、相互扶助的な生活様式による支配的なモラル・エコノミー内部において悪者扱いされるか、称賛されるという板挟みに対して抵抗していたのである。彼らは潜在的には消費者としてもてはやされながら、市場経済のもとで周縁化され、就業の機会から排除されていたのだ。

　この二つのエコノミーはより穏やかな競争、あるいは異なる圏域での共存に到達することが可能である。我々は職場で資本家のように、家庭や余暇においてはコミュニストのように振る舞うことができる。モラル・エコノミーはイデオロギー上、すべては最善に向かい、階級闘争は個人の主権によってまちがいなく超越されるという楽天的な世界を提示する、経済主義を称賛するヒューマニズムをそなえている[*13]。またモラル・エコノミーは市場へ適応するための戦略を提供できると考えられている。すなわち、多くの職場文化における

---

*12　E. P. Thompson, *Customs in Common: Studies in Traditional Popular Culture*, 1991, p76. トムスンのモラル・エコノミーという概念はピーター・ラインボー『ネッド・ラッドとマブ女王——機械の破壊、ロマン主義、一八一一 - 一二年における幾つかのコモンズ』マニュエル・ヤン訳（『年報カルチュラル・スタディーズ Vol. 4』航思社、二〇一六年）、それと *The Magna Carta Manifesto: liberties and commons for all* (University of California Press, 2008) の中でさらに発展したものである。モラル・エコノミーに関する新たな学説によれば、集団的行為と相互扶助の形態は、欠乏し危機に瀕した資源を取り扱ううえで最も効率的で公平な手法であるとされている。例として B. McKibben, *Deep Economy* (Oneworld Publications, 2007) を参照。

*13　この点に関しては、L・アルチュセールとE・バリバールによる『資本論を読む』（今村仁司訳、ちくま学芸文庫、一九九六 - 九七年）およびR・レッシュの *Althusser and the renewal of Marxist Social Theory* (University of California Press, 1992) を参照。

人間主義的連帯や、仕事を容易にし、疎外をやわらげ、協働実践によって労働管理を行い、しかし労働者の収奪に対する団結も可能にして、人間同士が連携する多くの小さな実践をつくりだす。さらにそれは仕事の満足を求めるミドル・クラスの職業文化が有している、より個人主義的な様式においても働いているのである。[*14]

二種のエコノミーが日常生活の構造となっているかぎりにおいて、実存的なジレンマの多くがその相互作用によって生み出されている。たとえば、ロンドン・オリンピックの最終日に数名の友人とオリンピックの閉幕を祝い、近況を報告しあおうとそれなりに高価なレストランへ出かけると仮定しよう。みな上機嫌で食事もサービスも素晴らしく、あとは、パーティの割引があるので何とか支払えるだろうと会計を待つのみだ。しかし「チップ」はどうしたものか。チップを渡すかいなか、これが問題になる。サービス料は自動的に加算されず、その意味ではチップを渡すかどうかの決定はこちらに委ねられている。まさに「我々の善意」ということになる。では、一般的な一〇%を加えることにしようか。なんと不運にも、我々は偶然、この店のウェイターの賃金が非常に低く、生活費をまかなうために、より多くチップに依存しているということを知ってしまう。しかし、もしチップを増やせばこのレストランの搾取に加担し、我々の善意に対する労働者の依存度を高めることにはならないだろうか。それに、ウェイターが我々にサービスを行うときの特別な態度は、普段よりもいっそう負い目を強く感じさせるためではないか。チップはそれへの支払いである。さらに悪いことには、ウェイターに関するサルトルの文章を読んでしまい、ここにも入り込んでいるであろう「自己欺瞞」に対して我々はあまりに敏感になっている。[*15] 我々のチップはただ我々が非本質的な存在であることを非難するように仕向けるためだけのものなのか。誰も信じていないような役を演じて、しかしそれが我々の本質的なあり方だと思い込ませて。しかしチップを渡さなければウェイターが経済的な困窮に陥る。なぜ我々の哲学的良心を慰めるために彼が罰せられなければならないのだろうか。ただし、チップを渡すという日常的な慣習のなかで我々がチップを渡さなければ、社会的な契約を破ってしまうことになる。さらにいえば、次にこのレストランを使うとき、温かい歓迎を受けて良い食事の席につくために、ここは寛容に振る舞っておくのが筋だろう。

この問題を平和的に解いたとしても、まだ話は終わらない。家に帰る途中、不意にかなりむさくるしい格好の若い男性に声をかけられ、その晩、野宿者向けのホステルでベッドにありつくためにいくらかの金銭を要求された。若い物乞いの彼の口から「お願いします」という言葉が出ることはなく、「くれ」ばかりだ。モラル・エコノミーの枠組みであれば問題はない。物乞いに施しを与えることは社会的、そして宗教的な義務だ。コーランで述べられているように、「施しは貧民にのみ。それ以外は交換である」。しかし、私は社会主義者であると同様に無神論者であり、行政の政策決定によって構造的に取り組まれるべき問題を私的な慈善が解決できるとは思っていない。すると再び私の中のサッチャー主義が「彼はおそらく薬物中毒者で、もし彼に現金を与えてもただ薬物につぎこんで、小銭を渡せば依存体質をさらに強化するだけだ」と考える。しかもいま彼を目の前の視界から除くために現金を渡せば、また後で出くわしたときに、彼は私にひたすらもっと多く渡すようにとせがんでくるはずだ。なぜなら彼は私のことを感謝すべき人物であり、また負い目を感じている何者かとして記憶しているのではなく、だまされやすい人間として覚えているからだ。この執拗な物乞いは威嚇的な眼差しでまだこちらを見つめている。もしかして彼は私を襲うつもりなのだろうか。それなら渋々現金を差し出したほうがいい！　強奪されて鼻血を出すよりは施しをするほうがいい。ただちょっと待とう。それは脅しに屈することであり、さらに言えばこの男は威嚇して金銭を要求している。かつ嘘をついて金を盗ろうとしていることもありうるから、法に則って彼をどこかへやるべきなのだ。そうすれば彼も最低限の待遇は受けるだろう。ここで私は本当に階級敵の一員に加わってしまった。おそらく私は結局のところ、へつらってくるウェイターが自分をＶＩＰのように扱ってくれるがゆえにチップを渡し、明らかに落ちぶれてしまった若い男性への援助を拒否する単なるひどい人間なのだ。

　このように、司法権力や法的権威の行使と関連させて自己同一性を位置づける立場と、道徳的に卑屈になったり、社会的服従を意識する立場の二律背反のあいだを行ったり来たりするということは、考えるに、私たちの多くが二種類の価値体系が交錯するなかで生きているということを意味している。このような交渉過程は頭の中で進行するただのゲームではな

---

*14　実際、このような協力的な実践なしでは資本主義的企業はすぐに軋みをあげて止まってしまうだろう。このことはポストフォーディズム下の労働実践において認識され、またそこでは、均質化され、干渉を加えないような運営構造が集団的な問題解決やチームワークを奨励していた。Ｈ・ベイノンとＴ・ニコルズの *Patterns of work in the post fordist era* (Edward Elgar, Cheltenham 2006) を参照。労働での満足への個人的な希求や、それと個人的成長のイデオロギーとの関係についてはＴ・フランクの *One market Under God* (Doubleday, New York 2002) を参照。

*15　サルトルの『存在と無』における「自己欺瞞」の議論で、サルトルは振る舞いや会話が幾分か「ウェイターらしすぎる」ようなカフェのウェイターを引き合いに出している。そのように誇張された言動は、彼がウェイターとしての芝居稼業をしているのだということを描き出している。しかし、彼が明らかに役を演じているとするのは、彼が（ただ単なる）ウェイターではなくむしろ意識的に彼自身を欺いている、ということを正しく伝えていない。

い。これは、「エンパワーメント」として、修辞的な実践のなかで制度化されていることである。それは実際の中心を隠しながら、社会政策に関わるあらゆる領域で言及され、また権力の配分において演じられている。オリンピックパーク建設に関わってイーストロンドンで開かれた住民説明会の形式はこうした過程の古典的な例であった。[*16]

市場が道徳的、社会的関係から引き離されて排他的な価値尺度として機能しているところで、我々は新自由主義経済に到達する。サッチャー氏は社会をそのようなものとは考えていなかったが、彼女がヴィクトリア朝の道徳だと考えたものへと回帰しようという試みは、結果的にあらゆる道徳的契約を取り除く、市場の規制緩和へ向かうマネタリスト的な政策を含んでいた。「企業家文化」という形をとった商品の関係が自己確証のシステムとなったその帰結は、我々が周知している通りである。しかし、経済を社会的、道徳的規範の構造の中に再び組み込むということは同様に問題である。いまキャメロン内閣の首脳の流行となっているナッジ・エコノミクス〔Nudge economics〕がその例である。

あえて名づけるならば実践行動経済学というものは、実際のところ行動心理学と新自由主義の融合を意味しているが、市民や消費者自身あるいは公共の利益に基づいて、社会的責任のある行動を刺激し褒めたたえるように設計された仕掛けを用いながら、合理的かつ道徳的な選択を行うよう彼らを奨励するために、低価格で費用対効果の高い計略を探している。[*17]それゆえ、もし人々が古い調理器具や乳母車を空き地に捨てるのを止めようと思うなら、そういった物品は複数のゴミ捨て場から回収されるようにし、かつゴミ捨て場までの道を示せるように緑色の足跡を歩道に描けばいい。そしてその計画を彼らが承認する際に、無作為に報奨を与え、地元のスーパーマーケットで使えるクーポン券を発行するというようにすればよい。あるいは、近所では太陽光発電パネルを導入することで資産価値が増大しているという通知を回せば、より多くの人がその先例を追っていくはず。ネズミの回し車のように終わりのない競争のなかでそうした先駆けに追いつきたいと思う、ただそれだけの理由で、である。ナッジ・エコノミクスが人々の寛容さに訴えかけるということはめったになく、競争的な自己利害が動員されたときに最もよく成功を収める。ナッジ・エコノミクスが機能しているとき、それはただ、市場経済に手が加えられ、そのなかで合理的選択がどのように実行されるかということの自己充足的な予言にすぎない。棒で叩くのではなく、ニンジンがロバを惹きつけるということなのだ。

ナッジ・エコノミクスは二〇一二年大会の健康、環境、コミュニティの遺産といったアジェンダにおける中心課題になっている。その目的は、よりいっそうの社会プログラムへの参加を促すために大会が伴う感情的な好素材を喚起して、欲望と刺激とを結びつけることにある。部分的にいえばもちろんこれは、人々がスポーツなど体を動かすことに多く取り組み、より健康的なライフスタイルを選択するよう促すことでもあり、窮状を呈しているコミュニティで、とりわけ若い世代が彼らの生活に「キャン・ドゥ」という姿勢を適応させる機会を最大限に利用するように差し向けることでもある。このシナリオに従うならば、職場へ自転車で通うことは単により健康的で、かつ二酸化炭素を減らしてズボンのベルトも短くなるだけでなく、あたかも自分をブラッドリー・ウィギンス〔自転車競技代表、大英帝国勲章受章者〕であるかのように想像することができるし、貧しい地区で生まれ育っても、メダルではないにしても自転車と仕事は得ることができる。これが理論におけるナッジ的要素である。実際には話が異なる。最近、私はイーストロンドンの学校中退者のグループに聞き取りを行った。彼らは地区で開かれたプレオリンピックのスポーツプログラムに参加している。彼らがいうには、ブラッドリーはたしかに偉大な選手だが少し些細なことにこだわりすぎる。しかも自転車はそこまでクールじゃないという。彼らが車輪から連想するのはオートバイだったり、改造して馬力をあげた古い自動車だったりするのだ。職がない以上、彼らにはジムでスポーツをすることがどれだけ就職の補助になるのか分からないし、スポーツに参加することが、失業状態の気分を変えてくれるわけでもないのだろう。

埋め込みは中立的な過程であるかのようにみえても、イデオロギー的にはそうではない。[*18] 埋め込みは形式的あるいは実際的に、一連の経済的価値や外部の実践を包摂する過程であり、統合のようにみえるのは、実のところ略取である。公的にすすめられる包摂では、モラル・エコノミーのイメージや言説が、市場化を正当化し、促進し、ときに覆い隠すために用いられる。[*19] デヴィッド・キャメロンが大きな社会という夢を広めるため、ここぞとばかりに援用した相互扶助やギルド社会主義の言語はその好例である。贈与交換と慣習的なコミュニズムのモラル・エコノミーが、今日の資本主義とその債務危機を救済するために動員される。協働的な贈与交換の精神を借用した二〇一二年大会の「全員が勝者 everyone's a

---

*16 オリンピックに関連して開かれた住民説明会については、〔原著の〕第一〇章を参照されたい。

*17 ナッジ・エコノミクスは、合理的選択理論の枠組みの中にとどまりながらも、コモンズの悲劇を未然に防ぐための試みである。R. Thaler and C. Sunstein, *Nudge: improving decisions about health, wealth and Limits of the Market* (Polity, Cambridge 2010) を参照。

*18 これがポランニーの議論の弱点であり、市場経済の自律化を批判する際に彼は、市場を社会的互酬関係のなかに再埋め込みすることが自動的に社会的互酬関係の市場化ではなくむしろ商品関係の社会化をもたらすという前提を立てている。G・デイルの *Karl Polanyi – The Limits of the Market* (Polity, Cambridge 2010) を参照。

winner」というスローガンも同様である。このスローガンはロンドン議会への応答として、招致の成功にあたって、ニューアム区議会〔ロンドン東部にある特別区の一つ、ロンドン五輪のホストとなった〕で発せられた。オリンピックの招致過程が、自由主義の市場のように、勝者がすべてを取り敗者には何も与えられないという競争的なゼロサムゲームであることを「看過」するために用いられたのだ。

　現実の包摂は、市場経済のある種の特性が、モラル・エコノミーの合理性に由来する規制の形式に従うときに起こる。資本蓄積や利潤の基本構造を変質させることはないが、これが資本主義企業の実際の行動を規定する。グリーン資本主義、倫理的な経営文化の展開、企業の社会的責任の明記、厚生経済などはすべてそうした動向の例である。のちにみるように、オリンピックの二重経済は形式的および現実的双方の包摂に関する多くの例を提供してくれる。

　さらにこの体制のもとでは、商品があたかも贈与品のように取り扱われ、贈与品が商品のように扱われる。より構造的にみると、市場経済の機能を覆い隠すためにモラル・エコノミーが装われている。プロテスタントの労働倫理はこのような、想像のなかでの、かつ想像による現実の転倒の古典的な例である。これは、現代の消費文化では、どこでもみられる「一つ買うと一つ無料」といった売り文句のなかで生じているのが分かるだろう。まさに「無料の贈与」という考えには、隠された債務条件が付与された「無料でない贈与」があることを含意しており、それは「タダの昼食などというものはない」ということわざの通りなのだ。このようなからみあいを愉快に描いたものにトニー・ハンコックの *The Blood Donor*〔一九六一年に放映されたBBCのシリーズ〕がある。この作品が訓示する道徳観は、いかなる贈与も純粋に商品化はできないこと、また同様に、完全に公平無私の行為もないので、能力や必要性よりも、コストや利益計算に基づく別の会計システムに包摂されるわけでもないということである。[*20] それこそが我々をオリンピック・レガシーへと導く。

オリンピック・レガシーの四つの化身《アバター》

レガシー＝遺産とは言説のうえでは遺言書や公文書であり、遂行的であるか法的拘束性を持ち、あるいはそのどちらでもあり、かつまた遺産相続人が義務として果たすべき死後の財産分配に関する手引きのような陳述的発言の形をとるだろう。しかし、このことの実際的で効果的な意味は、レガシーという手段が組み込まれている社会的、経済的、道徳的枠組みによって規定されている。そこで、現在のオリンピック・レガシーに関する議論のなかで何が重要になっているのかを理解するために、背景となる事情を押さえておく必要がある。

　モラル・エコノミーがよく機能している父権的かつ前資本主義的社会のような場では、レガシーは土地や資産、または他の財産を、第一には父から息子へと引き継ぐための慣習的な信条体系の一環をなしていた。相続は場合によっては限定的である。相続人は制限によって少数に狭められることもあるが、すべての家族によって共有されることもありうる。ただ、有産階級のあいだでは長子相続というルールが広がっており、それゆえ長子以外の息子や娘らは婚姻や移住によって幸運を獲得する必要があった。家族の遺産は世帯の長か財産所有者からの贈与という形をとり、物質的にも象徴的にもそれは一つの世代から次の世代へと託されるべきものと見なされていた。相続されるのは単なる豊かさ、あるいは貧しさでなく、共同体における家名や世評といった共同体内での立場であった。相続を規定する条件としてライフサイクルを覆っている、世襲財産としての遺産は、確実に家族内に緊張をもたらす。[*21] ヴィクトリア朝を舞台にした小説の多くは相続から疎外された人物のドラマに要点を置いており、不逞の息子たちは不面目にも冒険や幸福を求めて海の外へと送り出される。死者の遺言の内容を聞くために親類が集まり、長らくひた隠しにされてきた憎しみがそこで明らかになるというシーンは、家族の物語を好ましからざる方向へと帰結させるための一つの装置となっている。血縁関係によって定義される正統性——そしてこれに対応する非正統性——は、このような物語においては重要な言葉のあや《トロープ》をなしている。ディケンズが『大いなる遺産』においてみごとに探求したように、実際的な遺産の分配に限らず、遺産相続という夢は、「王位」を求める直接の継承者や幼い王位僭称者の人生に、先祖と子孫という決定的な影を落とし続けることになる。このように遺産相続に関わるあらゆる対立のために、モラル・エコノミーは世代間の文化的遺産の継続を強化している。遺産が物質的に

＊19　言語学的に見て、一つの言説が別のものに包摂されるということは用語の代位を伴うもので、しばしば提喩という形でそれがなされる。要するに容器の中に何が入っているのかを示すために容器そのものが使用されるのである。つまり、「市場」という言葉が指摘しているのはあらゆる取引、または交換されるすべての生産物であり、このようにしてギフトと商品の関係を無視しているのである。さらなる議論については、J・シュルツの“Discourses of Market Capitalism: an enquiry into the ideologiesm moralities and grammars of evaluation in the age of Subjective Ideals”（博士学位申請論文，University of California Berkley）を参照。

＊20　ハンコックは、自身が一パイントの血液を提供することになっているのだと分かった瞬間に驚いて口もきけなくなる。彼は血液をまるまる一パイント提供できないのである。どうやって彼は血を取り返そうとするのだろうか。そうするならば彼自身が輸血を必要とするではないか！　そして確実に、もし彼の血が希少な商品であるならば、彼はそれをとっておいたほうがいい。そのあたりのトムやディック、ハリエットらに汚されるにはあまりに高価だからだ。

＊21　E. P. Thompson, “The Grid of Inheritance” in J. Goody (ed), *Family and Inheritance*.

どのようなものであろうと、また貧者にとってはほとんど無意味であろうとも、レガシーは遺言者と相続人のあいだの感情的な血縁関係を表すものであり、彼らがともに過ごした人生の期間を永続的に記憶するものなのである。

それゆえ遺産とは過去に関する記念碑、また過去の保全である。多くのものがただ引き継がれるだけのために蓄積され、それは使用価値や交換価値とみなされるのではなく、象徴的な、遺産としての価値となる。ここではそれを贈与－遺産の原則と呼ぶことにするが、ここにおいて何かを残すという行為は直接的な返礼を強制するものではないものの、戦略的な寛容さの規則を伴うものであり、相続人は受託者として世襲財産を後代のために守るべく、相続物を保持する圧力を感じることになるだろう。この意味で遺産は、相続人が限定される場合にはとりわけ明らかな付帯条件を伴うものであったが、そのような結びつきが血縁的なものであり――血は水よりも濃いというのがもう一つのモットーである――、共同体への社会的かつ感情的な愛着こそが最も重要なものとなる。これによって、相続財産を所有したり、所有を拒否したりすることが、潜在的な受託者に強い感情労働を随伴させることになる。

このモラル・エコノミーは、負債と高利貸しという恐怖から自由ではなかった。「貸し手でも借り手でもない」ことが最善の家訓として、数々の家の紋章を飾ったものである。債務状態にあること、またはそれを子が引き継ぐということは、他人の債務から利益を得ることに比べれば、それほど非難されるものではなかったが、どちらも共同体内の立場を危うくするものだった。地主のジェントリ層や富裕層のあいだでは、人格的価値が金銭に関連した修辞をもって表現された。不動産からどれだけの年収を得ているかといったことなどである。さらに結婚市場では娘が結婚する際の持参金も一つの鍵となっていたため、遺産は兄弟間の争いのみならず、王家間の同盟関係や権力闘争においても重要な事案となった。

こうしたことは、本来、資産の流動化とその市場化の可能性に関心を払う資本主義にとっては呪われたタブーであった。資本主義とは流通と分配が相続によってではなく、本来、市場を通じて行われる生産と富の消費の様式だからである。実際、相続された富や地位は貧困と同じように大きな疑いを向けられるようになる。位階制や服従は能力主義に道を譲り、贈与交換は競争における優位確保のための闘争の一環に、そして共同体や知人・親類の結びつきは没人格的な契約関係に取って代わられた。遺産はもはや先祖からの相続品ではなく、提供者の立場から「将来に向けられた投資」であり、受容者から見るとそれは「配当」となった。その価値は将来配当されるはずの経済的な利益によって測られる。

資本主義経済は、継続して新たな商品を生産し、新しい市場を手に入れ、なおかつ生産物がすべて消費されることによってのみ成長し繁栄することができる。文化的商品は今や遺産価値ではなく、究極的にはキャッシュ・ネクサス〔＝現金の結合〕として実現されうる既存の道徳的、社会的、知的資本を再生産し拡大するための手段として取得されている。知識、信用、名声、美的快感はそれゆえ、それ自身における価値として評価されるのではなく、あるいは後世に譲られる世襲財産の一部としてでもなく、収入を生み出す潜在性によって評価される。本や芸術作品の収集から得られる利益は、喜びではなく、それらの作品が与えてくれる教えでもなく、投資資産の一覧を増やすことにある。自由主義的な資本主義の英雄は、目利きの玄人や先祖の夢を追い続ける資産管理人ではなく、自足的な人間である。そうすると、相続資格をめぐる物語に登場する法定相続人や幼い王位僭称者たちは、ステークホルダーやビジネスパートナーに出番を取られることになる。後者のような人間が、資源や財産の所有、管理、運用をめぐる現実の闘争という舞台運営のなかで主役を演じるからである。いまや遺産は恩義を施す者とそれを受ける者とのあいだの感情的な愛着の場所ではなく、合理的な計算が行われる場所となっている。これを「返済遺産＝ペイバック・レガシー」と呼びたい。なぜならそれは収支決済と、過去の借金の清算に関わっているからである。

　ただし、すでに言及したように、モラル・エコノミーはただ単に衰退していくわけではない。モラル・エコノミーは新たな体制のもとに包摂され、場合によっては市場化されて資本主義がそれ自身では創りだせないような、資本主義の正当性を生み出すことがある。たとえば、ラクシュミー・ミッタルのような裕福な企業主や産業経営者は、しばしば偶像的な建築物を創建したり、慈善財団の設立に出資したりすることで自身の富と寛大さを示すモニュメントをつくりあげる。同様に芸術品を投資として、同時に文化的趣味を示すために購入する。彼らは公衆への寄贈によって記憶されたいと望んでいる。それまで行ってきたかもしれない怪しげなビジネスや、彼らの帝国を築き上げる過程で人々を苦しめてきたかもしれない、不名誉な遺産によってではない。同時に、モラル・エコノミーから派生した寄贈という概念が再びそこに組み込まれると、返済遺産は別の形を呈するようになる。これがオリンピックパークの将来に関わって重要な意味を持つことになる。このことについては〔原著の〕最終章で見ていこう。

　二つの経済システムのあいだでの均衡のとれた相互関係や交渉に関する最後の例は、現代の消費文化から取り出すことができる。どこでも計画的な消費財の老朽化が煽動されている使い捨て社会では、蒐集狂は富裕層に限られない。[*22] 本やスタンプ、コインや写真、バーのコースター、バッジ、そして

＊22　蒐集文化については拙著 *Reading Room Only* (Five Leaves, Nottingham 2013) の第二部で議論している。

あらゆるはかない習慣は、交換され取り引きされるだけでなく、子どもや孫に受け継がれる高価な相続品になっている。相続品としての財産という観念は、オリンピックパークの将来的な、後世への伝達において重要な意味を有している。

残念ながら、二種類の経済が織りなす相互作用は往々にして破壊的である。例をあげよう。ある企業が「良い意思」――クライアントや契約相手、お客との信頼関係――を作り上げるために何度も依頼と謝礼を繰り返し、ときには贈呈品の交換を伴いながら多大な時間を費やすことがあるだろう。このようにして生み出された、取引上の特別な遺産という付加価値は、株取引や銀行の破産の瀬戸際で過小評価されている企業が買収などによって引き継がれる際、その資産の収奪者にはほとんど認知されない。彼らは経営を維持するために、物理的な財産や設備、資産や土地などを流動化させ、その過程に直接的に寄与しないものをことごとく破壊していく。これはたいがい「良い意思」のようなみえない財産の無視を意味している。民間経営に移行しようとする公営企業の場合には、しばしば資産が民間部門に売り渡され、信用性や負債が国家に残される。

資本主義下のモラル・エコノミーは個人的な債務状態の恐怖を存続させている。中間階級には破産というスティグマが残っているが、銀行からの借金ならば問題ない。支払い能力を有しているということが、依然として救済に向けた直線的でまっとうな、か細い解決策である。地獄は、借金をする本人でなく債権者にある。債務者を収容するような監獄は、今どきは存在しないが、郊外ではドアの前に立つ債権者と執行官の幽霊がいまだに恐怖と強い嫌悪を呼び起こす。大衆文化では、そのような否定的な相互関係がもたらす脅威は、リスクを回避しようとする慎重な行動と予防的な規則をもたらす。しかし、その遂行には二重の基準がある。象徴的な債務を打ち消して心にやましさが残るのはまあいいだろう。しかし物質的な債務はたとえ病院や学校を閉鎖することになろうと、あらゆる犠牲を払ってでも履行されねばならない。

矛盾は貸すことと借りることが金融資本主義の血液だということにある。一九八〇年代から、分割払いでの生活が銀行だけでなく、労働党、トーリー党によって奨励された。彼らは消費者クレジットが経済成長を刺激するために最も簡単な手法であると考えたのである。道徳的地位と社会的地位、正当と非正当といった事柄は信用価値に切り縮められてしまった[*23]。

投機が結果的に悪質な負債に転じたとき、銀行および、堅固に見えた金融資本主義装置のほぼすべてが融解しそうになり、前例のない規模での救済を国家に要請するようになったとき、資本主義の信用評価はほぼゼロに落ち込む。来る世代は依然として負債という遺産を抱えて暮らすことになるであろうし、その負債の支払いは、ペテロから奪いパウロに支払うという、（イン）モラル・エコノミーに由来する古いならわしに従っている。これこそが、二〇一二年大会を含むすべてのオリンピック大会にもたれかかっている公債という亡霊である。六億ポンドを国営くじが、六億七五〇〇万ポンドをロンドン開発公社（別名：the Greater London Authority）が負担しており、これがロンドンの遺産の政治を過剰に決定している。

　これらのすべてが正確な記録と会計を強いている。それが可能なのは、贈与としての遺産とは対照的に、返済としての遺産は、制限付きで特定の物理的な資産譲渡をスライドさせる取引を生み出すからである。これは会計監査の文化の成長と結びついている。そうしたオリンピック運営の様式については追って論じよう。しかしいまこの文脈でいえることは、我々は一つではなく二つの遺産を扱っているということである。一方は贈与交換とモラル・エコノミーに基づき、他方は市場経済における債務返済の上に成り立つ。オリンピックの遺産の政治をめぐる騒ぎのなかで、それぞれの遺産は、それぞれの化身《アバター》を有している。

　まずオリンピックゲームの物語の遺産を検討しよう。それは情報の自由な循環と交換、物語の差し替えをとおして、四年ごとのオリンピック開催までの期間の記憶の風景を創出してきた。これは、世代から世代へと伝えられる文化的遺産を作りだしている。この物語の遺産は、オリンピック・ムーヴメントに関わる様々な解釈共同体内部で連帯と競争を強めていくような一つの過程である。それらの交換には時間制限がない。解釈共同体は象徴的で不可視の財産や負債、オリンピックの遺産を所有し放棄する行為に焦点をあてる。それは一切の債務や義務をもたない自由な相互関係のシステムを含んでいる。

　しかしそれ自体の権利において不可視的な財産である物語の遺産も、オリンピックの遺産産業によって生産される記憶という形で市場化、商品化される。それはまた、スポーツ観光や歓待の産業の促進のため、市の記憶産業の立案者によって収奪され、さらにグローバルな文化的経済において、競争

＊23　ステファン・リーコック（*The Best of Leacock*, Bodley Head, 1957）がこのことについての物語を書いている。ある学生が銀行のマネージャーから少額の当座借越を得るまでに厳しい詰問を集中的に受けるところから話が始まる。その次には、事業拡大のために一〇万ポンドの融資を依頼しに来たビジネスマンも、ローンの許可を得るまでに極めて過酷な時間を経験する。最後に金権家がやってくるが、この人物に対してはマネージャーが馬鹿丁寧に振る舞い、彼をプライベート・オフィスへ案内すると、いくらの融資が必要なのかと尋ねるのである。都合三〇〇万ポンドといったところであると何げなく告げられると、マネージャーはもっと多く借りるつもりはないかと企業家に頼み込むのである。ここには議論も、署名する契約書もなく、彼は惜しみなく礼を発し、取引は数分で終了してしまった。

的な優位性を五輪開催都市にあまねく与えるために利用される。

返済遺産は大会後に何が起きるかという具体的な計画に関わる。そして物質的な財産や負債の処置に関わる。すなわち、誰にどのような条件で引き継ぐか、あるいは売却するか。さらに、制限された時間のなかで、どのような条件で、どのように様々な種類の負債について協議していけるかを中心的な課題とする。二〇一二年の遺産をめぐる物語ではこのことが基本的な枠組みを構成している。

どちらのタイプの遺産もオリンピック開催を契約するにあたって不可欠なものである。私はすでに、オリンピック開催にあたっての契約で行われているイデオロギー上の巧妙なごまかしが、負債を贈与として引き渡すこと、さらに交換によって負債を生む商品として書き換えられるということには触れた。二〇一二年大会の隠れた、深層の遺産がどのように構築されるのかを理解するために、この相互作用をより詳細に見ておこう。その前に、ここまでの議論を要約するため、価値に関する二種類の経済を特徴づける主だった性質を下記に記しておく（表1）。

オリンピックの価値経済──価値の三角関係

競技で好成績を収めた選手がインタヴューに応じるとき、喜ぶファンや国家のためにまず儀礼的に祝福が述べられる。選手はそれに対して感謝の意を表することが習わしである。両親やコーチ、同僚選手、スポンサー、そしてサポーターなど、そうした存在なしには選手の努力も無駄になっていたかもしれない人に向けられる。そうしない選手はたいがい自身を称えたり成果を誇ったりするが、それはおそらく感謝の表現については他の人に任せると考えているからだろう。この

表1　モラル・エコノミーと市場経済

モラル・エコノミー	市場経済
遺産	払い戻し
相続品	配当
贈与の交換関係	負債返済
名前、名声	信用評価
血縁関係	没人格的な法的契約
所有／非所有の感情労働	文化的／社会的／知的資本
法定相続者／権利主張者	利害関係者／ビジネスパートナー
階級／差異	能力主義
相互扶助	競争優位性
基底的な共産主義	基底的な資本主義
記憶風景	会計監査
レガシーの価値	使用価値 / 交換価値
象徴的財産、有効性	物質的財産 / 負債
寄贈	財産の奪取
伸縮性のある時間的枠組み	規定された時間的枠組み

謙遜という規則を守らない選手は尊大であると見なされ、避けられがちになる。あるいは彼らの成功がいつか挫折するようなことがあると、「破滅の前のおごり」というメディアのシナリオに自分があてはめられていることに気づく。

賞を獲得することで選手が思うのは、本来備わっていたものか鍛錬によるものか、あるいは神によって与えられた天賦の才能や特別な技能を、さらに磨き上げるために支援してくれたすべての人々に、負債を返済しているのだということである。選手が負けた場合には、「みんなをがっかりさせた」というように、彼らは債務を履行できなかったと見なされ、次の成功に向けて倍の努力を行うことでしか失地回復ができない。スポーツのモラル・エコノミーによって描かれる脚本の一部は、チームあるいは国家を代表することの誇りを持ち続け、文字通り希望を体現することであり、また自身が参加する競技で大使として振る舞うことなのである。それゆえ、応援者を失望させることは、しばしばさらなる負債や罪の負荷をもたらすのである。

もちろん競技での成功は、一夜限りであることも多いが、名声や僥倖をもたらし、それによって選手はセレブの仲間入りをする。気がつけばメディアのスポットライトのまっただ中におり、あらゆる人に声をかけられ、多国籍の企業や広告代理店から高額のスポンサー契約のオファーが寄せられる。彼らの名声の市場価値も銀行通帳に正確に記録される。これらのことは選手にトラウマ的なインパクトを与えるため、スポーツ選手の回顧録は、公人として振る舞う必要性と私的生活とのあいだのジレンマを解決する困難を語っていることが多い。こうした個人の伝記上に見られるジレンマも、構造的な問題を示している。

オリンピックは価値をめぐるトーナメントである。というのもオリンピックそのものが、競合する価値の経済が交錯する点において生み出されているからである。[*24] すでにこのことを「二重経済」として指摘したが、「併合された」経済といったほうがより適切かもしれない。その混淆的な性格は、内的な習合を通して自然発生的に生じるのではなく、その駆け引きのなかに異なった性格が与えられることで、生き生きした役割を果たす第三の力の介入をとおして生じるからである。主要な役割は、大会を国際的なスポーツ・スペクタクルとして再構築するマスメディアによって、または公的かつ社会的な脅威を流布し、道徳的問題に関するロビイングやキャンペーンを展開することで社会規範を創出し維持しようとす

*24 あとに続く議論では、リュック・ボルタンスキーとローラン・テヴノー『正当化の理論——偉大さのエコノミー』（三浦直希訳、新曜社、二〇〇七年）をもとにしている。グレーバーの *Towards an Anthropological Theory of Value* は比較文化研究において評価過程の批判を基礎づけるのに有益である。

る「道徳事業家」と呼ばれる集団や組織によって演じられている。[*25] このことに関する議論の多くがモラルパニックの創出に焦点を当てて展開されるが、モラルパニックというのは社会的、道徳的、経済的価値を肯定的に強化しようという動向以上のものではない。メアリー・ホワイトハウスが一九六〇年代に展開したキャンペーンは、「寛容社会」がもたらしたという性的不道徳に対する攻撃であった。光の祭典と呼ばれたそれは、キリスト教的価値観の再肯定と見なされ、必ずしもスキャンダルを喧伝する活動ではなかった。これに対してオリンピック・ムーヴメントの道徳事業家は、都市間の招致競争に関わる建築家やオリンピック支持者であり、ロンドンにかぎれば贈与遺産《ギフトレガシー》を強調するトゥエンティ・トゥエルブス(ロンドン・オリンピックにあわせてBBCによって制作されたコメディ・シリーズ、二〇一一〜一二年に放送)のような人々である。オリンピック反対派に残されているのは、債務の返済という問題に関わってモラルパニックを組織しようと、不道徳な自由市場支持者と手を組むことでしかない。

モラル・エコノミーと市場経済のあいだに、もう一つの仲介的な変数がポリティカル・エコノミーによって供給される。この用語は、政府がイデオロギー的、立法的、威圧装置と、経済的生活への介入を通して行う国家のガヴァナンスであることを指している。ここでは次の意味でこの用語を使用する。すなわちスポーツとオリンピックに関係する様々な運営組織そのもの、それらと政府、市場との関係、イーストロンドンの再生過程での主要人物らとの関係、そして、特定のスポーツ種目とイーストロンドンの再生に関連して活発になった政治的なロビイストとの関係、といったことである。オリンピック協約に伴う緊張はこの次元に横たわっている。それは、道徳事業家によってある程度は間接的でずらされたやり方で表出しているが、より集中的かつ濃縮された形となって緩和戦略の影響下におかれるようになる。

オリンピック開催を通して、まず、このようにモラル・エコノミー、市場経済にポリティカル・エコノミーが加わって三角関係となった利害の合同がめざされる。次にそれが、ローカル/グローバルな軸に沿って働く以下の様々な文化の形成を導く。

(1)**オリンピックの事業文化**。大会を政治的、経済的プロジェクトとして促進する。この文化における遺産《レガシー》は、大会によって生み出される多様な資本の形態を、配当(つまり健全性の配分)という形式、または公的かつ私的投資への返済において、様々な負債に充当させるためにいかに実現して再分配していけばよいかということになる。

(2)**オリンピックの寄贈文化**。これは贈与遺産《ギフトレガシー》および大会の財産が固有の伝達構造の中でどのように運営されていくべきかということに関わる。地域共同体の利害関係者が主張する相続財産と、制度的な政治利害に基づく配当請求とのあいだで均衡を保つことがどの程度可能なのか、ということである。

(3)オリンピックのサービス文化。それぞれの開催都市は大会に関連して観光業を発達させるとともに、商業と共同体の需要の対立に対応しなければならない。たとえば、開催にあたっての警備と、地域の友好的な雰囲気のどちらも優先しなければならないという対立のバランスをとることなどである。ここでは、贈与遺産と負債となる遺産とのあいだの緊張関係が、贈賄というもてなしが利用されることで最もあらわになる。

オリンピックに関する契約が持つ深層構造は次のように図式化できる（図1）。

市場イデオロギー

今日のオリンピック・ムーヴメントにおいて決定的でありながら、必ずしも可視的ではない価値の経済は、商業、産業、市場の世界によって生み出されている。それは単にプロ競技

＊25 「道徳事業家」という用語はハワード・ベッカー『完訳アウトサイダーズ――ラベリング理論再考』（村上直之訳、現代人文社、二〇一一年）の中で作られたものであり、スタン・コーエンの *Folk Devils and Moral Panics* (Routledge 2002) においてさらなる発展をみた。

図1　オリンピックに関する契約の構造

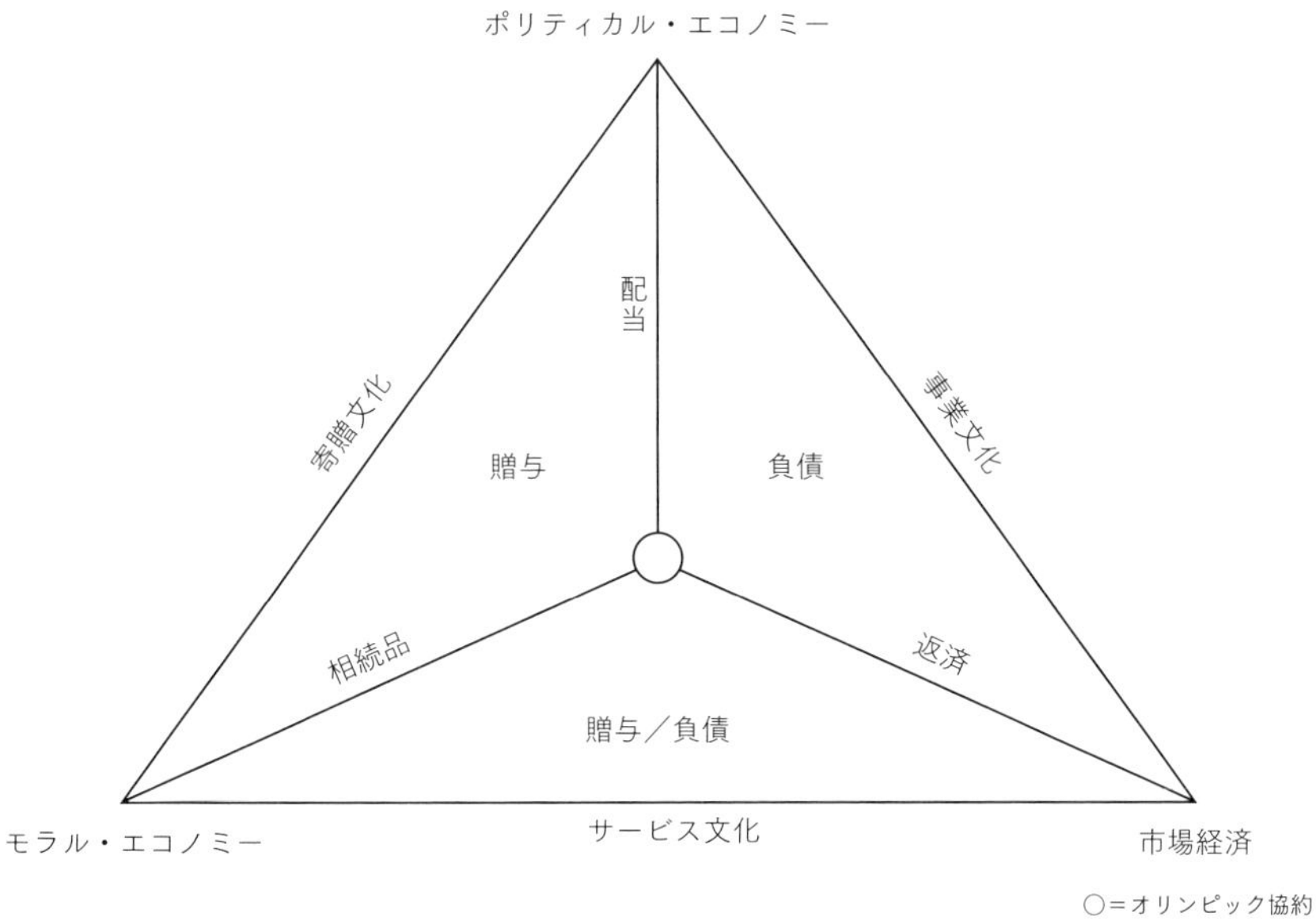

それ自体が大きなビジネスであり、国際的な利害やメガイベントによって占有されているということだけでなく、「勝者がすべて」という市場経済が、スポーツが奨励している、競争で成果を獲得するという規範と価値観の参照モデルになっているということである。同じイデオロギーが再生のモデルも供給しており、このモデルはオリンピック開催地区とその後背地をジェントリファイするという効果を持った、「金色に塗られた」都市開発と一等地への投資を強調している。そしてしまいには、このイデオロギーの規則に従って大会のガヴァナンスが、輸送の能率性や費用対効果、そしてオリンピックが開催都市あるいは国にもたらす競争での優位性という観点から評定されることになる。特定の大会において公的な投資と私的な投資がどういったバランス関係にあろうと、結果の評価や比較を行う際に経済的基準が好まれることに変わりはない。

黒人居住区《ブラックゲットー》の中心に位置するアトランタのダウンタウンで開催された一九九六年のオリンピックが教訓として語られているのは、市場イデオロギーが流布し、かつ民間セクターが馬蹄をつけた馬のごとく、開催地における貧しい共同体の要求を踏み荒らすようなショーを開いた場合に何が起きるか、ということである。*26 たしかに、投資への見返りとして考えれば、アトランタ・オリンピックは利益をもたらした成功例と見なすことができるが、レガシーパーク〔一〇〇周年オリンピック公園〕など地域環境に関して得た成果があったとはいえ、地域再生に関していえばその利益は最小にとどまった。二〇一二年のロンドン大会では、市場イデオロギーが高い理想を表現したレトリックに注意深く昇華されたものの、そのことがODAによる調達戦略の原動力となっていたわけではない。市場イデオロギーがオリンピック後の遺産政策《レガシーポリティクス》においてほかの価値経済に包摂されるか、あるいは取って代わられるか、それは〔原著〕最終章で論じたが、よくなる兆候はない。

モラル・エコノミー

オリンピックにおけるモラル・エコノミーは二つの性質を帯びている。まず正当化である。国際的なエリート選手たちを中心にした国際的な共同体がゲームの傑出した性格を主張する。選手たちは卓越性、耐久性、協調性、清廉さといったオリンピックの価値観を体現している。この観点に基づけば、オリンピック開催年を含む四年間は、究極の熱狂がそのまま移動する饗宴であり、選手たちは殿堂入りをめざして個人的にそのパフォーマンスの絶頂の状態をめざし、オリンピックファミリーとして、若い世代に向かって健全かつフェアなプレーを奨励するカリスマ的な役を演じる。この価値経済は家族的で、実際には依然としてかなり父権的な規範に依存し、世代間の結束を重視する。スポーツはそこで純粋で本質的な価値をそなえ、それらの価値を体現すること以外、一切の目的を持たないとされる。地域再生という観点からいえば、開催都市は文化遺産の場であり、大会のレガシーは現在進行中の勇壮な物語に寄与すると見なされる。このような旗を掲げる道徳事業家のことを、大会の創始者たちが抱いた理想に対する彼らの忠義にちなんで、「オリンピックの家長たち」と呼ぶことにする。彼らの多くは確実に少数独裁者に所属している。彼らはまた大会の「近代化」に対する典型的な反対者でもある。なぜならそれは良き男爵〔クーベルタン〕から引き継がれてきた贈与に対する裏切りを意味しているからである。近年の大会の歴史のなかでは、アテネ・オリンピックが、オリンピックの着想が生まれた古代の場へと回帰したという点では成功例と裁定された。ただし他の面〔地域再生や運営〕では、完全な破産とまではいわないが、失敗したケースと見なされている。二〇一二年のロンドン大会では、オリンピックの伝統主義に従ったいくつかの儀礼的な了解があった。それがないほうが人目を引いたが、コー男爵がオリンポス山での聖火の祭礼のときに行ったスピーチがその一例である。

第二は、パラ‐オリンピックの価値経済と呼ぶべきものである。これはとりわけパラリンピック大会が最もよく例証している。パラリンピックは名声、僥倖、国家の威信ではなく、運動競技の共同体を表しているイベントに参加する欲望が原動力となる。ここにおいて付加される価値は、アスリートと観客との結びつきを強め、すべてを包括するパーティのような歓待の文化の創出である。スポーツはここで再び本来の特性である、栄光、美、至高のパフォーマンスの技術的昇華と結びついた妙技の文化に結合する。それは道徳的卓越性を追求することの等価形態として理解されるスポーツの道具的かつ表出的な位相である。*27 パラ‐オリンピアン〔オリンピックに対して中立的な人々〕にとって、大会における再生的な価値には二重の意味がある。大会は、それが都市環境に付加した質、インフラ建設上の価値、そして芸術とスポーツについ

*26 C. Rutheiser, *Imagineering Atlanta: the Politics of Place in the City of Dreams*, Verso, London 1996.

*27 このような視点は、成果に根差した競争的なスポーツという不可知論的なモデルとの対象をなすために「アレティズム aretism」とされる。古代ギリシアにおいてアレーテ arête という言葉の意味はローマにおける美徳 virtu、つまりすべての市民が有しうるものだが、群衆のなかから抜け出るような政治的活動によってのみ披露されるような道徳的、精神的な質のことを意味していた。そのようなものとしてアレティズムは、オリンピックの家父長制的文化のなかで「卓越性 excellence」という言葉が請け負ったエリート主義、貴族主義的な含意を欠いているのである。この用語の全般的な議論についてはハンナ・アーレントの『人間の条件』〔志水速雄訳、ちくま学芸文庫、一九九四年〕を参照。また、オリンピックに関する議論の文脈では、M. Hollowchak, H. L. Reid, *Aretism: an ancient philosophy for a modern world* (Lexington Books, 2011) を参照。

ての輝かしい達成を収めるという文化オリンピックの役割から評価される。物質的な財貨は開催地区の共同体に手渡されるべき相続財産として、あるいは後世に委託される寄贈という形で、その共同体の政治的な代表者に引き渡される。ガヴァナンスのうえでの中心的な課題はこの過程を促すことであり、また開催都市の住民と訪問者とのあいだの友好的な交流の枠組みを創出することにある。いずれの大会でもこの価値の文法が、しばしばそれを現実化しようという意思が存在したとはいえ、組織化にあたっての支配的な力になったことはなかった。二〇一二年のロンドン大会ではその価値規範が対抗的な集団を生み出し、啓蒙の時代をテーマにした開会式を含む、パラリンピックについてのいくつかのメディアの描き方にそうした価値規範が現れていた。*28

オリンピックの家長たちとパラ・オリンピアンは、多くの論議において互いに反対の立場にあることを自覚していたが、前者は後者に対して、極端な平等主義支持者であるという疑念の目を向けている。それには根拠がないわけではない。その一方で、それなりの正当性に基づいて、オリンピックの家長たちも時代遅れの貴族的理想の保守的な擁護者であると見なされている。しかしいずれにせよ二つの陣営は同盟を組んで、自由市場支持者を蔑視し、スポーツにおけるアマチュアの伝統の擁護、地域の再生に関する経済外的かつ美学的な側面を評価する。それゆえ、双方の道徳事業家のあいだには愛憎関係が存在しているのである。オリンピック反対派はしばしば怒りっぽい人間嫌いとして描かれ、オリンピックを毛嫌いする人々と一緒くたにされるが、彼らの抗議は合理的な論議に基づいており、スポーツのあらゆる形に対する非合理的で無条件な偏見から生じているのではない。彼らの激しい抗議は、オリンピック憲章の理想主義的要素（規則五〇～六二）に対する強い一体化に基づいているのである。それゆえ、クーベルタン主義の保守的な支持者は、抗議運動に嫌悪を感じていても、抗議する人々にはひそかに共感を抱いている。二〇一二年のロンドン大会において、彼らは反対派によるオリンピックの厳戒態勢に対する公然な批判に加わったが、その理由はまったく異なっていた。第一に確実なのはイギリスが警察国家になってしまったということへの抗議。そしてもう一つが、オリンピック共同体《コムニタス》という祭典の精神を攻撃することへの抗議であった。

併合経済

オリンピックの遺産政策に関する説明の多くはこれ以上深めようとはしない。オリンピック契約の三角関係に着目するだけである。これまでのオリンピックのなかで、モラル・エコノミーと市場経済との抗争が、ガヴァナンスの危機をとおして政治レベルでの出来事として直接的に指摘されたことはない。唯一の例外は一九五六年のローマ・オリンピックである。ドーピングやスポーツのプロフェッショナル主義という全体的な問題が表面化し、このときにはモラル・エコノミーを支持する人々が小異を捨てて大同につき、ビッグマネーによるスポーツの腐敗や開催過程でのＩＯＣの談合への抗議に参加した。当然ながらオリンピック協約は重層的な併合に基づいている。同盟、抗争、妥協からなる複雑な領域が形成され、道徳事業家と政治的ロビイストが重要な役割を果たし、スポーツや地域再生、大会のガヴァナンスに帰される価値の様々な尺度が創り出される。遺産《レガシー》に関する契約は複雑な構造になっており、それがもたらす相乗作用は部分的にはその構造が伴う包摂形態に常に条件づけられている。*29

　ここには媒介的な六つの価値体系があり、その文法がオリンピックの一連のアジェンダを作り上げるときに多様な役割を果たすのである。それぞれを論じていこう。

I　メディアのスペクタクル

　今日ではメディア企業が舞台をオリンピックに用意している。そこにおいてオリンピックの価値が、名声の特殊な演出を通して実現される。選手のパフォーマンスを評価するのはスポーツジャーナリストである。個々の名声を創り上げたり、破壊したりする物語を書くのはゴシップ記者である。そして大会の最終的な評決を下すのが編集者である。スポーツ競技での成果はここにおいて、競技を通じて得られた名声という観点にまったく限られ、かつそれによって測られる。ここでは大衆の印象操作やセルフプロモーションに関する特権が与えられている。このことが招致競争のなかで表立って示されることは決してないものの、招致競争に伴うマーケティング、ロビイング戦略に関して、特に開催都市や国の企画立案〔イマジニアリング〕、そしてオリンピック開催地をめぐる旅行ルートを組織するスポーツ観光において、多くのことが示さ

*28　式典に関する詳しい分析は第九章〔原著〕を参照されたい。

*29　「支配における構造」という概念はまずはじめにアルチュセール、バリバールの『資本論を読む』の中で複雑な全体性としての社会現象を、単一で存在する構造的因果関係に切り縮めることなく、それぞれの要素を全体に対して比較的自律的であることを可能にしながら理解するための理論的アプローチとして発達したものである。同じように、ここでの議論でその輪郭を描いてきたオリンピック協約のモデルにおいて、相乗作用の軸――様々な利害間での親近感や提携、そして協力の交渉が行われ（かつ戦線が引かれ）る――と、前記のような相互作用の領域を調整しながらその結果に影響を与えていく包摂の軸とのあいだに区分を置いた。このモデルを使用することで、オリンピック協約の比較的自律的な四つの要素を区別することができる。①オリンピック協約を主題化し、それに修辞的な一貫性を与える言説やイメージのレパートリー、②諸価値経済間の関係の結合、③大会運営とレガシーの評価を表現する総括的な物語、④オリンピック協約を問題視するものの、その要素が協約の中へ編集されうる、批判的かつ反対的な言説。

れている。〔原著の〕第七章で議論する予定だが、サービス文化と事業文化の密接な統合は、スペクタクルのポリティカル・エコノミーとオリンピックの市場化における重要な役割をメディアに与える。ただ、それと同時に、ソーシャルメディアの発達のうちに、モラル・エコノミーの装いをまとって、メディア記号の統制外で、スポーツと大衆の祭典を評価し、応答する新しい回路が埋め込まれている。[*30]

ロサンゼルス・オリンピックは国際的なメディア・スペクタクルとしてのオリンピックが始まったものとして、広範囲で高い評価を得ているが、これは開会式に限ったことではなく、大会組織委員が採用した運営の舞台監督方式であったり、オリンピックを再び企画立案するためにレーガノミクスが使用されたりしたその方法においてもあてはまる。この大会の道徳事業家にとって、ハリウッドによって、かつまた「シムシティ」〔都市づくりのシミュレーション・ゲーム〕的な都市化によって証明されたメディアの価値と市場の価値との相乗作用は、アメリカンドリームという国家、大衆的イデオロギーのもとでの都市事業の包摂に完全に適合するものであった。[*31]

二〇一二年のロンドン大会に関わって、この大会が後世にとって何を意味するかを定義する象徴的な物語は、必然的に、ニュースの良い――または悪い――見出しを生み出したセンセーショナルな争点に焦点化されるものである。会場セキュリティに関するスキャンダルやパニック、そしてオリンピックのロゴなどに関する馬鹿げているほどのブランド規制、さらにタクシー運転手らがオリンピックの道路状況に対して抗議を行い、ルーマニアやリトアニア、南アフリカからプロのギャング集団が殺到したことによって頻発した路上犯罪に関わる典型的なモラルパニックなどである。しかし二〇一二年の大会もまたソーシャルメディアの大会であったということができる。ブログのネットワークが広がる時代においてゴシップや噂の流通回路はもはやオリンピック村や公式メディアの中に限られたものではなかった。選手は彼らのファンたちに向かってあれこれツイッターでつぶやくのに忙しく、そのファンたちは選手に返信を行ったりする一方、スマートフォンを使って選手らの投稿を記録したり、地元にいる友人や親戚にそれを中継したりすることができたのである。それゆえ、ニュース速報はもはや、国際放送センター内にいる既存のメディアに独占されたものでなく、したがってまた二〇一二年大会のマスメディア報道を分析する際には必ずそのような、それ自身で独自にオリンピックの報道内容を共同で形成しているような非公式な報道機関まで含めたサンプリングを行わなければならない。[*32]

2　生政治

生政治的な価値の経済は選手の身体に、すなわち、その内部の有機体と外部のパフォーマンスとが健全性や能率性の尺度として断続的に観察されるような身体に、中心を据えている。身体の維持と再生産に関わって組織された医療、美容、義肢などの人工的補完物、そして「健康」産業全体が発展したことに伴って、選手の身体は少しずつ市場化されてきたモデルなのである。しかし、この身体は確実にモラル・エコノミーの中に埋め込まれてもいる。選手の身体が自己改善に関する様々な指導法や療法を受容し、こうした傾向によってさらに、その身体が美的、倫理的、そして開放的なパラ・オリンピアン的プログラムに接合していくのである。対照的に、家父長的な枠組みに包摂されると、生政治的なレジームは、危険かつ逸脱的な階層に対して、従順な身体のうちに礼節をわきまえた常識的な精神を注入するという目的を持って、「文明化過程」としてのスポーツを導入する。国民-大衆イデオロギーと結びつくとき、生政治は「病理的」な要素を取り除いた有機的な政治形態を構築する。これはスポーツや壮大な政治集会を報じるメディアを通じ、全体主義体制のために大衆の支持を演出するという、スターリン体制下のスパルタキアードや現在の北朝鮮における「アリラン」のような戦略を供給している。*33

　国家社会主義のプロパガンダの舞台として設計された一九三六年のベルリン大会は、式場やスタジアムなどの建造物に、クーベルタンによって発明されたヘレニズム的伝統にアーリア人の虚飾を付加していきながら、その一方で体育競技において好戦的な選手らを「超人」や意志の勝利という全体主義的なヴィジョンの下へ包摂することによって、家父長的なオリンピックの価値観を人種主義化していった。*34

　二〇一二年のロンドン大会において基調となったメッセージ「世代を超えた感動を」という言葉――本来的には卓越した運動性の体現としての選手に向けて発せられた――は、有機的結合という生政治的価値に伝統的なオリンピックの音調を与えたのだが、同時に、ジェンダー、年齢、人種、階級を超えて人々を統合するための修辞的なアピールが国民-大衆

*30 J. Sugden, A. Tomlinson (eds), *Watching the Olympics – politics, power, representation*, Routledge, London 2012.

*31 M. Tremaine (ed), *Blogging, Citizenship and the Future of the Media* (Routledge, London 2007) の所収論文を参照。

*32 アメリカンドリームが顕著に現れ出た都市としてロサンゼルスを論じているものに、E・ソジャ『第三空間――ポストモダンの空間論的展開』（加藤政洋訳、青土社、二〇〇五年）およびM・デイヴィス『要塞都市LA』（村山敏勝・日比野啓訳、青土社、二〇〇一年）がある。

*33 国民-大衆イデオロギーのオリンピックにおける役割に関しては、A. Tomlinson, C. Young (ed), *National Identity and global sports events* (New York State University, 2006) の所収論文を参照。また、S. Foster (ed), *Choreographing History* (Indiana, 1995) の所収論文も参照されたい。

*34 Christopher Hilton, *Hitler's Olympics: the 1936 Berlin Olympic Games*, The History Press, London 2006.

という要素を明確化していた。[*35]

3　国民‐大衆

国民‐大衆というのは、支配的な権力集団に対する、サバルタン集団の同盟のなかに、社会的なアイデンティティを組織していく戦略であり、大衆文化の前提的な要素を利用し、サバルタン集団を「国民化」することに基づいている。[*36] 一般的にはスポーツが、そして特別にはオリンピックが重要な舞台であり、ここにおいて国民‐大衆は操作される。その目的は、公的領域や生政治の再生産への失望や撤退と戦う手段として、スポーツへの大衆の参加を奨励することにある。この戦略は本質的に不安定で、ポピュリストあるいはナショナリズムのどちらかの方向へと引き込まれ、第一には公民的な指針のなかに、そして第二には生政治体制へと包摂される。

二〇一二年のロンドン大会におけるこの国民‐大衆は、「全員が勝者」というスローガンによって市場イデオロギーに直接結合された。そしてまた、オリンピック開催都市としてのロンドンシティ政府だけでなく、耐久力、不屈の精神、外部につねに開かれる用意があることといった、イギリスの自画像的な美徳を体現する式典やカルチュラル・オリンピアード（文化オリンピック）においても、多文化的な装いが与えられて演出された。

4　都市

オリンピックはますます、都市ビジネスとして、また公的な実用性および公益への寄与という点で評価されるようになっている。こうした規範のもとでスポーツは外来的な価値を付加され、共同体の統一性と都市のプライドに関わる合理的なレクリエーションという形式を促して、スポーツが何をもたらすかという観点で評価されるのである。大会運営の価値については公的な福利という官僚的な観点で定義され評価される。すべての開催都市招致競争ではこうした基準のためにリップサービスが、中央国家の権力に対抗するように地方自治体が招致競争の結果に対して民主的統制を及ぼせるように行われる。

共同体の統一性の指標としての福利という考えと、国民と大衆の結合という国家の視点における共同体の統一性を促す舞台としての福利という考えとのあいだには、本来的な緊張関係が存在している。北京の場合、現地行政の力が、「鳥の巣」アリーナへの道路建設のための破壊を通して、胡同《フートン》の移民地区における住民と同じようにごく微力であることが判明した。中国当局にとって優先すべきことは、中国という国における完全な近代の到来を演出することにあり、北京の都市構造や遺産を保存することではなかったし、その演出の過程で注意深く工夫して創られたメディア・イメージを危険にさらすことも気にしていなかった。[*37] バルセロナのときには北京と対照的に、カタルーニャ・ナショナリズムに関するレトリックが大会運営にポピュリスト的意味を与えつつ、それで反対派を効果的に抑制することができた。それによってオリンピックでの采配をふるい、地元の労働者階級が可能なかぎりそこに居続けられるような配慮を行ったのが都市行政であった。*38

二〇一二年のロンドンにおける都市のアジェンダは、オリンピック開催に関わる五つの行政区によって推し進められ、予想通り最小限の費用で当該地区の利益の最大化をめざしながら、レガシーの配当を、つまり国がオリンピック開催にあたってイーストロンドンに負っていた象徴的な負債に対する物質的な返済を強調していた。

5　多文化主義

スポーツにおいて機会均等を促進し、あらゆる偏見や差別を打破するということが現在のオリンピック招致における中心的な争点となっている。それゆえ開催都市に住む共同体との契約の中にそういったことが組み込まれていなければならない。オリンピック・ムーヴメントは形式としては、大会ですべての参加国が競技できるように公平な条件を整えるということに関与する。実際には多文化主義にまつわる言葉が、極めて多様な方針の売り込みや正当化に利用されており、国民‐大衆、都市行政、市場イデオロギーが今となっては高度に多文化化されている。しかし統合を主張するポピュリスト的なシナリオが支持されるなかで、「人種」間の平等性に関する問題は周縁化されつつある。多文化資本主義、つまり特定のエスニックな商品などのニッチなマーケティングが注目され、それがどれだけグローバリゼーションが開催地の事業文化を包摂、利用しているかの重要な指標になっている。またオリンピックに関連するサービス産業や遺産産業がその過程で大きな役割を果たしている。その過程で、オリンピックの家父長的な枠組み内部の多文化主義は特権的なコスモポリタニズムを生み出すが、パラ・オリンピアンのねじれを考慮すると、混淆的な規則をも受容する日常的な大衆的コミュニズムに根ざしたものとなる。

ロンドン大会では多文化主義的方針が、「都市の中の世界」を打ち出したイメージの表題として付されることで、文化的多様性というテーマが招致活動のセールスポイントとして市場化された。都市の経済的ダイナミズムとその販売対象

*35　この問題に関しては〔原著〕第五章を参照されたい。
*36　二〇一二年ロンドン大会における式典での国民‐大衆の役割に関して、さらなる議論は〔原著の〕第八章を参照されたい。
*37　Susan Brownell, *Beijing's Games: What the Olympics Mean to China*, Rowman and Litlefield, Beijing 2008.
*38　John Hargreaves, *Freedom for Catalonia: Catalan nationalism, Spanish identity and the Barcelona games*, Cambridge University Press 2000.

である住民とのあいだに直接的なつながりが形成された。富が生産されるのはロンドンのウェストエンド、カナリーワーフといった都市地域であり、そこには金融サービスや創造産業、知的資本の拠点が集中している。他方でエスニック・マイノリティの共同体は、専門的で労働集約的な労働力が依然として過小評価を受けているような場所で、それはロンドンのイーストエンドに住む貧民たちの豊かな混成状態に由来していると見なされた。

6　環境

二〇〇〇年以来、環境問題を重視する方針が着実にオリンピック・ムーヴメントで存在感を増しており、現在にいたっては招致競争における主張で、従来よりも緑化を進めた大会にすることが必ず盛り込まれている。スポーツ競技の価値を測る緑化方針は、人々を自然環境とアウトドア活動——ランニング、スイミング、セーリング、クライミング、サイクリングなど——との調和的な関係へと導くような運動を支え、運動競技場や他の施設から排出されるCO_2削減のための手段を支持することにもなる。ただその主要な影響は必然的に地域再生と大会運営という点に現れる。現在、持続可能性が会場建設やレガシーに関するあらゆる側面に浸透しており、またそうであるかぎり、ほかの価値経済とのあいだで取り決められてきた慣習的な規約が妨げられ、混乱がもたらされることがある。[*39] また、緑の価値経済は高度に道徳化されている——まさに持続可能性という考えに、同時代を生きる人間が環境汚染や資源の枯渇という負債を残さないこと、そして後世のために地球を保全するということの確約を含んでいる。緑の価値経済はさらに、CO_2排出量を削減するという地域事業では都市行政的な重要性も有しており、再生可能エネルギーなどの代替エネルギーの使用を促し、グリーン・ビジネスや社会事業によって市場化されていく。

環境に関する指針は要するに、モラル・エコノミーと市場経済という対立する価値経済を媒介している。両者がそれ自身の内部において高度に政治化される可能性もある。シドニー大会では、アボリジニーの土地権利を含む市民権の要求のなかに、シドニーのCO_2排出量という幅広い大衆的な関心も示されていた。つまりこの場合には、オリンピック開催の合意のなかで鱗のように重なり合っている国民‐大衆と多文化主義的テーマが環境的な関心を効果的に都市行政的方針のなかへ包摂しているのである。しかしこの方針がシドニーを世界都市として宣伝し、また地域にもたらされる大会の利益を強調することで、オーストラリア先住民を再び孤立無援の状態へと置き去りにしたのである。アボリジニー独特の文化は持続可能性という観点から称賛されたものの、彼らによるポリティカル・エコノミー的な要求は「人気」を欠くものと見なされてしまったのである。[*40]

ロンドン大会が主張していたのは、この大会こそが最初の、真に持続可能原則に基づくものだということであった。リサイクルされた生産過程におけるCO_2排出量の少ない建築資材、太陽光エネルギー、雨水の有効利用、オリンピックパークの改築などに莫大な労力が費やされた。しかし、メガイベントが本来、多量のCO_2排出をもたらす観光経済を生むという事態は依然として残る。環境保全の観点からすると、オリンピックとパラリンピックを開催しているロンドンの遺産がもたらす環境への影響は、イギリス全体とウェールズの首都カーディフを加えた規模に相当する。

二〇一二年のロンドン大会の結果を評価する際に鍵となる問題は、市場イデオロギーが都市事業のもとへ包摂されたかどうかである。そして、もしそうであればそれは単に言説上な策略であったのか、あるいはスポーツ、地域再生、そして大会運営に課された価値計測に加えて建造物やレガシーに対しても実質的な影響を与えていたのか。もしくは、イーストロンドンの再生という都市事業は遺産などの財産の市場化を覆う単なる物語だったのか。すでに、メディア・スペクタクルを通じて生み出された国民-大衆と多文化主義的方針との相乗作用が、生政治的かつ環境的なテーマが、遺産価値の最優位性を示す切れ目のない織布に一続きになりうるような、修辞的な舞台を創出したということは明らかである。ただ、競技会場やストラトフォードおよびその後背地の再生、大会後のオリンピックパークの運営といった事柄にまたがって形成された実際上の問題は、二〇一二年のオリンピック開催契約の中心的価値が依然として市場に後押しされたものであったことを示している。表2ではオリンピックの価値経済をレガシーの価値に着目して配置したものである。そして、それらの要素が具体的な契約の中でどのように表されるかということを図式化したものが図2である。

遺産政治＝レガシー・ポリティクスと分類化のプラグマティクス

ここまでの議論を踏まえて明らかになったことは、オリンピックが何であるのか、そしてどのようにそれは評価されるべきなのかということに関する様々な考えのあいだで、接合が起きる場合もあれば、潜在的に対立している重大な領域があるということでもある。スポーツの国際的理解を促進させる可能性という点で、オリンピックを評価するモラル・エコノミーと、そもそも評価不可能であるように思える多くの側

---

*39 シチュエーションコメディ *Twenty Twelve* でのお約束事の一つは、「持続可能性の長」が「レガシーの長」とひっきりなしに勘違いされることであり、両者はまったく同じ仕事をしているということが判明するのである。

*40 Richard Cashman, *The Bitter-Sweet Awakening: the Legacy of the Sydney 2000 Games and Paralympic Games*, DCMS, London 2011.

表2　レガシーバリュー

	スポーツの価値	地域再生の価値	大会運営の価値
市場	「勝者がすべて」	金色に塗られた開発	最大利益／最小費用
モラル			
オリンピック家父長制	オリンピックファミリー	遺産相続の場	世代を超えた協力
パラ・オリンピアン	妙技	寄贈の場	サービス文化
（混成）			
スペクタクル	名声	都市のイマジニアリング	開催都市のブランド
生政治	健全な心身	進化的発展	有機的政治形態
国民－大衆	大衆の参加	「全員が勝者」	階級的協力
都市行政	合理的なレクリエーション	共同体の統一性	官僚的責任
多文化	機会均等	コスモポリタニズム、都市構造	「多様性の中の秩序」
環境	盛んな野外活動	環境保全産業	持続可能な共同体

面ですら、厳格な得失関係の計算対象にしてしまう金銭の関係に基づくポリティカル・エコノミーとは、それほど共通しているわけではない。身体文化の商品化、開催都市における財産の観光客による利用、またはスポーツによって得られる名声の助長といったことに関わる世俗的な価値は、新たに神聖化された多文化主義や統合的な都市政策、持続可能性、そして都市の福利といった価値と同一の単位では測れない。だが、支配階級が請け負って熱心に行っている印象操作は、前記のような諸基準のあいだには何の矛盾もないという、彼ら自身やほかの人々に対する説得を含んでいた。

二〇一二年のオリンピック遺産に関する物語において、制度に関わる利害関係（政府諸部門、開催地の行政区、地域再生主体、グレーター・ロンドン・オーソリティ〔GLA〕）はひとまとめにされる。そこでは、驚くまでもなく、競合的な目標や互いに対立する目的が、それぞれの方針に従ってオリンピックに関する契約を組み上げていこうとぶつかり合っている。イーストロンドンでオリンピックを開催するにあたって掲げられた目標や目的のリストのなかには、遺産に関する目標が一八項目あり、「場のイメージと認識の改善」というものから、より優れた身体的な運動性やCO_2削減の促進といったことまで、幅広いものであった。このようなオリンピックの指針を定める過程で、利害や優先事項の対立に関わる交渉がなされるのである。

図2　オリンピック競技大会（1936-2012年）の概略図

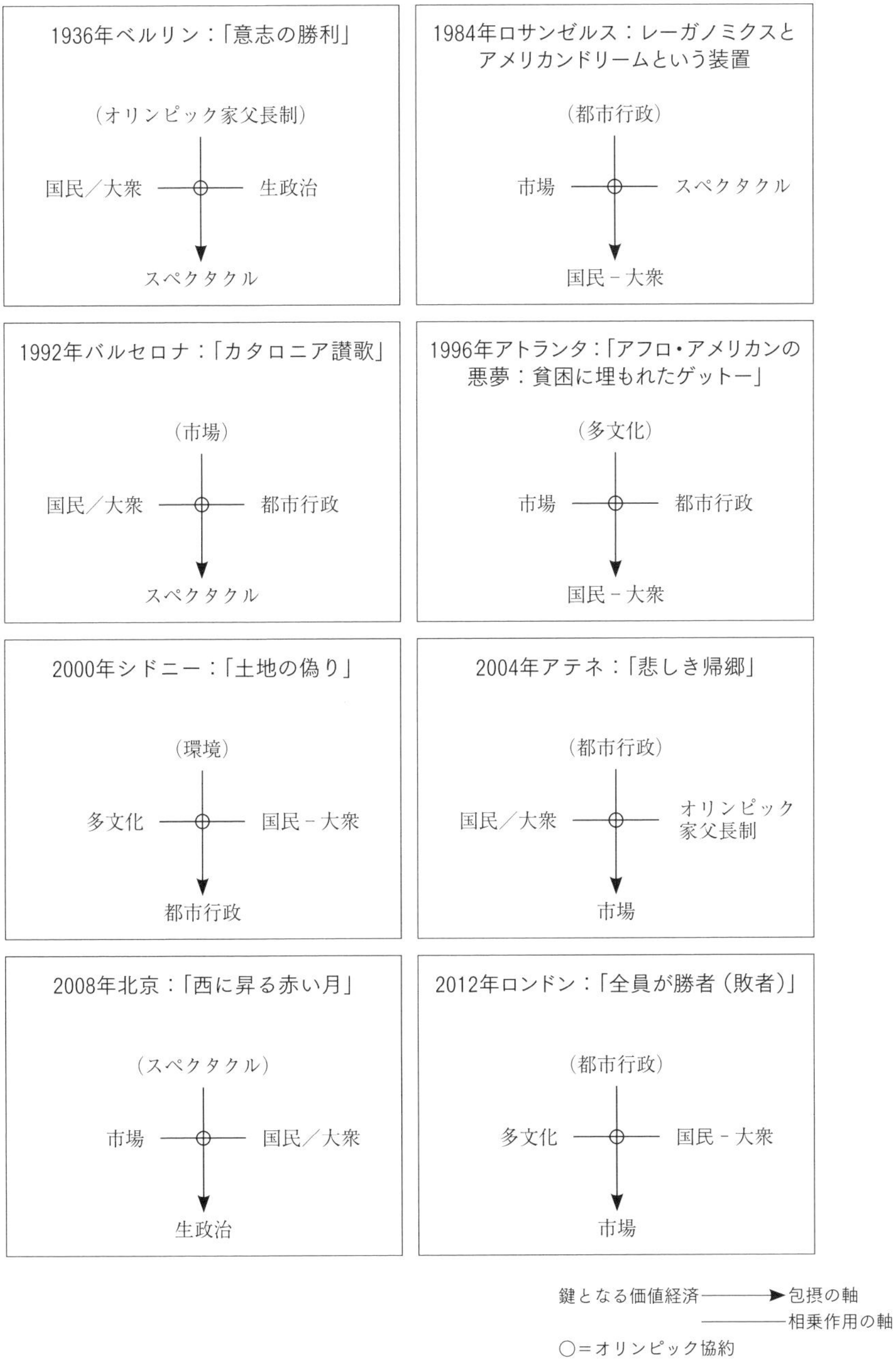

政府の諸部門から発せられる声明は、大会運営者にしてみれば遺産《レガシー》という事柄に関して同意された定義となる。一方でそれは、市場主導の経済成長に夢中な政界支配者の要望が浸透していることを確かめるために、媒介変数を与える役割も果たしている。GLAのトーリー党政権は、ロンドン市長ボリス・ジョンソンのもとで、地域主義という共通のイデオロギーに関連して開催地と中央政府とのオリンピック・パートナーシップを固めるという重要な役を演じている。つまり、市民生活のつながりは公的かつ私的な慈善行為が織り交ざることによって強化され、その結果として生ずる共同体の統一性は失業や福祉依存、そして政府が積極的に推し進めている、モラル・エコノミーの市場化による破壊的なインパクトの緩和をもたらすとされている。二〇一二年大会における政治的な見返りは、このプロジェクトの有効性が認められたことにあり、大会運営に関する評価の伏線をなしていた。

　このような内的な力の対立がどのような結果に至ろうとも、その即時的な結果として、様々な評価基準が激増する。IOCによって制度化された評価に加え、その他の制度的な利害関係者や政治幹部らは遺産《レガシー》という一つのケーキをみなそれぞれの方法で切り分けていくのである。しばしばその始点が違えば終点も違い、労力を費やす先が大きく重複することもある。ルイス・キャロルであればこの「不思議の国のレガシー」に喜びを覚えたであろうが、オリンピック運営当局にとってはそう喜ばしいものではなかった。いくつかの基準なしには両立しないような不完全で大量なデータ群となる遺産《レガシー》に対して、同一の評価を可能にできるような、いくつかの規則を設けようと必死の努力が続けられる。そこでは、文化やメディア、スポーツといった各部門がメタ評価の枠組みを供給するが、これは同じ方法論を何度も繰り返しているだけである。[*41] 運の悪いことに、この問題は懸命な調査努力の整合から導き出されるプラグマティクス〔語用論〕というよりは、より概念的なものである。

　政治関連の文献においては多くの場合、「ハード」レガシー、つまりオリンピック関連施設やそういったものの大会後の利用——都市計画者や政策立案者は大会後のそのような利用を固定できるものとして考えている——と、「ソフト」レガシー、こちらはハード・レガシーとは対照的に、固定不可能な雇用創出、健康の配分、スポーツへの参加あるいはイーストロンドンの「再ブランド化」などがある。この両者によってレガシーが分けられる。[*42] このうちの後者は、ジョナサン・ラバンが「ソフトシティ」——住民によって生かされ、物語られるものとしての都市——と呼んだものと混同されることがしばしばあるが、先に都市構造に関する議論で示したように、象徴的なことは、レガシーそれ自身が会場建設の建設過程の一部であり、ソフト・レガシーが何を意味しているのかを指摘するのは、その物質的な、ハード・レガシーの側面なのである。[*43] ハードとソフトという差異は多くの理由からして不十分なものである。[*44] こうした差異に基づいて考察すると、不動産に関わる決定を社会的、文化的考察から締め出し、これによって建設業の界隈は喜ぶかもしれないが、悲惨な結果も起こりかねない。さらに、異なる種類の財産を評価するために用いられるべき分類や基準を互いに混同させてしまうこともある。概念的には、真に「自己産出的」、つまり建造物のなかに組み込まれた数量化可能な指標によって測られ伝達されうる、内部で創出された効果を生産するような地域再生プロジェクトと、評価にあたってはそれ自身のものではなくて解釈学的な言説のなかに組み込まれる必要のある「他者創出的」なプロジェクトとのあいだにより有意な差異がある。[*45] 喩えるならば、建設技術の養成プログラムはただ、目標に到達した対象者数と参加者が獲得した技術という点において評価することができ、またその結果を似たような仕組みをもつプログラムと比較することが可能である。しかし、オリンピックパークに展示された詩の数々を、純粋に美的な基準——それらが詩としていかに美しいか——や、それを読むために立ち止まった人の数によって評価することはできない。可能な方法は訪問者の一部にインタヴューを行って反応を聞くことであるが、それによって詩それ自身の外部にある基準——文脈の関連、場所の特殊性——が評価に加えられることになる。

他者創出的なプロジェクトは民族誌的な観察手法に基づいた質的調査で適切に評価される。つまり抽出法による聞き取り調査や集団に焦点をあてる方法、そして場所に特有の知識

---

*41 *Meta- Evaluation of the Impacts and Legacy of the London 2012 Olympic Games and Paralympic Games*, DCMS, London, 2011.

*42 オリンピック開催都市の比較で経済学的アプローチを採用しているものとして、H. Preuss, *Staging the Olympics: A Comparative Guide 1972-2008* (Edward Elgar, Cheltenham, 2009) がある。より都市研究に近い比較手法が、J. R. Gold and M. M. Gold, *Olympic Cities: City Agendas, Planning and the World Games 1896- 2012* (Routledge, London, 2007) に所収されている論文で提起されている。概観としては、C. Kennett, M. Moragas and N. Puig (eds.), *The Legacy of the Olympic Games: International Symposium Lausanne, 14th, 15th and 16th November 2002*, International Olympic Committee, Lausanne, 2003 に所収されている H. Hiller, "Toward a Science of Olympic Outcomes: the urban legacy" を参照されたい。レガシー研究の全般的な概略としては、M. Dyreson and J. A. Mangan, *Olympic Legacies* (Routledge, London, 2013) と M. Smith, *When the Games Come to Town* (University of East London, 2009) を参照されたい。

*43 J・ラバン『住むための都市』(高島平吾訳、晶文社、一九九一年)。

*44 慣習的なレガシーの定義に関する議論は H. Preuss, "The Conceptualisation and measurement of mega sports event legacies," *Journal of Sports Tourism* (Vol.12, No.3/4, 2007) を参照。

*45 こうした差異に関するさらなる議論はオンライン上のグロッサリーを参照されたい。

を最重要視し、様々な集団が特定の側面や段階、地域再生プロジェクトに対して付与するような意義、価値、物語を探求していくような方法論に則った質的調査によってである。[*46] このアプローチは「共同体」を均質に取り扱うのではない。また原則的にこのアプローチは、進行する公的な審議や、大会を回顧したときに、それが何を意味するようになっているかということについての対話の舞台を作り出すものである。そのようなものとして前記のような手法は、統合された価値の経済を評価するものとして好ましい方法論であるはずである。そうした方法で遺産《レガシー》の語られ方を評価する場合でも、この方法論は本質的には各オリンピックの物語という遺産に寄与するものである。しかしながら、まさにこのような評価方法がレガシーに埋め込まれているということが、レガシーを一定の共役性をもって評価することができるかどうかに関わっている。そのため結果として、具体的な人間の利害においてレガシーが獲得するものは、政治的権力の中に姿を消してしまう。

　このような差異を横断することで、重要ではあるがまだ議論が不十分なもう一つの差異が現れる。それは可視的なものと、つかみどころのない財産や責任とのあいだにある差異である。こうした差異は、都市における社会的、経済的、文化的生活に、所有と管理の様式に関連して影響する、より深層的で隠された効果を持つ都市構造——たとえば、運輸手段や住宅在庫の改善、あるいはジェントリフィケーションによる人口や資源の再配分——に転化する。たとえば、オリンピックがロンドンの観光経済に与えた即時的な効果を、ホテル使用状況やサービス、観光、遺産産業の回転率といった点で評価する一方、それらが深層経済、経済活動の諸形態、経済的機会の分配への影響、さらに環境や市民の健康や福利に対して与えた効果を知る必要がある。これは、ただ経済成長に関する問題ではなく、持続可能性という問題を考察することを意味している。同様に、可視的な人口変動が場所のイメージや認識に与える効果が調査対象となりうるだろうし、オリンピックの到来に伴って生まれたロンドン市民の新たなアイデンティティが、大会後の世界でどの程度持続するのかということも関心の対象となるだろう。ここで打ち出された概念的な差異は、都市と世界との交渉関係のなかで容易に観察、記録が可能であるもの、つまり都市生活の現象形態と、都市の空間構造を生産、編成、そして商品化する要因や力とのあいだに存在している。

　これらの二つの側面が互いにどう作用するのかということの例として、オリンピックパークが、ここで提示した地域再生プロジェクトとそのレガシーの異なる類型とのあいだに存在する差異に関わって、どう分析されるかを考えてみるのがよいだろう（表3）。

　レガシーをこのように再分類することは、レガシーの評価

表 3

	自己創出的	他者創出的
表出している	地域の人口に与える再生の効果	公共設備としての公園
隠されている	地域の土地価値に与える再生の効果	記憶風景としての公園

に適切な概念的側面を加える。これはただ単に学問的な営為にとどまることではない。再生に関する自己創出的なすべての側面をグループ化することで、様々な政策領域、つまり、経済、環境、文化、そして経済の関係について、従来以上にそれらを結びつけて考察することが必要となってくる。同じように、都市のソフト・レガシーを再定義することで、政策官僚が無視し、社会参画の量的指標に切り縮められてしまう側面を統合することになる。つまり、地域共同体の主張や価値観が認識論的な重みを増し、より適正に表されるような、レガシーの別の評価枠組みを発達させるような視点を促すのである。また同様に、表出しているレガシーと隠されている深層的なレガシーとのあいだの差異は、都市構造における問題に対する、純粋に美学的感覚によって計画された解決法と、根底に存在している社会的な断層線を示すような解決法とをより簡単に識別できるということも意味する。このような二つの方法(「表出している/隠されている」と「自己創出的/他者創出的」という二種の区分)によって、レガシーの物語——そこでの公約はどの程度守られるのであろうか——に関する評価はそれぞれの大会のナラティヴ・レガシーとして、その歴史的記録における正確な要素として、さらに密接な形で統合されるのである。

真理の効果——オリンピックの審査文化へのノート

二〇一二年のロンドン大会を「レガシーの大会」として強調することによる一つの帰結が、イーストロンドンとロンドン全体、そしてイギリス全体の社会に与えた即自的な、そして長期的な効果を評価するにあたって、その大きな評価手段が構築されたということである。オリンピックというのが重要かつまた費用のかかる事業であるために、このような審査文化がどのように機能するのか、これは時間をとって考察するに値する。[*47]

もしプロのストーリーテラーに、ある行為にアカウントを

*46 たとえば、A. Klausen (ed.), *Olympic Games as Performance and Event* (Berghan, Oxford, 1995) に収録されている論文を参照。より焦点化された、方法論についての説明は H. Eichman, "The Narrative, the Biographical, the Situational: Scandinavian Sociology og Body Culture, Trying for a Third Way," *International Review for the Sociology of Sport* (Vol.29, No.1, 1994) を参照。

与えることにどんな意味があるのかと尋ねれば、きっと彼女は、起きた出来事に対して、原則的にはそれへの責任を帰属させるために、報告を付け加えるということだと答えるだろう。いいかえれば、それは人間主体に中心が据えられた物語の説明の一つの形式である。銀行の支店長に対してアカウントとは何かと聞いた場合には、彼はおそらく顧客の財政状況、顧客が現在どれだけの価値を有しているか、そしてどれだけ借越しを行っているかという記録あるいは状態のことだと返答するだろう。この二つアカウンタンシー＝会計事務の合併――実際には陣取り合戦――は、ある人物がより上級の道徳的権威に責任を問われる最終審査という観念から、人が自身の行為を何らかの内面化された規範や社会的責任に照らしながら監視、評価するという断続的な自己評価のプロセスとしての審査という観念への歴史的な転換なのである。これはしばしば、ある人物の行為を費用あるいは得失という観点で判定する複式簿記のような形式をとって現れる。要するに私利や合理的選択の主体として見なされる、内面的な心理機能を測る一種の審査経路を作り出しているのである。これは市場イデオロギーがモラル・エコノミーを自身のものとして貫き、再編する重要な方法でもある。[*48]

こうした審査過程は本質的に私的なものであり、それゆえ自己欺瞞というあらゆる計略を被りやすい。そうすると、これを公的に精密な検査にかけるにはどうすればよいのであろうか。[*49] その答えはパフォーマンスという観念のなかにある。二〇世紀後半におけるこの言葉の定義「劇的な提示あるいは表示、とくに目立ったり、いらいらしている振る舞いに対するもの」（OED）は次第に「ルーティンあるいはすでにきまっている仕事を遂行する際の能力を計測すること」という意味に取って代わられるようになってきた。「ロールプレイング」のような、社会的相互行為の代表的なパターンへの演劇的なメタファーを使用し、しかし社会的態度や振る舞いを統計的規範に基づいて従順性や逸脱性という点から判定する手段も供給しているというかぎりにおいて、社会科学はこうした言説の転換を操作する重要な役割を担ってきたのである。

生物統計学、人類統計学、心理統計学、社会統計学、地理学、歴史統計学など、これらの統計手法が、規律化、あるいは整序された努力を要するものと見なされた身体、つまり労働する身体、軍事的な身体、市民的な身体、子どもの身体、そしてとりわけ「アスリート」の身体、こういったものへ適用されるなかで発展してきたことは、偶然ではない。[*50] それぞれの規律によって特殊化された条件のもとで、多様な形で体現された人間の行動を把握するために発展したこれらの様々な技術には、共有されていることが一つある。つまりそれらは、数量化可能な「パフォーマンス」の指標である共通性のなかへと集約される、標準化された評価手段の枠組みを形成しているということである。身体が検査を受け、比較され、そして判定を受けること、そしてその身体の能率性／あるいは有効性といった点から様々な価値が付されることを可能にしたのが、計測機器によって生み出されたこのパフォーマティビティ〔遂行性〕という原則である。[*51] 計測法は統治の監視システムにとって中核的なものとなり、新たな、そしてそこにおいて演劇的かつ官僚主義的な秩序が生まれた、大衆の監視体制を供給しているのである。つまり、演劇的な表出／可視的な展示として、かつ測定可能な生産／結果としてのパフォーマンスが、単一の管理装置へと統合されたのである。[*52]

　この新しい評価システムが、かつてよりも正確な成功と失敗に関する水準の構築を可能にしたのである。つまりパフォーマンスにおける些細な違いも、成功と失敗の境界を引くには十分なものとなっているのだ。またこのシステムは、それが究極的な価値に関する評価判定を遮断したとたん、まったく異なっている一連の実践すべてを、同一の基準に基づく計算対象として検査し、取り扱うことをも可能にした。その代わりに価値を置かれるようになったのは、検査対象に関して何かを明らかにするための試験そのものである。マリリン・ストラザーンが指摘したように、「出来事に関するレポートは、それ自身が産出している価値形態に基づいている」[*53]。彼女はこのことをオートポイエーシスの即自性――ある閉鎖系の自己作動の合理性を創出する方法――であると定義した。要するに評価プロセスは自身の自己言及的で内生的な到達規範を設定するのである。審査が評価するのは、被験者における、審査という検査に付されるべき能力である。

　この過程は、二〇一二年のロンドン・オリンピックに導入

＊47　審査文化の批判に関しては、M.Strathern (ed.), *Audit Cultures: Anthropological Studies in Accountability, Ethics and the Academy* (Routledge, London 2000) に収録されている論文を参照。

＊48　N・ローズ『魂を統治する――私的な自己の形成』（堀内進之介・神代健彦訳、以文社、二〇一六年）。

＊49　J. Mckenzie, *Perform or Else: From Discipline to Performance*, Routledge, New York, 2001.

＊50　身体動作に関する美学的、科学的研究がどのように集積しているのかということについて、R. Solnit, *Motion Studies* (Bloomsbury Publishing PLC, 2004) を参照。また、M. Budd, *The Sculpture Machine: Physical Culture and Body Politics in the Age of Empire* (Macmillan, Houindsmill 1997) も参照されたい。現代の「ボディポリティクス」批判としては、A. Heller and S. Riekmann (eds.), *Biopolitics: the politics of the body, race and nature* (Avebury, Aldershot 1996)、および E. Cherniavski, *Incorporations: Race, Nation and the Body Politics of Capitalism* (University of Minnesota Press, 2006) を参照。

＊51　A. Rabinbach, *The Human Motor: Energy, Fatigue and the Rise of Modernity*, University of California Press, 1992.

＊52　監視、計測技術と、資本主義的近代という体制の統治技術との関係についての議論は J・クレーリー『観察者の系譜――視覚空間の変容とモダニティ』（遠藤知巳訳、以文社、二〇〇五年）を参照。

＊53　M. Strathern, *Audit Culture*, op. cit. p22.

された評価の公式枠組みにおいて明確に機能している。「論理的連鎖＝ロジックチェーン」という概念が、大会に導入された枠組みが確立しようとする方法論的な要綱の中心である。

すべての評価は、それぞれ調整されたロジックチェーンに基づいて、事業の明け渡しが当初の目的から最終的な結果に至るまでどのように進むように企図されているのかを示さなければならない。これらの結果の一部は、その事業計画において提示されていた決定済みの事業目的に関連することになると考えられるが、その他の結果に関しても、それが事業目的の中に含まれていなかったり、あるいは連携していなかったりしても論理的に予期されうるようなものになるものと考えられる。（…）ロジックチェーンは、提示された活動と、類似的な事業の経験を踏まえた見通しに基づいた、評価の早期段階において開発される必要がある。評価が進行するにしたがって、ロジックチェーンは改定を加えられ、証拠とともに提示されるべきであり、さらに必要に応じて、観察された相互作用により良く適合するよう修正されていくべきである。最終的なロジックチェーンは評価の最終段階において、証拠や評価過程で得られた理解などを反映しながら作り出されなければならない。（出典：文化・メディア・スポーツ省、二〇〇七年）

評価されているのはオリンピック事業がどう進められるかということにとって本質的である発展的なロジックである「目的、入力、出力、結果」からなる切れ目のないチェーンであり、これが審査それ自身の軌道と物語的説明という特有の形式を正確に示している。審査可能であるということは要するに、プロジェクトが構想され、計画され、そして始めから遂行されるその道筋の中に組み込まれているものであり、それこそが測られているのである。そして、ある構想によって付加された価値を評価するにあたっては、前記のような評価の原則は裏返しになる。評価過程における内的な価値経済から利益を得ようとする人々によってプロジェクトに課された価値は、往々にして無視され、その代わりに、プロジェクトが生じなかった場合の状況は一体どうであったろうかということを推測するために、反事実的な外的規則が導入されるのである。しかし、こういったことは社会学的思考における本来の営為ではない。社会学などの学問諸分野は、ロンドンがオリンピックを招致できていなかったときにストラトフォードがどうなっていたかということを解こうとしているわけではない。むしろ、容易に数量化できず、また統制もできない外的要因の影響から、プロジェクトの効果を切り離そうとするものだ。矛盾していることだが、何が起きなかったかということに注目することは、実際に起きたことが持つ幅広い含意を無視する一つの手段になっている。

オリンピックの審査はその効果という観念に関連して組織される。効果を受けるのは誰なのだろうか。効果が感じられるのはどこにおいてか。いつ効果が知覚されるのか。これは、二〇一二年の大会に関する評価が繰り返している調査上の問題の三位一体である。効果の研究〔インパクトスタディ〕は、単線的な因果関係のモデルを用いて実施され、対象となる住民への作用の干渉という効果を測るものとされている。そうした住民間の相互行為が、作用それ自身に与える効果が考慮されることはほとんどない。そのような研究は、オリンピックという文脈においては、本質的な物語は大会が開催地の共同体をどのように変えたかであって、共同体自身が大会をどう変えたかではない、という思考法に基づいているのである。完全に内在的な、行為主体性の自己言及的な原動力を形成するにあたり、効果研究は人間という行為主体を単なる人形として、受容者である共同体を、政府の目標や目的の実現に対して、自身の自律的な行為主体性をなんら持たない、受動的な支持者か反対者に切り縮めてしまっている。

効果測定を原動力とする審査は、「抜け目のない」政治家や政策立案者、スポーツ関連当局に最も大きな影響を持つ、複製可能で規模の大きい統計学的な手続きについての説明に関する確かな言説である。つまり、審査によって客観的かつ信用性を持っているかのような外見が付与されるということだ。[54] 審査することによって、ある大会と他の大会との共通の達成指標を通じた比較が可能となる。つまり、過去のオリンピック大会の一望的な調査が、適切な「オリンピアン」に基づいて、つまりはグローバルな視野をもって展開されうるようになった[55]。まさにここにおいて公衆の行動を規制し修正するべく作られた、社会的干渉プログラムの計測的な観察に努力してきた法科学が、公衆の印象操作の過程における知識をどのように運用すべきかという技術を創り出しているのである[56]。

しかし実際には、審査文化という装置のなかには、審査の

＊54　効果研究にはひとつのアイロニーがある。外来的な効果計測の頑丈なイメージを持ち合わせ、オートポイエーシスを評価するための選択の方法論であるべきであること。そして私たちの生を、地域共同体が大規模な再開発に抗するエンパワーメントの手段としてみなすというアプローチ。そしてそれが現在、地域再生担当当局が対立を処理し、同意を得る主要な術となるべきだということ、である。J. Obliggiato, *From Community Empowerment to Conflict Management: A Short History of Impact Studies*, Gower 2005 を参照。

＊55　H. Preuss, *Staging the Olympics*, op. cit.; J. R. Gold and M. M. Gold, *Olympic Cities*, op. cit.; H. Hiller, 'Toward a Science of Olympic Outcomes', op. cit.; M. Dyreson and J. A. Mangan, *Olympic Legacies*, op. cit.; M. Smith, *When the Games Come to Town*, op. cit.

＊56　たとえば、*The Olympic Games Impact Study London 2012 Pre Games Report* (ESRC 2010) を参照。この公式なＩＯＣ研究の次の報告二〇一五年ということになっている。

信用性を継続的に低下させる幽霊が存在している。それは審査の意味である。審査がその証拠であり、知的主張となるものを公的領域に持ち込む必要があるとなると、その審査はたちまち、解釈に関するより高次の秩序原則を表す物語のなかへと巻き込まれていってしまうからである。つまり審査は、希望あるいは達成、正当化あるいは非難、賞賛あるいは失望ということに関する物語になっているのだ。審査とはこのような幅広い物語の枠組みに関わっている。そしていまこそ我々が転換させなければならないのがこの枠組みなのである。

Title: Thanks but No Thanks: gift and debt in the Olympic Compact, in *On The Wrong Side Of The Track?: East London And The Post Olympics*, Lawrence and Wishart, 2013
Author: Phil Cohen

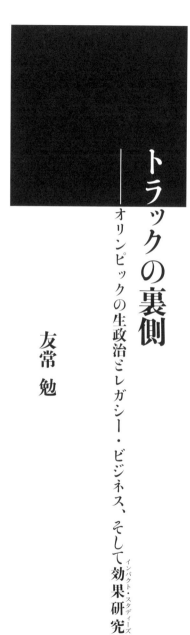

トラックの裏側

——オリンピックの生政治とレガシー・ビジネス、そして効果研究《インパクト・スタディーズ》

友常 勉

ここに訳出したのは、フィル・コーエン *On the Wrong Side of the Track : East London and the Post Olympics* (Lawrence and Wishart, Lodon 2013) の第六章 "Thanks but no thanks: gift and debt in the Olympic compact" である。

著者コーエンは、イースト・ロンドン大学名誉教授で、現在はロンドン大学バーベック・カレッジの招聘教授として、文化地理学を担当している。コーエンには、五年の時間をかけて執筆上梓された本書のほかに、*Knuckle Sandwich: Growing up in the working class city* (Dave Robins との共著、Penguin, 1978)、*Rethinking the Youth Question* (Palgrave, 1997)、*Finding the Way Home: young people's narratives of race, place and identity in London Docklands and Hamburg* (Nora Rathzel との共著、V&R Unipress, 2007)、*London's Turning: The making of Thames Gateway* (Mike Rustin と共著、Ashgate, 2007) などの著書がある。これらの著書のタイトルに表現されているように、そしてここに訳出した章を一読すれば瞭然であるように、コーエンの仕事は、若者文化、労働者文化とイースト・ロンドンのコミュニティをフィールドの中心に、先行するポール・ウィリスらの文化社会学研究、さらにE・P・トムスンやピーター・ラインボーなどのイギリス社会史研究のラディカルな遺産を継承している。

二〇一二年ロンドン・オリンピックの主会場となったイースト・エンドは、テムズ川が曲流してできあがっているドック島および川沿いの北側の地域を指し、ロンドンの政治経済の中心であるウエスト・エンドに対置される下町エリアである。イースト・エンドは一九世紀なかばには、ロンドン・ターミナル駅の建設によって追い出された移民層・貧困層が集中する人口過密地域となったが、すでに一七世紀から、アシュケナージ・ユダヤ人、アイルランド移民がここになだれこみ、そしてバングラデシュ移民の集住地区となった。こうした歴史のなかで、イースト・エンドは、一八八八年に起きた「切り裂きジャック」に代表される犯罪、貧困、疾病の同義語となった。同時に、テムズ川沿いにドックが集中し、下層労働によって支えられる商業と製造業の中心地でもあった。こうした事情から、イースト・エンドは社会運動の中心地となり、たとえばチャールズ・ブースの労働運動、アニー・ベサントの女性の権利運動（一八八八年にマッチ工場の少女たちのストライキを組織した）はこの地域を舞台にしている。そしてまたここは文化運動のメッカでもある。コーエンはイースト・エンドの「殿堂」の文化地図をこの本の巻頭に付しているが、そのリストには、チャップリン、アーノルド・ウェスカー、バーバラ・ウィンザー、ベン・ティレット、ジョージ・ランズベリー、シルヴィア・パンクハースト、ジャック・〝キッド〟・バーグ、クレメント・アトリー、ジョアン・リトルウッド、ディジー・ラスカル、ビリー・ブラッグ、シド・ヴィシャス、ロニー・レーン、イアン・デューリー、ディヴィッド・ベッカムらの名前が並ぶ。

したがって、On the Wrong Side of the Track ＝「トラックの裏側」というタイトルに、大英帝国の首都ロンドンの裏側としてのイースト・エンドという含意があるのは当然である。この「裏側」はオリンピックという国家的かつグローバルなビジネス・プロジェクトが有する重層的な構造に重ねられる。オリンピックはきわめて複雑な契約形態から構成されるメガプロジェクトである。しかもその誘致条件はイースト・エンドの再開発であった。そこでコーエンは、イースト・エンドの来し方行く末を視座に置き、現在の住民たちに対する膨大なインタヴューを行いながら、現在の生政治研究とガヴァナンス研究の成果を駆使して、このメガプロジェクトが地域共同体に与えたアイロニカルな遺産＝レガシーとその効果を描き出している。オリンピック協約は、地域コミュニティ、企業、メディア、地元自治体、政府、さらに大小の研究教育機関が物理的かつ象徴的な利害関係を結ぶ。この関係の総体に決定的な役割を果たしているのは、「レガシー（＝遺産）」という価値の経済である。しかもこのレガシー経済は、ひとびとの情動にダイレクトに働きかけてそれを組織する。ここで訳出した第六章は贈与と負債についての原理的な議論から始められているが、市場経済や政治経済と、直接的には無償の交換経済であるモラル・エコノミーが入れ子状態になってつねに同時に作動している。開催地において歓待の精神を醸成し、パラリンピックに典型的な「参加することに意味がある」という平等主義の言説を再生産しながら、アスリートたちの戦いが邪心のない営為として描きだされる。オリンピックのゲームは、ほかのスポーツ競技と同様に、利害集団としてのスポンサーたちと国民的一体性を強調しようとする諸国家の欲望と、テレビの前で、あるいは会場でレースのダイナミズムに身を委ねる一人一人の熱狂を重ね合わせる巨大なモーターとなる。それによって、資本、国家、個人それぞれの関わりに応じたレガシーをつくり出すのである。

しかも実際には、オリンピックのナラティヴはスポーツによってのみつくられるのではない。そこにはひとつの巨大な物語装置がある。ロンドン・オリンピックの開会式セレモニーは、ダニー・ボイル演出によって、シェークスピアの『テンペスト』のなかの「驚きの島々」が大英帝国の近現代史になぞらえて構成され、パラリンピックではスティーブン・ホーキンスを登場させて「啓蒙」をテーマに構成された。投下された資本を回収し、個人の熱狂を持続的に組織できるのは、国民主義的一体化を実現するこうした「大きな物語」があるからである。

さらに指摘したいのは、こうした道徳的倫理的かつ市場経済的で政治経済的なレジーム——それは生政治的経済とでも呼ぶべき一面を持つ——からなるプロジェクトをその得失と利潤をはじきだすための会計処理として、インパクト＝効果を測定する会計基準が駆使されているということである。レガシーを生産する資本と生政治的経済を測定するための自己言及的な会計審査は、ガヴァナンスとコンプライアンスという倫理的規制の可視的な基準を構成している。この会計基準は今日の私たちの生を生政治的経済にあわせて鋳なおす、もうひとつの監視装置である。

本書出版後のポスト・オリンピックの現在もなお、イースト・エンドにおいて、コーエンは住民のインタヴューを継続している。生政治的な経済はかならずしもイースト・エンドの人々の生の全体を覆いつくしていないことも、そこで確認される。したがって、コーエンの作業をとおして、現代の生政治的経済を変えていくための手がかりを見出すことが可能なのだ。そこには、二〇二〇年東京オリンピックに向けて、私たちが考えるべき課題のために、多くの示唆が含まれている。

第Ⅳ部

アスリート

競技場に闘技が入場するとき

小泉義之

1　アート・学術・スポーツに対する態度

ジャンルの違い、規模の違い、運営形態の違いなどを度外視するなら、私にとって、東京オリンピックも瀬戸内国際芸術祭もまったく等価である。どちらも文化を売り物とするメガイベントであり、どちらも直接間接の経済効果を狙う資本主義的な祝祭である。したがって、私からするなら、東京オリンピックに反対するなら瀬戸内国際芸術祭にも反対しなければならない。後者を条件付きであれ容認するなら、前者も同じ条件を付けて容認しなければならない。

この態度について、別の言い方をしてみる。これまでミュージアムや地域で催されるアートイベントに対しては、批判や批評という名のもとに、数多くの議論が提出されてきた。[*1] ところが、ミュージアムを解体せよという議論やアートイベントを中止せよとする反対論は、驚くほど少ない。そこにどんなに問題があろうとも、アートを展示することやアートを展開することだけは無条件に擁護されなければならないかのようなのである。[*2] この事態をそのまま受け入れ、スポーツもアートも等価であるとする態度をとるなら、第一に、これまでアートに対して向けられてきたさまざまな批判や批評のすべてをスポーツに対しても適用するということになる。そして、第二に、そこにどんな問題があろうとスポーツ競技そのものは擁護しなければならないとして、あからさまな中止要求は控えるということになる。あらかじめ強調しておきたいので繰り返すが、瀬戸内国際芸術祭を容認するなら東京オリンピックも容認するべきであり、東京オリンピックに反対するなら瀬戸内国際芸術祭にも反対するべきである。アートだけを特権化してはいけない。あるいは、スポーツだけを悪者視してもいけない。繰り返すが、文化産業として、両者は等価である。

　この態度は煮え切らないもののように見えるかもしれないが、その射程はもっと広がる。規模の違いを別とするなら、各種のアートプロジェクトと大学で催される各種学術集会は等価である。一方はアートを掲げ他方は学術を掲げているが、文化経済的には等価である。大学で行われる学術集会では、旧来からのシンポジウムや口頭発表に加え、種々のワークショップ、市民参加のミニイベント、産官学民協同のプロジェクト、それらの準備過程のメイキング報告、書籍だけにとどまらない関連商品の売り込みなどが並行して行われている。もちろん国際化されており、相当の参加費を徴収してもいる。アートプロジェクトについては、それがどんなに若手作家をただ働きさせていようと、若手作家に発表の場を保証しているとして擁護されるのと同じ訳合いでもって、国際学術集会は若手研究者自身によっても擁護されている。このように、昨今はますますもって、アートイベントと学術集会は等価になっている。[*3] したがって、アートイベントと学術集会に対しては同じ態度を取るべきである。東京オリンピックの中止を求めるなら、同じ訳合いでもって、大学の国際学術交流の中止を求めるべきである。オリンピックだけを悪者視するいわれはない。

　これだけだと、あるいは生温いと思われるかもしれないが、メガイベントに関しては注意すべき点がある。すなわち、アートであれスポーツであれ学術であれ、イベントは特定の場所で行われているということである。それは、廃鉱、離れ島、過疎地、博物館、美術館、湾岸地区、競技場、大学キャンパス、企業研究施設など、「特区」で行われている。した

*1　最近の堅実な批評集として、次のものをあげておく。藤田直哉編著『地域アート――美術／制度／日本』堀之内出版、二〇一六年。

*2　このいささか気味のわるい状況は、中近東の内戦と戦争において文化遺跡が破壊されることに対して無条件に非難の声をあげることがコンセンサスになっている状況と通底している。そもそもユネスコ世界遺産などに指定されたものの歴史を顧みるなら、多くの遺跡が血塗られた過去を有すること、愚かしい開発の成れの果てであることなどは明らかであり、いかなる遺跡であれ無条件に保存するべきなどと言えないことも明らかである。戦争遺跡や産業遺跡についても、ダークツーリズムについても、おそろしいほどに人々は無批判になっている。

*3　あるアートイベントで、ほとんどの作品・プロジェクトは学術研究発表に見えた。呆れた。そして、堪え難かった。アートと学術は、実質的な内容においても等価になっている。

がって、アート・スポーツ・学術のイベントに対する態度は、特区に対していかなる態度をとるのかという問いに置き換えてみることができる。本稿ではこの観点で考えていくが、そのとき、国民・市民は二つの部分に分かたれる。すなわち、特区に入ることのできる（入りたがる）人間と、特区に入ることのできない（入りたがらない）人間の二つにである。そのとき問われるのは、どちらの人間の立場に立つのかということである。[*4]

先に、特区好きの人間の議論を見ておこう。竹中平蔵は、ニーチェの言葉「芸術は生を可能ならしめる偉大な形成者である」を引きながら、アートイベントについて次のように書いている。

> グローバル化が進み、デジタルな技術革新が目覚ましい今日の経済社会において、クリエイティブ人材が果たす役割は極めて大きい。そうしたクリエイティブな活動をするに当たって欠かせないのが「アート」の存在だ。例えばダボス会議のようなリーダーが集まるコンファレンスでは、必ずと言ってよいほど「アートイベント」が並行して行われている。まさに、経済社会の活動が高度化し複雑化すればするほど、人間にとってアートの持つ意義が高まっていると言える。[*5]

竹中平蔵に言わせるなら、「高いインテリジェンスとクリエイティビティを持った人」はアートが大好きなので、「クリエイティブな人材を集めるためには、そこがアート溢れる街であり、アート溢れる国である必要がある」[*6]。エリート層を集めて経済効果なるものを生み出すためには、エリート層の「生を可能ならしめる」、エリート層の御眼鏡にかなう接待用の娯楽を用意しておかなければならないというのである。[*7]竹中は続ける。「そのためには、例えば東京をアート特区にして、アートに対する寄付を免税にするという制度が考えられてもよい」。「日本政府は文化に対してあまりお金を使っていないことは明白である」が、アメリカが文化予算は少なくとも文化大国であるということに追随するなら、主として「柔軟な寄付税制の確立」こそが政策的に目指されるべきである。加えて、アートは、国際的なソフトパワーになりえているのだから、エリート層がその意志を貫徹するためにもアートの力を活用するべきである。このように、エリート層は、アートイベントにノリノリである。では、そのようなメガイベントに参入したがる人間とは誰であろうか。

アート特区としての東京は、いかなる場所として設計されているであろうか。そこに集うのは、リチャード・フロリダの言い方では「創造階級」である。[*8]すなわち、科学技術者、システムエンジニア、大学教員、詩人、芸術家、エンターテイナー、俳優、デザイナー、建築家、エディター、文化人、映画製作者、等々である。ここで注意すべきは、その特区には、サイトスペシフィックな「法」が布かれていることである。すなわち、性や人種の多様性を重んずるダイバーシティ、冒瀆的言辞や憎悪発言を封ずる軋轢なきコミュニケーション、敵対性やハラスメントの存立しえないグローバルで温和な友愛、無能力者を不可視化した公正な能力競争、社会的なものや保護的なものの影を払拭した自律的な自由、等々である。そこは、啓蒙の近代的プロジェクトが圧倒的に勝利したがために、光を求めるための基盤となるはずの暗闇さえもが消失している特区である。[*9] 礼節を弁え誠実で清潔な人々だけが行き交う特区、そこから排除される悲惨な貧民に対する共感や同情にも溢れた特区である。すでに、このような特区は散在している。「一流」の企業、「一流」の大学、ミュージアムである。そこは、エリート層、創造階級、そして、そこに参入したがる中流市民が、自由・平等・友愛を謳歌する場所である。[*10]

　では、競技場はどうであろうか。いまや競技場もミュージアムと等価のものとなりつつあるにしても、アートイベント

---

*4　メガイベントは特区の設定と維持に依拠するので、それがクリアランスやジェントリフィケーションを伴うのは必然的である。したがって、そこはメガイベントに内在的な争点になる。この点についてはすでに論考が多いので本稿では触れない。次のものをあげておくにとどめる。小川てつオ「オリンピックにおける排除の問題」『現代思想』二〇一三年一二月号。関連するが、一般に、これまでの都市計画は、例えば、お屋敷街の区画と貧民街の区画を「平等」に扱う「同じ」計画によって、「同じ」市民のあいだの不平等を追認するという、まさにブルジョア民主主義の施策の典型たりえていたが、いまや都市計画は特区に集中して民主主義の仮面すらかなぐり捨てている。そして、外国人建築労働者の導入や旅館業態の改革などをめぐってスラム形成の可能性が論じられるなどもしているが、その帰趨もまたメガイベントに内在的な争点である。以上の観点から反対論や中止論を繰り出すことには意味はあるが、この点にも本稿では触れない。

*5　竹中平蔵・南條史生編著『アートと社会』東京書籍、二〇一六年、一頁。

*6　同書、九頁。

*7　サミット、ASEAN首脳会議、ノーベル賞記念式典、ホワイトハウス・コンサート、米国退役軍人コンサートなど、エリート層から「一流」芸能人にお座敷がかかる機会は多い。「反社会的」勢力からお座敷がかかる場合と等価であるとしか私には思われない。

*8　リチャード・フロリダ『クリエイティブ資本論』井口典夫訳、ダイヤモンド社、二〇〇八年。

*9　立木康介の表現を借りるなら、「アガペーの光は、たんに現世の闇を消し去るだけではない。それは同時に、逆説的にも、光を希求する情熱をも放逐してしまうのである」（『狂気の愛、狂女への愛、狂気のなかの愛』水声社、二〇一六年、八三頁）。

*10　キャロル・ダンカン『美術館という幻想——儀礼と権力』川口幸也訳、水声社、二〇一一年参照。

愛好者とスポーツイベント愛好者では階層を異にするという思い込みは根強いが、はたしてどうであろうか。むしろ、展覧会入場のために数時間もおとなしく整列する文化系の中流市民と、競技場入場のために数時間も応援で騒ぎ立てる体育会系の中流市民は、その立ち居振る舞いに文化的な違いはあるにはあるが、いまや瓜二つになっていると見るべきではないであろうか。そうであるとするなら、なおさらのこと、メガイベントのことなど放っておけばよいと思うのであるが、現実はそう簡単に割り切れないところがあるかもしれない。なぜなら、特区そのものが完全に啓蒙化されるはずもなかろうと思えるからである。むしろそこにこそメガイベントの面白味や醍醐味があるとしたらどうであろうか。

2　競技場における脱政治と非政治

ポール・ヴェーヌが『パンと競技場』で示している観点を採ってみる。ヴェーヌは、古代ローマの詩人ユウェナリスの有名な言葉から始めている。それは、ユウェナリス『サトゥラエ――諷刺詩』の次の一節である。

> われら（ローマ市民）が投票権を誰にも売らぬようになってこのかた、（民衆は国事への）懸念など捨ててしまった。それというのが、かつて王権を、（要職の象徴たる）束桿を、軍団を、一切を、賦与していた（主権者たる）民衆はいまや自制し、そればかりか、つぎの二つのことだけに執念を燃やしている――（つまり）パンと戦車競技（panem et circenses）だ！[*11]

この詩句「パンと戦車競技」、あるいは「パンと競技場」「パンとサーカス」がどのように解されてきたのかについて、ヴェーヌは次のように書いている。

> ユウェナリスはこの有名な詩句において、ローマがかつてその市民によって統治されたはずの都市国家だったが、いまでは君主国の首都にすぎないことを嘆いている。この詩は別の意味で、いや二つの意味で諺のように言いはやされた――ローマでは、支配階級の権力と引き替えに、または所有者階級の特権と引き替えにパンと競技場（le Cirque）が提供された、と。
>
> ユウェナリスのような右派的見解においては、物質的満足によって民衆は自由を忘れた卑しい唯物論に陥る。左派の見解では、適度な満足や虚妄の満足によって大衆は不平等に対する闘いから逸らされる。いずれの場合も、権力や所有者階級はマキャヴェッリ的策略によって民衆に満足を提供すると想像されているのである。[*12]

したがって、このような見解に従うなら、「パンと競技場」に反対するとき、右派としては「自由」のために、左派としては「平等」のために、資源を費やすべきであるということになろう。あるいは、「競技場」の存在を容認するとき、右派としてはそこに「自由」を、左派としてはそこに「平等」を注入すべきであるということになろう。ともに、それぞれの「規範的判断」に従って、俗衆の脱政治化、イベントの脱政治化に抗して、政治化・啓発を目指すということになろう。そして、いちいち指摘しないが、そのような右派と左派からの批判も取り込む形で、イベントは興行されている。

しかし、ヴェーヌは、右派と左派による批判にも、それらを取り込む興行にも賛同はしない。ヴェーヌによるなら、その類の文化政治は、人間は誰しも情熱的に自由に政治に関与するとか、人間は誰しも平等を原則として不平等を認めないと想定しているが、そもそも、それらの想定は「不幸にして間違っている」のである。文化までも政治化したがる欲望がどうかしているのである。もっと言うなら、文化によって民衆が脱政治化されると政治的に解釈してみせるそのエリート的な小賢しさこそが、民衆を馬鹿にしているのである。ヴェーヌは、次のように書いている。

> 多くの諺と同じく、ユウェナリスの言葉も、残酷な真理を不適切な仕方でしか示していない。競技場が政府の陰謀の道具でないことは明白であり、ユウェナリスの言葉は張本人を見間違えている。プロレタリアは、恋愛雑誌を読ませられるからといって脱政治化されるわけではない。そのような雑誌が存在しないからといって、女性読者が退屈のあまり闘うようになるわけではない。女性読者は、雑誌を読み、かつ闘うであろう。[*13]

すなわち、競技場があろうがなかろうが、民衆は自由と平等のために闘うときは闘うし、闘わないときは闘わないのである。競技場は、民衆の潜在的な闘争を妨害するわけでも促進するわけでもない。民衆を脱政治化するわけでも政治化するわけでもない。では、競技場は、パンへの民衆の要求を妨害したり促進したりするだろうか。「バターと大砲」問題として言いかえるなら、大砲を公的資金で買うことは、バターを公的に用意することを妨害したり促進したりするだろうか。ここでは詳しくは論じないが、それは場合によりけりであっ

---

*11 ユウェナーリス『サトゥラエ――諷刺詩』藤井昇訳、日中出版、一九九五年、二二六頁。

*12 ポール・ヴェーヌ『パンと競技場――ギリシア・ローマ時代の政治と都市の社会学的歴史』鎌田博夫訳、法政大学出版局、一九九八年、九〇頁（Paul Veyne, *Le pain et le cirque: sociologie historique d'un pluralisme politique*, Seuil, 1976, p. 93）。引用に際して訳文は改めている。

*13 同書、九一頁（p. 94）。

て、エリート層が決定したりコントロールしたりできるようなことではない。

このように見てくると、パンと競技場の問題において、また、バターと大砲の問題においてさえも、むしろ民衆の非政治性の意義を捉えることが重要になってくる。すなわち、ヴェーヌは、次のように論じ進めている。「権威的で狡猾な体制」は「民衆の受動性と交換に民衆に娯楽を提供する」と思われているが、仮にそうであるとするなら、言いかえるなら、そこに民衆の「顕示選好」が示されているとするなら、民衆は、競技会の入場券を貰えるなら、それと交換に、一票を政権に投じるであろうが、そんなことは幸か不幸か起こりはしない。もちろん民衆は大抵の場合に非政治的であるが、その非政治的な受動性は、政権が分配するものと交換に差し出されているものではない。もちろん民衆は大抵の場合に体制に服従しているが、その服従は何らかの恩恵や統治と交換に差し出されているものではない。要するに、政府と民衆のあいだには、いかなる取引関係も交換関係も契約関係も存在していない。「国家と市民の相互性はない」。民衆のために大砲を選ぶかバターを選ぶのは、政府である。被統治者はそれに順応する。広い範囲で順応する」。そして、「服従」できなければ、「反抗」するだけのことである。それこそが、民衆の「非政治性（apolitisme）」である。[*14]

パンか競技場かという選択問題、バターか大砲かという選択問題、どちらか一つを選ぶか、双方を両立させる道を探して選ぶか、その類の問題はすべて、民衆が行うことではなく、政府が行うべきことである。民衆は、その類の問題の設定と解答の提出をすべて、政府に委ねている。政府とエリート層に委ねている。それが民衆の非政治性であるが、それは「政治経済的」にはまったく正しい態度なのである。そもそもパンか競技場か、バターか大砲かという二択が問題となるということ自体が、政治経済の現状から不可避的に起こってくることであり、そのような問題化に対して責任を負うべきなのは、どう考えても体制側である。現体制がそうであるがために発生する類の選択問題に対して解答の責任を負うべきなのは、どう考えても体制側である。それらは民衆が引き受けるべき事柄ではない。したがって、メガイベントに絞って言うなら、民衆が関心を抱くのは、それが娯楽になるかどうかということだけである。民衆にとっては、面白いかどうかということだけが大事である。それだけを判断の基準としてよいし、むしろそうするべきである。この観点から、幾つか述べておこう。

3　「サーカスの代わりにパンを」？

オリンピックに対する近年の批判のパターンを、ピーター・ドネリーはこう分類している。[*15] 第一に「オリンピックのコストとレガシー問題」に関するもの、第二に「開催国、

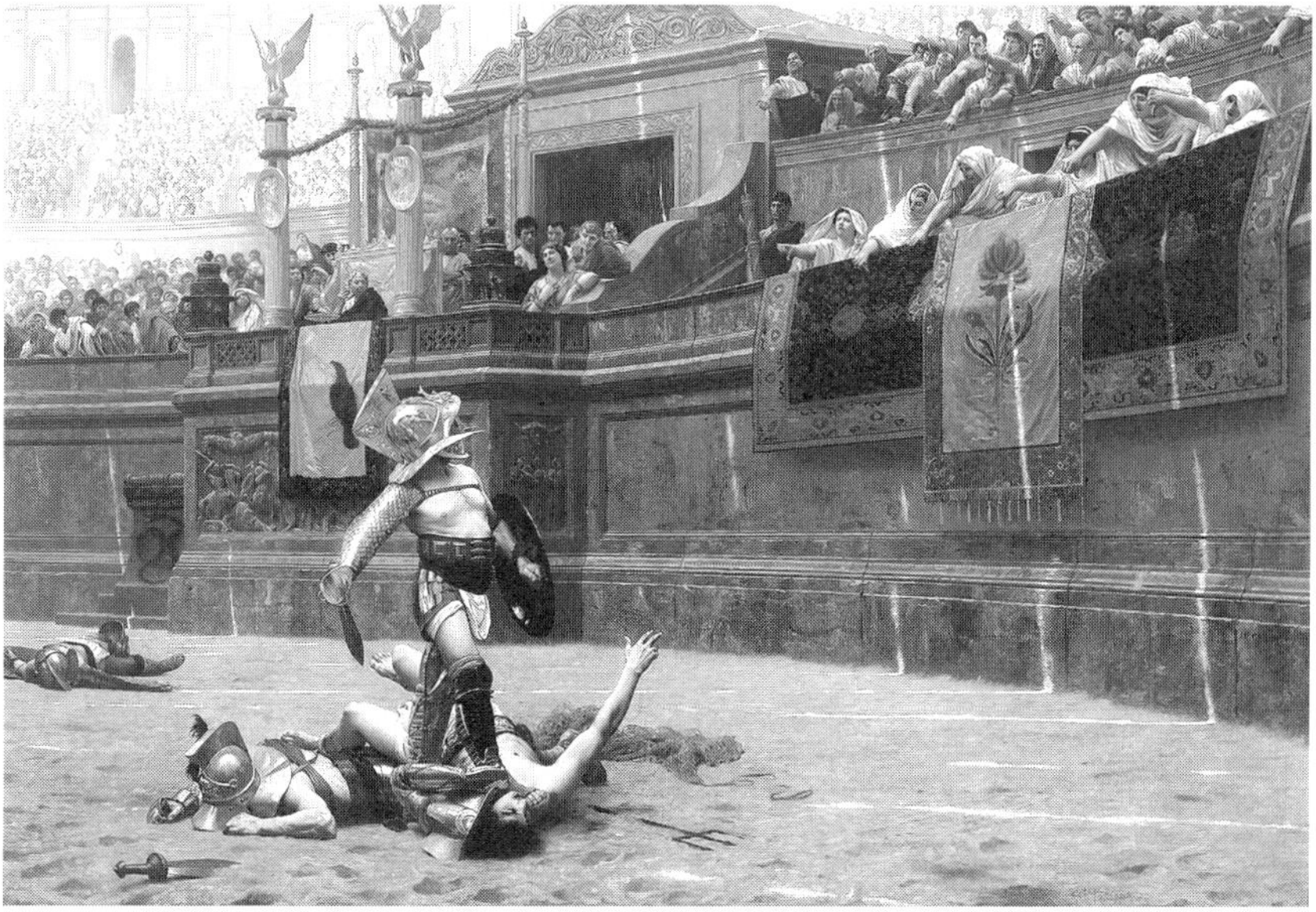

図1　ジャン＝レオン・ジェローム『指し降ろされた親指 *Pollice Verso*』（油彩キャンバス、1872年）

またオリンピックそのものが、さらにスポンサー企業がどのように人権侵害を行っているのかということ」に関するもの、第三に「環境被害」に関するものである。これらに加えて、第四に、オリンピックなどのスポーツイベントは、ヨーロッパによる「文化的均一化」「再植民地化」であると同時に、非民主主義国による「イメージ洗浄」の道具になっていることに関わるものがある。ところが、第三の批判はいまや統治エリートによって「解決」されてきたと言えよう。第二の批判と第四の批判は、話が違うとしか思えない。いわゆるスウェットショップに対する批判は思われているほど簡単ではないし、オリンピック程度のものでイメージ洗浄が成功すると思うほうがどうかしている。むしろ私は、オリンピックを続けるというのなら、中近東やアフリカの「破綻国家」で開催するところまで回数を重ねるべきであると思うほどである。

ここでは第一の批判だけを取り上げるが、レガシー問題は理念的なレガシーにせよ箱物的でインフラ的なレガシーにせよ馬鹿馬鹿しい問題であるとしか思えないので省略し[*16]、コス

＊14　同書、九四頁（p. 97）。
＊15　ピーター・ドネリー「権力、政治とオリンピック」『スポーツ社会学研究』二三（二）、二〇一五年。
＊16　長野オリンピック施設の維持管理問題については、藤居良夫・河田明博「住民意識に基づく長野オリンピック施設の経済的価値評価」『ランドスケープ研究』六五（五）、二〇〇一年。

ト問題についてだけ簡単に取り上げておく。メガイベントに支出する代わりに、インフラや社会的問題に対処するために費やすべきであるとする批判、すなわち、サーカスにではなく、サーカスの代わりに、サーカスの分を、パンに、という要求である。[*17]その例として、ジョン・W・ロイの議論を引いておく。

オリンピックには道徳的妥当性の点でもスポーツにとっての妥当性の点でも価値がないという、わたしの論点をともに認めた上でもなおかつ、オリンピック大会には経済的・人的資源にかんするコスト対効用比を計算すれば開催の利点があるのではないかと、真剣に質問するものがいるかもしれない。簡単に答えよう。オリンピック大会を開催するための莫大な金額は、何かほかの健康とか福利に（わけても大会開催地になりたいと希望する低開発国の都市での健康や福利に）費やすほうが適当ではないのか。[*18]

これでは批判にならない。馬鹿げた議論である。そもそもオリンピックにかけられる「コスト」は一時金である。それは公的資金の一時的な支出を含むものの、基本的には興行収入でもって解消されるべきものである。要するに、一時的で一過性のフローにすぎない。恒久的なものではないのである。したがって、仮にそれを「健康や福利」に費やすべく「再分配」したとして、それは一時的なばらまきにしかならない。サーカスを興行する代わりに、単年度に限ってパンを空からばらまけと主張しているにすぎないのだ。一体、その類のことがどうして「健康や福利」を改善できるなどと信じられるのか。まして「低開発国」の「健康や福利」の向上に貢献できるなどと信じられるのか。まったく欺瞞的である。

競技場の代わりにパンを、の類の批判は、ロンドン・オリンピックにおいても提出されていた。ある論者によるなら、オリンピック誘致のために費やされた二三億七五〇〇万ポンドを「社会福祉」に使ったなら、「英国に六つの最新の大病院と、一五八ヶ所の新しい小学校と一八の新しい中学校と、一四〇マイルの新しい高速道路」を建設できたというのである。[*19]その代替案たるや、単なる箱物の建設要求である。しかも病院や学校や高速道路を増設して何になるというのか。およそまともに考えられていないのである。要するに、特区に集う都市エリートと中産市民が、特区の外に慈善を施すというだけのことにしかならない。

これらの批判は、オリンピックに費やす資金をスポーツ分野以外へ移転せよという要求であるが、それをスポーツ分野内部で再分配せよという要求にも問題がある。名古屋オリンピック誘致に対する反対論において、水田洋は、「社会的（政治経済的）な、スポーツの外側からの反対論」と、「非社会的とはいわないまでも純粋スポーツの側からの反対論」の二つがあるとしながら、後者における「純粋スポーツ」としては、「エリート・スポーツ」に対する「市民スポーツ」なるものを想定し、前者にまとわりついている「産業」「不平等」「競争主義」「管理主義」「スポーツ精神主義」「根性主義」「封建的主従関係」「全体主義」を免れているところの、「協同」を旨とするアマチュアの市民スポーツを称揚して、オリンピック施設を作る代わりに、数多くの「草野球のグランド」を作るべきであると要求していた。[*20] 私は、水田洋の議論に潜んでいる「草野球」に対するノスタルジーを共有するものであるが、アマチュア市民の「草野球」が「純粋」であるなどとはまったく考えていない。また、いわば体育会系のアマチュア市民が「産業」等々を免れているなどとはもはやまったく考えていない。むしろそのようなアマチュア市民こそが、現在の体制の支配的な階級であると考えている。だから、かれらに箱物やその維持費を与えることは、「社会的（政治経済的）」には反動的であるとも考えている。[*21] ただし、体育会系・運動会系に対する評価について、ある留保はつけておきたい。岡崎勝「オリンピックと子供たち」にはこんな一節がある。

> 大学闘争の火が燃え上がった一九六〇年代末に、つねに保守的で政治的な動きをし、堂々と、自分はスポーツをやっているから政治には関わらないとうそぶいていたのは運動系クラブの人々であった。それどころか、まともに話し合いや論争もできず、腕力で大学を「正常化」しようとした。「頭が弱いからスポーツをやっている」とカゲ口をたたかれても何の申し開きもせず、権力に従順なところだけを売りものにしていた体育会という組織もあった。[*22]

*17 トロントの一九九六年オリンピック招致に対するBread not Circusesによる批判がよく知られている。それについては、Ruitter, Z., "Pan Am Games Torched: Anti-poverty Activities Decry Spending on Games Spectacle While City Faces Homelessness Crisis," 2015, online.

*18 ジョン・W・ロイ「オリンピックをなぜ開催するのか」『スポーツ社会学研究』一四、二〇〇六年。

*19 "The London Olympic Bid – Money Well Spent?" online.

*20 影山健他編著『反オリンピック宣言』（風媒社、一九八一年）の水田洋による「まえがき」。

*21 「近代」スポーツに対して、協同的で参加を旨とする「スポーツ」や非西洋的で伝統的な「スポーツ」を対置させる向きもある。例えば、Brian Martin, "Ten reasons to oppose all Olympic Games," *Freedom* 57(15), 3 August 1996. 両者が区別可能であるのは認めてもよいが、後者を前者の「代わり」にせよ、という批判は、前者そのものに対する批判にはならない。また、後者をそれほど文化政治的に信用してよいとはとても思えない。

*22 岡崎勝「オリンピックと子供たち」、影山健他、前掲書、一六四頁。

当時を知る者として証言を残しておきたいが、その差別的で侮蔑的な語調は認め難いとしても、概ね岡崎の言う通りではあった。大学名を出すのは差し控えるが、私の友人も空手部やボクシング部のメンバーに何度も襲われていた。しかし、当たり前のことだが、体育会系・運動会系の全員がそうであったわけではない。これも大学名を出すのは差し控えるが、私の知る範囲でも、応援部・柔道部・剣道部・アメリカンフットボール部などはその比率は少ないとはいえ左翼活動家を輩出していた。そして、ここを強調しておきたいのだが、かれらは、まさに「スポーツ精神主義」や「根性主義」に真摯に忠実であったからこそ、当時の政治活動に参入してきたし、機動隊や右翼の襲撃に対しても率先して防衛に立ったのである。[*23] そして、私の感覚で言わせてもらうなら、近年の「自由」「平等」を旨とするアマチュア市民は「つねに保守的で政治的な動き」をするばかりで、仮にそのスポーツのエトスに忠実であっても、忠実であればあるほど保守反動化していくとしか思われない。かれらは、高々、特区の外に対して、健康・福利・医療・教育に一時的な施しをくれてやるとしか言えないのである。とすると、いまや、スポーツという文化政治においても別の主体を探さなければならない。

4　喝采と野次

誤認してはならないし、徹底的に銘記しておかなければならないが、アート・学術・スポーツを制度的に編成する原理は、民主主義などではなく、卓越主義や能力主義である。また、その制度を支える理念は、自由や平等などではなく、友愛や謙譲といった徳目である。だから、そもそもスポーツ分野に政治的に民主主義やリベラリズムを求めるほうがどうかしているのである。誘致活動における裏金が批判されるのは、それがスポーツに求められる公正に反するときだけである。誘致活動において原発がコントロールされていると述べたのが批判されるのは、それがスポーツにあるまじき不誠実な嘘つきの所業だからである。競技場設計案やエンブレム案の選定が批判されるのは、それがスポーツに求められる卓越性に反しているからである。すべての案件について、「国民」の意思など問題ではない。「市民」の意見などどうでもよいことである。担当機関内の民主主義の有無などどうでもよいことである。要するに、スポーツ界は国家や市民社会とは別の領域であるし、国家や市民社会の一部になってはいけないのである。

スポーツ興行は、大規模なサーカス興行のように、世界の都市を周っている。スポーツ興行師は、かつての勧進興行師を大規模にした形で、いまや各国の統治エリートや大企業家も巻き込んでいる。かつての勧進興行がそうであったように、種々の裏社会とも結託している。そのことを政治的に批判しても無意味である。民衆にとって重要なのは、定期的に打たれる興行が面白いかどうかだけである。面白ければ喝采を、面白くなければ野次を送ればよい。面白そうでなければ見なければよい。

ところが、統治エリートは勧進興行を政治的に利用したがる。統治エリートは文化的な卓越性の見せかけを求めている。統治エリートは勧進興行に資金を注ぐことで民衆の人気取りをしたがっている。それはそれで結構なことである。そのようにしてスポーツが発展してきた面もあるからには、そのような統治の幻想については放っておけばよい。その上で、民衆が入場料を支払ったにもかかわらず、勧進興行が面白くなかったり統治エリートがだらしなかったりするなら、その場で反抗すればよいのである。ポール・ヴェーヌは、そのような歴史を掘り起こしている。

> スペクタクルは政治的アリーナになる。なぜなら、平民と君主がそこで対面するからである。ローマの群衆は君主を称えて、君主に娯楽を要求し、君主に政治的要求事項を認知させ、結局、スペクタクルを称えるか野次るかによって君主を歓迎したり攻撃したりする。〔…〕群衆のほうは、スペクタクルが群衆のために催され、群衆が祝典の主体であり、権威者は群衆のご機嫌をとっているとわかっている。群衆は競技場や劇場では自宅のようにくつろぐ（だから、政治的騒動が起こるとき、群衆が集まってデモを行うのは競技場や劇場である）。スペクタクルは群衆の祝典なのであり、競技主催者が皇帝であろうと、その日、皇帝は群衆に奉仕し群衆の前ではおとなしい。〔…〕公衆が好んでいる役者やチャンピオンの表彰を引き受ける君主はとくに人気が高い。皇帝が観衆の希望に応えて観衆のスターに褒美を与えるためにトラックに財布を投げたとき、観衆は次のような反応を示したらしい――かれらはそのスターを祝って叫んだ、「皇帝の恵みをいただけ」と。ところが群衆はこのチャンスを利用して政治的なデモをかけることもある。そのときスペクタクルは政治的トラブルの場となる。群衆がガルバティにティゲリヌスの処刑を中止させ、小麦価格の高騰を訴え、「カリグラに減税をしつこく要請し」、三拍子でもって平和を要求するのも、すべてスペクタクルの会場においてである。[*24]

*23 この点で、安丸良夫『日本の近代化と民衆思想』（青木書店、一九七四年／平凡社ライブラリー、一九九九年）における通俗道徳の肯定論を想起せよ。ホルクハイマー／アドルノの言い方を借りるなら、「硬化した社会と比べれば、けっして絶対にというわけではないが、硬化した個人も、いくらかはましなものを表している」（『啓蒙の弁証法』徳永恂訳、岩波文庫、二〇〇七年、五〇〇頁）。

*24 ポール・ヴェーヌ、前掲書、七四三－七四四頁（pp. 663-664）。

権力者が真に恐れているのは、いわゆるソフトターゲットテロではない。その予防を口実とした警備体制が抑止しようとしているのは、スペクタクルの会場における群衆の反抗である。そしてまた、アスリート自身による反抗である。アンチ・レイシズムを名目とした規制が封じ込めようとしているのも、そのような反抗である。喝采だけを旨とする観衆を作りあげて、野次そのものを封じようとしているのである。「サーカスではなくパンを」という叫びは、政治経済的には馬鹿げた要求であるが、それがサーカスの劣悪さに対する野次として叫ばれるなら、まさにそのときだけ、統治エリートの面目を失わせることになる。

アートイベントに出かけて、あまりに独りよがりのインスタレーションを見せられると、その場で壊したくなる衝動にかられる。また、スポーツイベントの中継を見ていて、あまりにナショナリスティックなスペクタクル化を見せられると、スイッチを切っただけでは収まらない衝動を感じる。[*25] そしてまた、パラリンピックをめぐる言動の欺瞞性には耐え難いものを感じてもいる。[*26] しかし、そのような個人的感慨を述べ立てても仕方あるまい。群衆の多くは、先刻承知していることであると思うからである。その点で、群衆を啓蒙する必要はないと私は信じている。また、群衆は民主主義やリベラリズムによる粉飾の欺瞞性も疾うに見抜いていると私は信じている。このときスポーツ政治に期待できることがあるとするなら、体育会系・運動会系の群衆が、その通俗道徳に忠実なあまり、競技場内部で、野次と怒号でもって反抗に打って出ることだけである。サーカスは特区に入りこむチャンスである。

＊25　「近代」スポーツは、国家・都市・人種（民族）の違いを前提とし、それを基礎とする友／敵を原理として興趣を構成していると見るべきである。その類の興趣を消しても観賞に堪えるような競技種目などないに等しいであろう。だから、ナショナリズム・リージョナリズム・レイシズムは必ずやそこから湧き出してくるのであって、表面的に国家・国旗・ヘイトスピーチを消去したところで事態が変わるわけではない。むしろ欺瞞的な改革にしかならないであろう。国籍条項を緩和したり他民族を受け入れたりしている「ナショナル」チームを見ると、それがどの国・地域のチームであっても応援したくなるが、それにしても事態を変えるわけではない。これに対し私は、国家・都市・人種（民族）は友／敵の区分を原理とするスポーツでしか役に立たないものであると考えている。国家・都市・人種（民族）の機能をスポーツだけに縮減することのほうが政治的に重要であると思っている。

＊26　とりあえず、次を参照せよ。Eunjung Kim, "Heaven for disabled people': nationalism and international human rights imagery," *Disability & Society* 26(1), January 2011.

アスリートたちの反オリンピック

山本敦久

1 解毒されるモハメド・アリ

ローマ五輪の金メダルを川に投げ捨てることから始まった抵抗する身体の物語が、二〇一六年に幕を下ろした。近代スポーツ史上もっとも偉大なアスリートと称され、あらゆる支配への抵抗を、身をもって表現し続けたモハメド・アリがこの世を去ったのだ。

故郷ケンタッキー州ルイビルには一万四〇〇〇もの人々が訪れ、アリの死を悼んだ。そんなさなか、アメリカのスポーツ・ジャーナリストであるデイブ・ザイリンは「この葬儀はモハメド・アリの最後の抵抗運動だ」と強く訴えた（Zirin, 2016）。「アメリカが国を挙げて世界でもっとも有名なイスラム教徒を称えることをアリは実現させたからだ。しかも、一方の大統領候補者はイスラム教徒に対する嘆かわしい偏見に満ちた政策を掲げ、もう一方の候補者は、中東での戦争に誇らしげに肩入れしていた人物だというこんな時期に」（ibid.）。こう皮肉まじりに語るザイリンは、「またもや」モハメド・アリが毒抜きされようとしていることに対していちはやく楔を入れた。

アリは、死してなおも抵抗を誘発する。アリが仕掛けた「最後の抵抗運動」に乗ってみようではないか。アリの「最後の抵抗運動」を「反オリンピック宣言」に盛り込む。それこそが偉大な反逆者への手向けになるはずだ。

ネーション・オブ・イスラムのメンバーになったと公表し、

「カシアス・クレイは奴隷に与えられた名前だ」として「モハメド・アリ」へと改名した彼は、公民権運動とその後のブラック・パワー運動の立役者のひとりとなっていくわけだが、徴兵拒否とベトナム反戦運動の着火剤となることによって世界タイトルを剝奪された。ボクシング・ライセンスまでも失い、禁固五年という重刑を宣告される。最高裁で逆転判決を勝ち取るまでの間、アリはボクサーとしての全盛期の四年間を失うことになった。こんな酷い仕打ちをしたアメリカが、いまでは国を挙げてアリの死を悼んでいる。世界中の主要メディアが、同じようにこぎれいな賛辞を贈っていた。「平和と反戦のシンボル」「人種差別と闘った英雄」といった称賛の言葉が積み重なっていくうちに、かつてアメリカの帝国的支配に牙をむき、白人支配者層を公然と罵り、アメリカの黒人や貧困層とベトナムで殺された若者、そして世界に離散した黒人ディアスポラたちの連帯を叫んだラディカルなアリ像は解毒されようとしている。

矛盾に満ちたアリの言葉、表現、ボクシングはいつも混乱を招きよせ、波風を立て、予想外の出来事を生み出してきた。そこに人々は「抵抗」を見てきた。そんな混乱をもたらす身体は、いまや文化産業のなかで売り買いされる安全な商品として棘をそがれ、「平和」という言葉と同義にさせられようとしている。そのことをもっともよく表しているのが、現IOC会長トーマス・バッハのアリへの賛辞である。バッハは「彼は世界中の人々を感動させ、スポーツ界を超越して人を引きつけた。平和と寛容のために戦ったアスリートだった。彼こそ真のオリンピアンだ」と称賛の談話を発表したのだ。確かにアリは、世界中の抑圧される人々を揺さぶり、スポーツ界を超越して、人種差別運動や人権運動、反資本主義を訴える人々を駆り立ててきた。そうした意味でこの会長の言葉は正しい。だが、アリはけっして「真のオリンピアン」ではない。もしアリが本当に「真のオリンピアン」だとするならば、このIOC会長はオリンピックの歴史を何も知らないことになる。アリは、金メダルを川に投げ捨てたアスリートだ。六〇年代には、アリに触発された若い黒人アスリートたちによってオリンピックは政治の場へと変貌し、オリンピックは大混乱に陥った。IOC会長がアリを「真のオリンピアン」などと称賛するのは、オリンピックに抵抗したアスリートであるアリを解毒したうえで回収することにほかならない。

いま起きていることは、アリについて語ることの心地よい部分だけを切り取り、都合の悪い部分を消去しようとする動きである。それは「代理表象」を生み出す仕組みとよく似ている。「俺が何をしようが勝手だろ!」。これがアリのスタイルだ。だからアリは、自分が何かの代理表象になることをひどく嫌っていた。アメリカの代理表象どころか、黒人の代理表象になることさえ拒んでいた。アリは黒人であって、黒人の所有物ですらないのだ。「ここにいるはずだ」と思ったときには、もうそこにはいない。パンチを打った場所にもうアリはいない。それがアリのボクシングだ。一時だってひとつの場所、ひとつの意味、ひとつのアイデンティティには収まらない。だからこそアリは世界中の抑圧された者たちにとってのアイコンになった。黒人ゲットーを溢れだし、ベトナム反戦の象徴となり、ブラック・パワーを体現する身体となり、「黒い大西洋」を具現化し、世界中の貧しいものたちの抵抗する身体になったのだ。

アリを解毒する動きが「アリの脱イスラム化」だと批判する声も出てきている。葬儀で弔辞を読んだイスラム擁護派のダリア・モガヘドによる批判である（Democracy Now!, 2016b）。彼女は「モハメド・アリにどれほどの賛辞を捧げ、彼の政治的立場とその良心的な兵役拒否という立場、彼の主義を称賛しながらも、彼のそうした力の根源にあるイスラムへの信仰は完全に無視されている。私たちはアリを脱イスラム化しているのだ。興味深いことに、当時イスラム教は彼の立場ゆえに非難されていた。アリの立場が不人気だったのだ。いま私たちはそんな彼の立場を褒め称えている。しかし、イスラム教や彼のスピリチュアリティにはいかなる信用も与えられてはいない」という。

人種差別、戦争、テロ、イスラムへの脅威。社会内部に巣食う出口の見えない病理は、アリを称賛することで一時の癒しとなるのかもしれない。ただし、そうやって得られた心地よさは、アリの人生、政治、信仰を修正することによってのみ成立するものである。モガヘドによれば、アリに関する事柄の多くは、実際のところアメリカを不快にさせるものだ。それはアメリカがいま「心地よさを得るために悪魔化」しているイスラムへの信仰である。イスラムへの信仰が、アリの世界観の核心的な部分にあったことは疑いようもない。だからモガヘドは「アリを愛し、アリを褒め称えながらもアメリカでイスラム教を禁止すべきだと主張することなど両立できるわけがない。そんなことは不可能だ」と主張するのである（ibid.）。

だがこの主張もまたアリをひとつの場所にとどめ、アリを占有物にしたい欲望の裏返しのように思えなくもない。アリは、アメリカの、黒人の、イスラム教の所有物ではない。アリの世界観の中心にはイスラム教の信仰があったとしても、それと同じくらいアリの中心には、ディアスポラ世界の底流をひそかに流れていたボクシングという身体文化があった。アリを回顧する言説から抜き去られているものは過去のラディカルな姿やイスラム信仰だけではない。不思議なほどアリがボクシングによって表現したものについても語られていないのだ。

アリは政治家でもなければ、社会活動家でもない。思想家でもない。政治を表現する芸術家でもなければ、政治を歌うミュージシャンでもない。支配体制に順応的であるとされ、政治からもっとも遠い場所に幽閉され、近代的な知性の階層構造における底辺に位置づけられると揶揄されるスポーツ領域に生きた人物である。アリは、知性の領野とされるところにいる者たちが手をこまぬいている問題に対してボクシングで抵抗を表現したのだ。

したがって、本稿における「反オリンピック宣言」もまた、「知性」の領野から逸脱した身体という場所から行われることになる。近代オリンピックを構成するものの核心にあるものが身体による競争と儀礼とそのスペクタクルであることを確認しておきたい（マカルーン、一九八八）。そこをはずしてオリンピック批判を始めることはできない。

ところで、「どうして黒人でもない奴がアリについて語っているんだ?」「なぜ〈日本人〉がアリを誰よりも知ったように話しているんだ?」「なぜイスラム教徒でもない奴が……」。そんな声が発せられるかもしれない。当然だろう。本稿の書き手は黒人ではないし、イスラム教徒でもない。だが、この書き手はかつてアリと同じようにボクシングの世界に足を踏み入れ、殴られて鼻をまげ、瞼をはらしていたボクサーだ。この書き手は、アメリカから遠く場所も時代も離れた東京・歌舞伎町の裏手にあるボクシングジムで、アリが発明したスウェイバックからの右ストレートをひたすら体に覚えさせようとして「一〇年早い」とよく揶揄されていたボクサーだ。スパーリングの時に、すっと両腕を下ろしては「お前はアリじゃねーだろ」と怒鳴られたボクサーだ。そんなことは辰吉丈一郎と赤井秀和しかやってはいけないのだ。このような経験があるから、アリがとてつもなく偉大で、唯一無二にもかかわらず、世界中の「WE（われわれ）」という複数性を体現するボクサーだと思えるのである。このスタンスから本稿はアリの解毒に反対している。このスタンスは同時に、オリンピックに反対するアスリートの系譜を明らかにする場を準備してくれる。

2　アリの毒はもう回っている

アリを解毒しようとする動きは、じつはこれが初めてではない。われわれはすでに同様の出来事を目撃している。一九九六年のアトランタ五輪最終聖火ランナーとしてのアリだ。かつてアメリカに牙をむいたボクサーは、そのアメリカが開催した人類平等と平和を謳う祭典の聖火を灯し、オリンピックの英雄として称えられた。ただし、アリは葬儀の場ですら抵抗運動にしてしまうアスリートだ。無抵抗でオリンピックに飲み込まれたわけではない。

われわれはあの時、滞りなく進むはずの時間の流れの中に突如杭が打ち込まれたかのような感覚をおぼえたはずだ。華やかな舞台に現れたアリの痙攣する身体は、緩慢で、脆弱で、重苦しいものだった。パーキンソン病におかされ、なかなか炎を灯すことができない震える手は、ソニー・リストンやジョージ・フォアマンを倒したノーモーションからの強烈な右カウンターからは程遠いものだった。小刻みに揺れ続ける身体に、全盛期の肉体が生み出す特異のリズムとシンコペーションからなるボクシング・スタイルを重ねることはできない。あのなんともいえない居心地の悪さと違和感をもう一度思い出してみる必要がある。衰弱した身体でさえ、まるで自分たちの象徴や所有物であるかのごとく使ってしまうオリンピックへの驚きは尽きることがないが、それでも「世界中のさまざまな場所にいる人びとにとって、アリは、アトランタの大祭典を突き動かした価値観とはまったく異質な意味を表象している」と述べるのは名著『リデンプション・ソング(邦訳『モハメド・アリとその時代』)を書いたマイク・マークシーだ(マークシー、二〇〇一、一一頁)。マークシーは、この時のモハメド・アリがグローバル資本とアメリカが謳う平和の祭典に抗う身ぶりを全世界に表明したと考えている。解毒しようとも、アリの毒はまるで暗号のように世界という身体を駆け回る。震える身体は、オリンピックが理想とする理念が何を排除して成立するものであるかを暗示する表現だったのだ。

アリがその特異な身体によって表現するものが世界に衝撃を与えた最初のインパクトは一九六五年のソニー・リストンとの試合である。リストンの左ジャブを誘い、スウェイバックでジャブをよけた次の瞬間には、ノーモーションからの右ストレートがリストンの顎をとらえていた。リストンを倒したこの技術は、ボクシングという身体運動で体現されたシンコペーションである。一定のリズムや時間の進行を一瞬止め、そこに別のリズムや別の時間の流れを差し挟む技術と言える。予想外の出来事を生み出すアリのボクシング・スタイルの真骨頂をここに見ることができる。

アリというボクサーがなぜこれほどまでに人々を魅了するのかといえば、それが時間や記憶の切断と再節合に関わるからだ。西洋近代社会の単線的で直線的な時間・歴史の進行を一旦停止させ、そこに切り開かれた亀裂に、抑圧された者たちの、黒人たちの、離散したディアスポラたちの別の時間や排除された記憶を差し挟む。アリの身体運動が生み出す独特のリズムは、単線的な近代の時間進行に複数の歴史、記憶、時間を介入させる技術である。アトランタの震える身体もまた、滞りなく進行するオリンピックの支配的な時間を一時停止させるものだった。この時間の亀裂に生じる違和感、居心地の悪さこそが、その華やかさによって見えなくさせられるものを再考する余地を与えてくれる。アリが仕掛けてくれた毒、オリンピック批判への入口である。

3　レボルト68 —— 黒人アスリートたちの抵抗運動

反人種差別の象徴、反戦の象徴がアトランタの聖火を灯す。オリンピックは人類平等と平和を原則とする祭典であるとアピールするためにアリは最適な人物だったに違いない。オリンピックは、こうして異物を包摂することに成功したのかもしれないが、同じ頃、スタジアムの外ではかつてキング牧師の側近を務めていたホウジア・ウィリアムスが抗議活動を行っていた。南北戦争の南軍旗をあしらった州旗が翻ることに反対していたのだ。マークシーはここにオリンピックが掲げる理想と現実のギャップを読み込んでいる（マークシー、二〇〇二）。オリンピックという表向きの平等と日常にありふれている貧困や差別。アリがローマ五輪で獲得したメダルをオハイオ川に投げ捨てた理由がここに重なる。理想や夢として喧伝されるものへの不満や批判がもっとも先鋭化されたのが、一九六八年のメキシコ五輪である。

写真１　ブラック・パワー・サリュート（1968年10月16日）
photo: Angelo Cozzi

表彰台でブラック・パワーへの敬意を表し、アメリカの黒人差別への抗議を世界に離散した黒人ディアスポラ、そして世界各地で抑圧されている者たちへと接続することを訴えるために、黒い拳を掲げたのがトミー・スミスとジョン・カーロスだ（写真1）。

この写真は、六〇年代の人種差別に対する抵抗運動をもっとも表現する意義深いものとしていまもなお語られ続けている。陸上男子二〇〇メートルでスミスとカーロスはそれぞれ当時の世界記録で金メダルと銅メダルを獲得した。表彰台に立つスミスは黒いスカーフをまとい、カーロスはビーズのネックレスを着けている。ふたりはシューズを脱ぎ、ズボンの裾をロールアップして表彰台に立っている。合衆国国歌が流れ、国旗が掲揚されるとふたりは顔をうつむき、黒い手袋をした拳を高く突き上げた。その黒い拳は、黒人たちの力の奪還と団結を意味するものだった。本来であれば、国家の栄誉と個人への称賛が集まる空間であるはずの表彰台は、ふたりの身体表現によってまったく異なった意味を持つ空間へと変貌した。オリンピックはその内側から揺さぶられ、それが謳ってきた平和や寛容、平等といった理念がどれほど見せかけだけのものだったのかが明らかにされたのだ。

後年、カーロスはふたりが身体で表現したものについて説明している。ビーズのネックレスは、南部で縛り首になった者たちを表現している。スミスの黒いスカーフは、奴隷船から投げ出されサメの餌になった者たちへの追憶である。歴史のなかで忘却され、誰にも祈りを捧げられなかった者たちの追悼を表現していたのである。シューズを脱いだのは、南部の子供たちの貧困を表現したものだった（Democracy Now!, 2011）。後に明らかになるのだが、この身体表現による政治は即興的な性質を持っていた。表彰式に向かう通路でスミスとカーロスは何を使って何をどう表現するのかを決めたという。人種差別主義者として名高い当時のIOC会長アベリー・ブランデージは、かつてナチス政権下ドイツでのオリンピック開催を強烈に支援し、アメリカ・チームからユダヤ人を排斥しようとした人物である。そのブランデージと素手で握手をしたくないという理由でスミスとカーロスは手袋をしていたのだ（ibid.）。

スミスとカーロスの身体表現は、奴隷船や南部の経験を追憶として現在の時間の進行に差し挟もうとするものだった。ふたりの身体が上演したものは、モハメド・アリのボクシング・スタイルやアトランタでの震える身体がそうであるように、支配的な歴史＝記憶の連続性の裂け目に、忘却され、あるいは隠蔽された別の歴史＝記憶を節合する物語なのである（山本、二〇〇三、二〇一六）。この身体の物語は、オリンピック初のカラー衛星中継によって世界各地に届けられた。オリンピックという西洋近代が理想とする身体儀礼のスペクタクルの現場は、それを通じて近代を問い直す場所になったのだ。

この場所は同時に、オリンピックが掲げる理想がいかに現実の貧困や差別や抑圧を覆い隠した偽りの平等や平和であるのかを暴き出すものだった。

オリンピックの理想と現実。モハメド・アリがメダルを川に投げ捨てた理由と同じように、六〇年代のアメリカの黒人アスリートたちもオリンピックに批判的な姿勢を示していた。黒人アスリートがメダルを獲得したとしても、黒人コミュニティの貧困や教育・医療環境がよくなるわけではない。オリンピックという擬似的な世界で英雄視されても、アメリカに戻れば、白人と同じレストランやバスやトイレを使うことすらできない。自分たちは、アメリカの白人支配層のために日々血や汗を流しているのではないか。こうした理想と現実の乖離のただなかで沸き起こってきたのがオリンピックに反対する黒人たちの運動であった。スポーツ社会学者ハリー・エドワーズに牽引された黒人アスリートたちによって、〈人権を求めるオリンピック・プロジェクト〉（OPHR）が組織される（Edwards, 1969）。

当初OPHRは、アメリカの黒人アスリートたちのメキシコ五輪ボイコットを画策していた。ボイコットをちらつかせながら、いくつかの要求を突きつけていったのだ。その要求の中心に、モハメド・アリがいた。徴兵拒否で剝奪されたアリの世界タイトルとボクシング・ライセンスの返還が第一の要求だった。続けて、アメリカ・オリンピック委員会の会長ブランデージの更迭。アパルトヘイト政策を維持する南アとローデシアのオリンピックからの排除。アメリカ・オリンピック委員会のなかにもっと黒人の役員を採用することなどがあった。

この運動はアメリカにとどまらなかった。タンザニア、ウガンダ、現在のエジプトも集団的ボイコットを表明した。こうして一国内的な問題に閉じられていた人種差別問題がアフリカ諸国の問題と共有されていく。スポーツ文化が持つ国境を越えるという特性が、アメリカとアフリカ諸国を結ぶ黒人たちのスポーツ公共圏を形成していったのだ（山本、二〇〇三）。このスポーツ公共圏はＩＯＣを動かし、ブランデージは南アを排除する路線をとらざるをえなくなった。モハメド・アリのベルトとライセンスも返還された。こうしてＯＰＨＲはボイコットをとりやめ、オリンピックに参加してその内部からオリンピック支配に抵抗するという策をとることになったのだ。

オリンピックへの反逆者であったジョン・カーロスの闘いは現在も続いている。ウォール街で行われたオキュパイ運動では、街路を埋め尽くす群衆のなかで演説を行っている。カーロスは、六〇年代から闘い続ける黒人たちの苦境をグローバル資本主義によって拡がる貧困や格差に抗議する群衆たちの境遇に重ね合わせた。また、二〇一二年のロンドン五輪の開会式が行われたメイン・スタジアムの外では一八二人もの逮捕者が出た。ポリシングを強化していたロンドン警察は、開会式同時刻に行われていた月例のクリティカル・マスの参加者を容赦なく逮捕した。小学生も含まれていた。この不当な取り締まりに反対する運動のなかで頻繁に叫ばれたのは「私は圧制者を怒らせることなど怖くはない」というフレーズだった。その頃ロンドンを訪れ、この運動に参加していたカーロスの言葉だ。世界各地で起きている反オリンピックの動きのなかで、いまカーロスは「オリンピックの英雄」と称されながら反オリンピックの象徴となっている。

4　オリンピック、軍事弾圧、排除

カーロスたちが拳を掲げたメキシコ五輪開幕直前のメキシコ市内「トラテロルコ広場」には、若者、学生、活動家たち約一万人が集まっていた。制度的革命党（ＰＲＩ）の独裁と腐敗した官僚制、日常を覆う管理・統制に異議を申し立て、自由と民主化を訴えていたのだ。その争点のひとつにオリンピック開催への反対があった。

メキシコ市は、オリンピックの表の顔を一年弱のうちにたちまち出現させた。スタジアム、オリンピック村、各種スポーツ施設。〔…〕しかし、選手を迎え入れる施設が続々と建ってゆく裏には、貧困、裸足の人びと、栄養失調で腹の膨れた子どもたち、食べるに事欠く農民たち、これまでもこれからも忘れられた人びとにとって敵対的な社会とそれを横切る階級間の深い溝、どんな見せかけでも取り繕うつもりの政府の残忍さが隠れていた。〔…〕第十九回オリンピック大会にどれほど莫大な費用をつぎ込もうとも、いずれは我々の利益に適うのだ、なぜなら資金を大事にしたい投資家は、「信頼できる安定した国」としてメキシコを選んでくれるはずだから。ところが……（ポニアトウスカ、二〇〇五、五〇四〜五〇五頁）

開幕を一〇日後に控えた夜、突如、警官と軍隊が広場を占拠した。武器を持たない学生や市民たちは一方的に発砲され、次々に虐殺されていった。死者の数はいまだに明確ではないが、三〇〇人以上が銃弾に倒れ、二〇〇〇人以上が投獄された。この大虐殺によってオリンピックという祝賀が実現されていたのだが、その事実は隠されたままだった。OPHRのスミスやカーロスらは、この時メキシコで何が起きたのかを断片的に耳にしていたようだが、メキシコに降り立ったカーロスはそこではじめてオリンピックが持つ残忍な顔を知ることになる。

メキシコシティは、大きな緊張とトラウマのなかにあった。一触即発の状態が続いていた。アメリカ・チームがオリンピックに行く前に、メキシコ市内で大虐殺が起きたのです。数百名の学生や若い活動家が殺されました。メキシコには貧困にあえぐ人たちがあまりにも多いという事実に我慢できなくなった人たちは、オリンピックで得た収益がどう使われるのか、貧しい者たちの援助にそうした資金が充てられるのかどうかを問題にしていたのです。当局は、オリンピック開催の場所を確保するために、貧しい者たちを立ち退かせようとしていたのです。あらゆる手段を使って立ち退きの命令がくだされたのです。多くの若者が瞬時に命を落としたのです。〔…〕大勢の若者が殺されました。遺体を炉に投げ込み、灰にしました。そこに入りきらない遺体は海に投棄されたのです。〔…〕メキシコに降り立ったとき、人びとの良心はすっかり眠ってしまっていると感じたのです。目を覚ますようなショッキングな出来事を起こす必要があると思いました。「こいつらはなぜ自分のキャリア、人生、未来を棒にふってまでこんなメッセージを表明しようとするのだろう」と問いかけざるをえなくなるような、あからさまな表現が必要だったのです。（Democracy Now!, 2011）

スミスとカーロスの身体政治は、トラテロルコ広場で貧しい者たちのために闘い、虐殺された学生や若者たちへの連帯を示してもいたのである。

トラテロルコの虐殺には、「祝賀資本主義」（ボイコフ）の一形態であるオリンピックが必然的に内包している性質が現れている。この虐殺という出来事は、人類の繁栄や国際的な平和を訴えるスポーツの祝典が、軍事弾圧や過剰なポリシング、貧困、立ち退き、排除を伴わなければ実現しないということを実証している。ナチ五輪は独裁者がいたから特別なのではない。北京五輪は一党独裁だから特別なのではない。プーチンお墨付きのソチ五輪が特別なのではない。ロンドンやバンクーバーの立ち退きや排除が特別なのではない。祝賀を脅かすあらゆるものは排除される。祝賀を成功させるために、人権や法や秩序が宙吊りにされ、軍や警察が暴力によって貧しい者やマイノリティ、活動家、オリンピックへの批判者たちを弾圧し、排除するという仕組みは、すでにつねにオリンピック開催の方法のなかに織り込まれているのだ。

排除されるのは、市民や活動家だけではない。オリンピックに異議を唱えるアスリートもまたキャリアを失い、スポーツの現場から排除されることになる。スミスとカーロスは、二度と陸上界に戻ることはできなかった。仕事を失い、家族は脅迫され、カーロスの妻は自ら命を絶った。もうひとり忘れてはならないのが、オーストラリアの陸上選手ピーター・ノーマンである。メキシコ五輪の表彰台で銀メダリストの場所に立っていた白人選手である。最近までノーマンの存在はほとんど語られることがなかった。しかし、シドニーのニュー・サウスウェールズにある線路沿いの民家に描かれている壁画がひとつのきっかけとなり、ノーマンの再評価が始まった。

壁画には「三人の誇り高き者」と書かれている。ノーマンもまたスミスとカーロスと同じように、プロテスト運動に参加したアスリートのひとりだった。拳こそ突き上げてはいないが、胸にはＯＰＨＲのバッジが着いている。「僕はキミたちを支持する。このバッジをつけて僕もキミたちを支持していることを世界に向かって示したい」と言って表彰台に登ったのだ（Zirin, 2006）。ＩＯＣはこの行為を批判し、ノーマンはミュンヘン五輪の出場資格を持っていたにもかかわらずナショナルチームからはずされてしまった。この処分への抗議としてノーマンは自ら陸上界を去った。二〇〇〇年に開催された自国シドニー開催の五輪では聖火ランナー候補からはずされ、式典に招待すらされなかった。

皮肉な話だが、六八年にノーマンが残した当時の二〇〇メートル記録は、シドニー五輪の優勝タイムよりも速い。しかも、いまだにノーマンの記録がオーストラリア記録として破られていないのだ。長い間自国で無視され続け、保守陣営から迫害され、心を病み、家族も崩壊してしまった。二〇〇六年、この銀メダリストの白人スプリンターは誰にも注目されることなく亡くなった。ひっそりと行われた葬儀でノーマンの棺を担いだのは、スミスとカーロスだった。

ノーマンに関してはひとつ美しい物語がある。スミスの母校サンノゼ州立大学のキャンパスに建てられた銅像にまつわるものだ（写真2）。銅像のスミスとカーロスが六八年と同じように拳を掲げている。ところが銀メダルの場所にノーマンの姿はない。この銅像は、六八年に闘ったアスリートの記憶を呼び起こし、歴史を新たに方向づけるために作られた生きた作品だという。この銅像の製作にあたってノーマンは生前、誰もいない銀メダリストの場所について次のように語っている。「誰もがこの場所にのぼって、そこで自分たちが信じるもののために立つことができるんだ」（Zirin, 2006）。もし本当に「オリンピック・レガシー」などと言うものがあるならば、この銅像こそがふさわしいだろう。

写真２　カリフォルニア州立大学サンノゼ校にある銅像。
photo: Adithya Sambamurthy (The Bay Citizen)

5　反オリンピックのアクション
——テリエ・ハーコンセンとスノーボード文化

反逆者モハメド・アリの衰弱した身体を手前勝手に飲み込んだアトランタ五輪の翌年、公然とオリンピック批判を言葉にし、その言葉を各国のメディアを通じて伝え、さらに反オリンピックのひとつの実践形式としてオルタナティヴな競技会（アークティック・チャレンジ）までも自らの手で生み出したアスリートが出現した。ノルウェーのプロ・スノーボーダー、テリエ・ハーコンセンである。世界中のスノーボーダーから尊敬を集め、あらゆる国の選手やメディアがこぞって「レジェンド」と称するこのライダーが雪山の世界を超えて一躍脚光を浴びたのは、長野オリンピックをボイコットすると発言した時だ。

一〇代の頃から大きな試合で活躍ながら、数々の芸術的トリックを開発して圧倒的な実力をもってスノーボード界に長年君臨してきたハーコンセンは、いまもなお頑なにオリンピックを痛烈に批判し、そして憎んでさえいる。ハーコンセンの反オリンピックはとてもシンプルだ。彼はスノーボード文化にオリンピックなど必要ないとはっきりと宣言している。オリンピックは、固有のスポーツ文化を搾取し、その固有の力を剝ぎ取り、衰退させる。オリンピックを外堀から批判するのではない。世界でいちばん優れたスノーボーダーが、出場すれば簡単に金メダルを獲ることができるアスリートが、オリンピックに価値などないと言うのだ。

なぜ、彼はオリンピックを痛烈に憎み、一度たりとも出場すらしなかったのか。オリンピックがなぜ固有のスポーツ文化を破壊するのか。なぜ、彼はスノーボーダーたちにボイコットを呼びかけ続けるのか。その理由は、本書に訳出した「なぜ僕がいまだにオリンピックを憎んでいるのか」(原題は"Terje Haakonsen: Why I still hate the Olympic")のなかで語られている。ハーコンセンの言葉を聞きながら、その反オリンピック宣言をたどってみたい。

ハーコンセンは「オリンピックがスノーボードを僕たちの手から奪い取った」「IOCは、スノーボードを僕らから盗み出した」と語っている。このことの意味を把握するためには、スノーボードという固有の文化の歴史と哲学について簡潔にふれておく必要があるだろう。スノーボードは一九六〇年代の「新しい社会運動」の傍らにあった「ニューレジャー運動」のなかで発明された新しい文化だ。このニューレジャー運動は、欧州、北米を中心に若者たちによって支持され、主流の近代スポーツが内包する「競争原理」「勝敗主義」「結果志向」といった支配的な価値観を否定し、スポーツを通じた新しい価値や形式、態度を作り出していくムーヴメントであった(Humphreys, 2003)。この潮流のなかからスノーボードという新しい文化の実験が始まったのである。したがって、過度に合理化され、官僚化された近代スポーツやオリンピックとは違って、スノーボードは、反競争的で、ヒエラルヒーや規律へと身体を隷属させるのではなく、自由な感覚と表現それ自体を大切にし、楽しみや快楽の追求に身体を駆使していくひとつのライフスタイルとして生み出された(ibid.)。この文化の出現は、最初から反オリンピックを内包するものだったのだ。

この文化は、サーフィンやスケボー、パンク音楽、ヒップホップ、エコロジー運動、DIY文化、反資本主義運動らと混じりあいながら独自の哲学とスタイルを形成し、世界各地の若者たちを魅了していく(Heino, 2000)。官僚組織化せず、巨大な資本を寄せつけず、「自分たちの手」によって競技会を運営することが大きな特徴となった。長い間スキー場から排除され、スキー文化から嫌われ続けたにもかかわらず、やがてそのポピュラリティの拡大は無視できないものになる。IOCは独自に成長したこの魅力的な文化を吸収し、冬季五輪の花形種目として商品化しようともくろんだのだ。九八年の長野五輪で正式種目となるも、あろうことかIOCは選手選考をFIS(国際スキー連盟)に受け渡してしまう。「自分たちの手で」というこの文化の最大の魅力への冒瀆だと受け止めたハーコンセンは五輪出場をボイコットするにいたる。

ハーコンセンは、これまでことあるごとにIOCが「スノーボードの歴史や文化への敬意」をいっさい払わないと怒りをあらわにしてきた。それはIOCがこの文化をまったく理解しようとせず、一方的にオリンピックに適応させようとするからだ。その最たるものは厳格な競争主義である。オリンピックは、楽しみや自由な表現よりも競争と結果を重視する。また厳格なルールも問題となる。どんなトリックがどのように評価され、点数化されるのか。どのトリックは使えて、どのトリックは使えないのかをめぐって身体表現が規制されることになる。

そしてナショナリズムだ。ハーコンセンはこれまでスノーボード文化を国家と国家の競争のために使いたくないと言い続けてきた。バートンやオークリーといったスノーボード産業やブランドとともに成長し、それらに支援されながら多国籍のチームでツアーを行う形式がオリンピックでは認められないのだ。「急にコカ・コーラやマクドナルドを宣伝しなければいけないことになる」ことへの苛立ちは、スノーボードの黎明期から板の開発や改良をライダーとともに工夫しながら、ニッチな産業体として営んできたスノーボード産業やブランドへの敬意がまったくないからだ。

ハーコンセンがもっとも反オリンピックの姿勢を示すのは、オリンピックがスノーボードの競技性や新しいトリックの発明を妨げるからだ。「オリンピックのせいでハーフパイプは過去十年ほぼ何の変化もしていない。同じ形式で、同じパイプで、選手がどんなことをするのかさえ簡単に予想できてしまう」。「どうしたら入賞できるかを選手たちは把握している。アクションスポーツが築きあげてきた自発的創造性がそこには存在しないのだ」。同じ形式と同じパイプを使って点数を競い合うことで、選手たちはみな同じようなトリックや演技をするようになっている。オリンピックは「自発的創造性」というスノーボード文化のコアにあるものを失わせるのだ。

ハーコンセンがオリンピックを挑発するかのように開始した「アークティック・チャレンジ」は、スノーボーダーが自分たちでパイプの大きさや競技の形式を考えるところからはじまる。スポンサーや開催資金もスノーボーダーたちが中心になって集める。お膳立てされた場所で、決められたルールと形式に適応して手っ取り早く点数を稼ぐことはスノーボード文化とは相容れない。つねにルールや形式を変えながら実験を繰り返していくことが新しい技やトリックの発明を誘発する。ハーコンセンにとって、オリンピックはスノーボーダーの創造性を奪い、自分で思考することを放棄させてしまうものなのだ。アークティック・チャレンジは、反オリンピックを「自分たちの手で」実験し、展開していく場所そのものなのである。

6　スポーツを愛する者たちへ

オリンピックは、子供たちに夢を与え、人類の平和と平等を実現する絶対的な「正義」の場所に君臨する。この正義は、躍起になってそれを邪魔するものを消去しながら維持されている。そのために生じる多くの綻び、矛盾、嘘、立ち退き、環境破壊、人権侵害、弾圧、虐殺までもが明らかになっている。それでもこの正義は守られなければならない。この正義の砦に少しでも異議を差し挟めば、スポーツ界どころかこの社会から制裁される。だからアスリートは口を閉ざす。オリンピックは言論を封鎖し、黙っていたほうがいいという判断を迫る。現代スポーツに批判的なスタンスを取ってきたスポーツの学者や批評家、記者たちからも東京オリンピック批判は消え去ろうとしている。個々生じる問題に対しては釘をさしても、それはオリンピック自体や東京開催自体を批判するのではなく、個々の運営の問題にすりかえられて各論として処理される。

　オリンピックの正義は、アスリート、その家族、指導者、支援者、そして批評家、学者、記者をふくめたあらゆるスポーツに関わる人々を根源的次元で独占している。オリンピック開催以外に選択肢がないと思わされてしまう。公に反対しないほうがいいという選択をせざるをえない状態に置かれてしまう。オリンピックよりも価値のあるものなどないと訓育されてしまう。オリンピックが個々のスポーツ文化を搾取し、身体を過度に規制し、もうオリンピックなしではやっていけないと思わされるほどにその固有性を剝奪されていることをどこかで知っているからこそ、もうオリンピックから抜け出せない状態へと連れていかれてしまうのだ。オリンピックの正義は、こうやってスポーツを覆い尽くしている。

　しかし、世界でいちばん強かったモハメド・アリも、いちばん速かったトミー・スミス、ジョン・カーロス、ピーター・ノーマンも、いちばんクリエイティヴなテリエ・ハーコンセンも正面からオリンピックに異議を唱えてきた。オリンピックが作り出す正義の空間の外に出ようと訴えてきた。この事実と歴史は絶対に消え去ることはない。誰もが憧れる稀代のスポーツ・レジェンドが、反オリンピックを公然と口にし、実際に反オリンピックを実行してきた。それでもオリンピックが正義だと言うなら、彼らが言っていることは嘘になってしまう。それは彼らを愛するすべての者たちに唾を吐きかけることにならないだろうか。彼らが言っていること、やってきたことは嘘ではないけれど、それでもオリンピック開催には賛成だというなら、偉大なアスリートたちを解毒するしか方法はない。だが、それほどスポーツ文化を愚弄する行いもないだろう。

引用・参考文献

Burton, J. (2003) "Snowboarding: The Essence Is Fun" in *To the extreme: alternative sports, inside and out*, Rinehart, R. & Sydnor, S.(eds), State University of New York Press.

Democracy Now! (2011) "John Carlos, 1968 Olympic U.S. Medalist, on the Revolutionary Sports Moment that Changed the World," http://www.democracynow.org/2011/10/12/john_carlos_1968_olympic_us_medalist
Democracy Now! (2016a) "Dave Zirin on the Whitewashing of Muhammad Ali: He Wasn't Against Just War, But Empire," http://www.democracynow.org/2016/6/10/dave_zirin_on_the_whitewashing_of
Democracy Now! (2016b) "Don't De-Islamicize Muhammad Ali: Scholar Says Muslim Faith was Central to His Views on Racism & War," http://www.democracynow.org/2016/6/10/don_t_de_islamize_muhammad_ali
Edwards, H (1969) *The Revolt of the Black AThlete*, Free Press, New York.
Heino, R. (2000) "New Sports: What is so Punk about Snowboarding?," Journal of Sport & Social Issues, Vol. 24, No1, pp. 176-191.
Humphreys, D. (2003) "Selling Out Snowboarding" in *To the extreme: alternative sports, inside and out*, Rinehart, R. & Sydnor, S.(eds), State University of New York Press.
Zirin, D (2006) "Brother of the Fist: The Passing of PeterNorman," http://www.edgeofsports.com/2006-10-09-202/index.html
——— (2011) "Dr. John Carlos Raises His Fist With Occupy Wall Street: Being at Occupy Wall Street with 1968 Olympian John Carlos was an unforgettable experience," http://www.thenation.com/article/dr-john-carlos-raises-his-fist-occupy-wall-street/
——— (2014) http://www.thenation.com/article/st-louis-rams-players-tell-world-blacklivesmatter/
マカルーン、J・J（一九八八）「近代社会におけるオリンピックとスペクタクル理論」（光延明洋訳）、『世界を映す鏡——シャリヴァリ・カーニヴァル・オリンピック』高山宏他訳、平凡社
マークシー、マイク（二〇〇二）『モハメド・アリとその時代——グローバル・ヒーローの肖像』藤永康政訳、未來社
ポニアトウスカ、エレナ（二〇〇五）『トラテロルコの夜——メキシコの1968年』北条ゆかり訳、藤原書店
山本敦久（二〇〇三）「レボルト'68——黒人アスリートたちの闘争とアウターナショナルなスポーツ公共圏」、『オリンピック・スタディーズ——複数の経験・複数の政治』清水諭編、せりか書房
山本敦久（二〇一六）「オリンピック、祝賀資本主義、スポーツ・アクティヴィズム」、『出来事から学ぶカルチュラル・スタディーズ』田中東子・山本敦久・安藤丈将編、ナカニシヤ出版（二〇一六年八月刊行予定）

なぜ僕がいまだにオリンピックを憎んでいるのか

テリエ・ハーコンセン／山本敦久 訳

一九九八年に開催された長野オリンピックの出場をボイコットしたことで有名なテリエ・ハーコンセンが、なぜオリンピック種目としてスノーボードが存在すべきでないといまだに考えているのかを語る。（二〇一四年一月三〇日）

なぜ一九九八年のオリンピックをボイコットしたのかといまだに聞いてくる人がいる。「マジかよ?」と思う。僕はもう何千回も答えてきたのに。

スノーボードがオリンピック種目として認可される以前から、僕は自分の立場を決めていた。一九九四年のリレハンメル大会に出場するようMTVスポーツから頼まれていたが、そのときにはすでにオリンピックがいかに腐っているのかを分かっていた。だから、僕は何も後悔していない。

その当時、僕の意見を理解してくれなかったのは父だけだった。もちろん、父は古い世代の人間だし、オリンピックを世界の頂点として見て育ってきた。けれど、僕にとってそれはひとつのイベントとして受け入れることはできなかった。いまでさえ、IOC（国際オリンピック委員会）が国やスポンサー、選手に対して行う要求は、あまりにも非常識だし、酷いものだ。

IOCに関するそうしたものの大部分は、明らかになっているし、簡単に見つけ出すことができる。それなのに人びとはオリンピックを支持する。なぜか。マネーを手に入れるため、そして手っ取り早く名声を得るためにオリンピックが必要だと考えているからだ。それがたとえ四年に一度、一人か二人の選手にしか起こらないことだと知っていてもそうなのだ。そして、オリンピックがスノーボードを僕たちの手から奪い取ったということを忘れないでほしい。

ＩＯＣは、スノーボードを僕らから盗み出した。ＦＩＳ（国際スキー連盟）にスノーボード文化の統制・運営を受け渡してしまったんだ。それはもう周知の事実だ。ＦＩＳはあたかもスノーボードを、そしてスロープスタイルを発明したかのように振る舞っている。そこにはスノーボードの歴史や文化に対する敬意はいっさい存在しない。僕たちにはＦＩＳもＩＯＣも必要ない。僕らは、自分たちの手でスノーボード文化をうまく運営していくことができるんだ。

写真１　テリエ——男、神話、伝説。
Photo: Jeff Curtes

さらにＦＩＳやＩＯＣは、その当時うまく機能していたＩＳＦ（国際スノーボード連盟）をも崩壊させた。その影響をいまでも僕たちは感じている。四年ごとに、スノーボードのツアーが邪魔される。オリンピックという、僕たちが所有されてしまっているイベントのために。

オリンピックでは、自分の荷造りすらさせてもらえない。あらゆるメディアを統制したいという理由から、ソーシャル・メディアでさえ自由に使わせてもらえない国もあるようだ。スポンサーにも統制される。急にコカ・コーラやマクドナルドを宣伝しなければいけないことになる。なんでこんなことに付き合わなければいけないのか、僕には理解できない。

最近、さらにこの問題について強く思うところがある。若かった頃の僕はスノーボードのことだけを考えていればよかった。けれど、いまはもっと広い視野をもって、生じている問題を見ることができる。すべてが狂っている——ＩＯＣは、ほんの一部の連中たちが牛耳っている。本来であれば、金銭的利益を得るためではなく、全世界でスポーツが恩恵を受けるように運営されるべきなのに。

どうやったらこの状況を変えることができるだろうか。僕なら、オリンピック開催地が、五輪のロゴとオリンピックのイメージを世界中どこでも売る権利を持てるようにする。そうやって得た収入を、開催地の新しい施設の建設や、その地

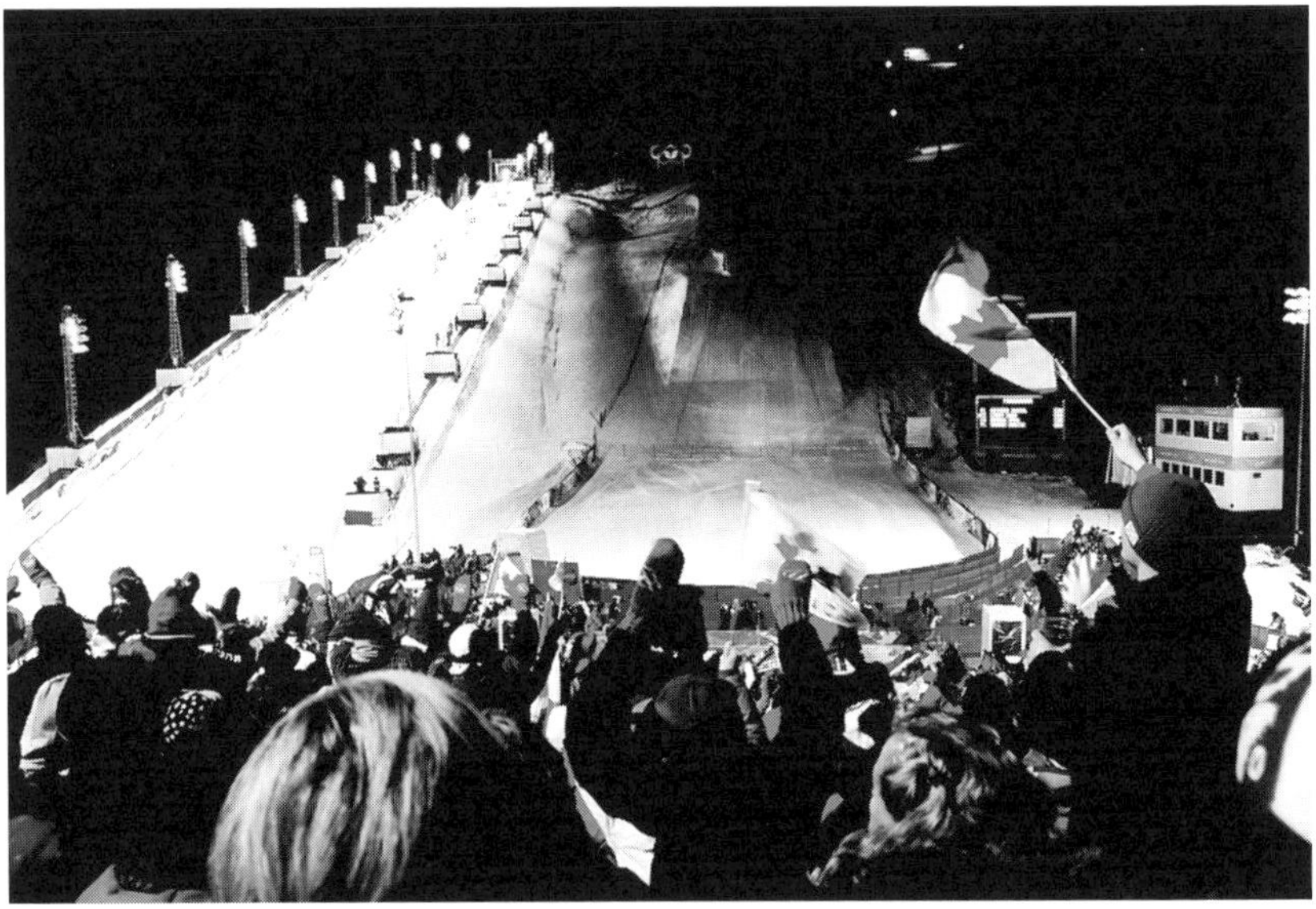

写真2　五輪という名のサーカス、ハーフパイプ（2010年バンクーバー）。
photo: Ed Blomfield

域の既存の施設を改善するために使ったらいいのではないか。
余ったお金は世界各地のスポーツ文化を支えるために使えばいい。とても簡単なことだ。望ましい価値観を持っていれば、変えていくことができるはずだ。ただ、そうした価値観やプライドさえも、みんな持っていないようだ。

上位の一握りの選手たちがものごとを先導することはたやすい。一〇位の選手の意見なんて、多くの人は聞き入れようとしない。一人で何かを成し遂げようとすることも難しい。オリンピックの欠場を決意したとき、人びとがその後何年も同じ質問を僕に投げかけてくるなんて考えもしなかった。

でも最近では、オリンピックを支持しないという僕と同じような意見を持っていても、自分の競技種目を破壊させるような言い訳がちまたにあふれている。どうして人はもっと状況を広い視野で見ることができないのだろう。なぜ協力しあえないのだろう。僕には理解しがたい。ただただ驚くばかりだ。

なぜ一般のスノーボーダーがこの問題にもっと興味を示すべきかって？　この問題は、技を競い合うためのスノーボーディングに関わることだからだ。僕はそんな競争心に溢れるスノーボードを見るのが好きだ。けれど、オリンピックのせいでハーフパイプは過去十年ほぼ何の変化もしていない。同じ形式で、同じパイプで、選手がどんなことをするのかさえ簡単に予想できてしまう。

写真3　アークティック・チャレンジでのテリエ。このイベントを反オリンピックの一種だと捉える見解は多い。
photo: Frode Sandbech

ひどく停滞しているんだ。三位、あるいは三位とは言わずとも、どうしたら入賞できるかを選手たちは把握している。アクションスポーツが築きあげてきた自発的創造性がそこには存在しない。

ダニー・キャス[*1]に聞いてみたらいい。彼は一回の滑走に固執しなければならない形式を毛嫌いしている。もし、オリンピックの形式がジャム・セッション[*2]やクリエイティヴ・セッションであれば、彼はその表現力を最大限に打ち出すことができる。なぜなら彼はクリエイティヴなフリースタイル・ライダーだからだ。彼は金メダルが欲しくてフォームピットやトランポリンの上でまるで体操か何かのような練習をして時間を浪費するようなまねはしない。

しかしライダーたちは、オリンピックが近づくにつれて、それが人生の一大事であると自分に言い聞かせる。ノルウェーでも最近よく見かける光景だ。かれらは「まぁ、世界で一番大きな大会だから」という。「世界で一番大きな大会って、世界中から素晴らしい選手が集まるものじゃないのか?」と聞き返したくなる。世界中の素晴らしい選手に勝てる、そういう大会が一流なのではないのか？　それがどんな

＊1　アメリカのプロ・スノーボーダー。難易度が高い技でハーフパイプの魅力をもっとも表現するライダーのひとり。
＊2　制限時間内であれば何本でもトライできる競技形式。

名前の大会であろうとも。僕が優勝した最も大きな大会のひとつに、スウェーデンで開かれたG-Spotというのがある。

　この大会はスウェーデンのスケボーショップが主催したもので、なかなかの額の賞金をかき集めてくれた。優れたスノーボーダーが集まっていたこともあって、僕にとってはとても有意義な優勝となった。世界とか、ヨーロッパ王者とか、大会名とか、そういうのはどうでもよかった。ベストなスノーボーダーたちがそこにいたこと、それが僕にとっては重要だった。

　結局のところ、オリンピックの選手選考のシステムは、優れた選手を集めるようにはできていない。すべての国家を取り込み、より幅広く世界各地にオリンピックを売ることがＩＯＣの目的だ。そうやってＩＯＣの連中には、巨額の商業的利益が流れ込む。そればかりでなく、その利益には税金がかからない。僕にとって、そんなものはスノーボードではない。


（マット・バールによるインタヴューより）

反東京オリンピック宣言
――あとがきにかえて

小笠原博毅

妖怪の徘徊を触れ回るわけでもなければ、ゴーマンな主張を声高に押しつけようというのでもない。野暮は承知のうえだ。宣言である。

東京で開催されることになっている夏季オリンピック／パラリンピックの開催権を返上し、開催を中止しよう。

二〇一三年夏、とかく福島や東北の「復興」に結びつけられてその可能性や必然性が語られる東京オリンピックはやってはいけないと、ある全国紙に書いた。地震、火事、津波、原発事故、その後の避難生活など、数多く生み出された犠牲のうえに成り立つメガ・スポーツ・イヴェントはやめにしましょうと書いたのである。死者が、故郷を失った生命が、離散を余儀なくされたコミュニティが、なんの関係もない東京でのグローバル・イヴェントを開催する根拠とされていたからだ。その後も、二〇二〇年東京大会についての基本的見解は、この三年間全く変わってはいない。破られるべくして破られる約束にあふれたこの文化イヴェントは、最も高値をつけてくれる買い手にスポーツ自体が進んで身を差し出す四年に一度の見本市と化している。福島を、東北を、犠牲者たちを理由にして、そんな国際見本市を開くのはやめよう。おかしな話だが、ある程度定期的に書かせてもらっていた媒体から、それ以来原稿依頼が一切来なくなった。貧しい筆致と低質な内容だったのだろう。書かせてくれていたのはお情けだったのだろう。別にマス・メディアが同調圧力に完敗するほど、深刻な体たらくには陥らないだろう。まさか四大全国紙すべてが協賛企業になるなんてことにはならないだろう。そして蓋を開ければ、全国四大紙がオリンピックの「ゴールド・パートナー」となっていた。

なんともお粗末である。なにがか？　反東京オリンピックの論戦を張ろうとしていた僕自身が、である。敗因は何か、考えてみたのだが、おそらく敵を見誤っていたのではないか。無邪気を装いオリンピックを歓迎したい人々、自分のライフ・サイクルをオリンピックに合わせ、四年に一度のタイム・スパンで人生の記憶を紡いでいく人々、オリンピックの価値、その理念を信じ、日夜厳しいトレーニングに励むアスリート、努力し続ければ夢は叶うと信じこまされ、隣の空き地がオリンピック・スタジアムへとまっすぐつながっていることを疑わないアスリートの卵たち、「夢と感動」、そして東北の大惨事の後でいつも語られるようになった「元気」と「絆」を求める人々、そして何より、オリンピックを物理的象徴的利権獲得の場にし続けたい現代の「資本貴族」たちとそれを裏で操る電通とそのコングロマリットの仲間たち。どこかでこういう人たちに向けたメッセージを発しなければいけないと、思い込んでいたのかもしれない。

しかし、そんなメッセージは野暮の上塗りというものだ。届かないのだから、そもそも。垂れ流しにすぎないのだから。落下点、着地点を見誤ったまま言葉だけが宙に浮いている。だれが耳を傾けるのかではなく、だれに耳を傾けさせるのか、傾けてもらえるよう導くことができるのか。むしろ啓蒙の身振りに近いこの発想の転換は、後ろ向きに見えるかもしれない。己のなすことを知りながらそれをする人々にとって、それは逆行であろう。だが、なすところを知らざるままそれをなそうとし、かつなしてしまうことがもたらすであろう帰結を意にかけぬままなそうとしている人々にとっては、啓蒙もまだ捨てたものではない。「宣言」とは呼びかけであるとすれば、どのような階級であれ、立場であれ、エリートであれ大衆であれ、確信を持って前を向いている人にそれは必要ない。もはや知る必要がないと確信しているという意味で、それ以上知ることを求めないという意味で、それは無知な人々なのだから。呼びかけたら振り向いてくれそうな、知ろうという欲求をどこかで感じている人を審問しなければ、その人がなそうとしていることの主体性すら議論の俎上に載せることはできないのだから。

1　「神話と犯罪性」から「サーカス」へ

ここに二冊の本がある。ともに古い本だが、現代オリンピックに反対すべき時にとる原理的な身構えはこの二冊の中ですべて明らかにされているにもかかわらず、あまり顧みられることはなかったように思う。まず影山健、岡崎勝、水田洋編著『反オリンピック宣言――その神話と犯罪性をつく』（風媒社、一九八一年）。一九八八年にソウルで行われることになる夏季オリンピックの日本国内候補地として招致活動をしていた名古屋において、「体育の理論と実践にたずさわるスポーツ専門家」が中心となり、オリンピックとその招致活動に反対する理由を詳らかにした論集である。これは、賛成であれ反対であれ、商業化、グローバル文化イヴェント化、市民スポーツとの乖離と対立、管理主義教育と動員、招致活動と市民生活の矛盾といった、現在オリンピックを争点にする際に現れる論点をほぼすべて炙り出している。そして、招致に向けた名古屋市の行政対応や福祉、市民生活全般への介入を「オリンピック・ファシズム」と呼び強烈に批判した。「オリンピック・ファシズム」、おそらくこの本は、この言葉が日本語媒体で登場した最初期のものの一つであることは疑いがない。次の引用は、『反オリンピック宣言』での多様な反対言説を束ねる、根本的なオリンピック理解である。

> 今までのオリンピック研究に欠落しているのは、現実認識の甘さの一言に尽きる。私たちは「なぜオリンピックが、年々矛盾に満ちたものに成長していくのか？」と問い返してみたが、つまるところ、「オリンピックそのものが矛盾の培養器であり、〝崇高〟な理念は批判回避のプロテクターにすぎない」ということであった。（一九頁、強調原文）

これで十分ではないだろうか。名古屋の個別具体の話ではない。はじめから何かがおかしかったのであり、そのおかしさは折り込み済みのものとしてオリンピック自体に内在していたということだ。まずこういうものとしてオリンピックを理解し直す必要があると、すでに三五年前に言われているのである。こう理解すれば、細かい反対理由はケース・スタディとなる。むろん、反対勢力のなかでは、二〇二〇年の東京に特化した論点と反対理由があるという見方が大勢かもしれない。しかしそれは、では二〇二〇年じゃなければいいのか、東京でなければいいのか、という選択肢を導き出すことで、オリンピックという出来事自体への接近をスロー・ダウンさせてしまうだろうし、同時に、二〇二〇年の東京でなければいけない、という積極的かつ具体的な賛成理由を誘発するだろう。もちろん、それらがどこまで説得力を持つのかという観点から反駁の機会を得られるという意味で、東京のケース・スタディを軽視してはいけない。いけないがしかし、その応酬は、オリンピックへのこのような理解が賭けられるものでなくては意味がないだろう。『反オリンピック宣言』の現代的意義は、このようなオリンピックの意味づけにもきちんとオッズをつけられるよという、「宣言」なのである。

二冊目は、イギリスのスポーツ社会学者アラン・トムリンソンとメディア研究者であるガリー・ワネル（ファネルと訳されてはいるが、より正確にはワネル）が編集したその名も『ファイヴ・リング・サーカス――オリンピックの脱構築』（柘植書房、一九八四年）である。原著八章構成のうち、序文、六章、八章は抄訳されており、その分、筑紫哲也による序文と佐野山寛太による結論が加えられた日本独自編集となっている。モスクワ大会でのボイコット騒ぎを受け、数ヶ月後に迫ったロス・アンジェルス大会を見据えて出版された『サーカス』もまた、『反オリンピック宣言』同様、現代オリンピックの問題点をテーマ別に列挙する構成になっているが、前者との違いは、人種差別主義（アパルトヘイト）、フェミニズム（セクシズム批判）、そしてオルタナティヴ（労働者オリンピック）が加えられているところである。

実に八〇年代的な副題はさておき、問題は「サーカス」である。もちろんこれは、古代ローマの詩人ユウェナリスが愚民政策に対する警句として詠んだとされる一片の詩句から取られたフレーズである。「サーカス」とは無償で楽しめる娯楽としての見世物で、それを見せて、パンを与えて腹を満たしておきさえすれば、民は愚かにも政策への批判などせぬものよ、ということだ。オリンピックを「サーカス」になぞらえることは別段珍しくはない。『サーカス』への寄稿者たちは、それぞれの視点から「サーカス」が提供することを期待されている「官能的感動」（同書二二〇頁）の前提条件を問い直し、オリンピックという出来事が用意される環境自体を「脱構築」する論考を収めている。「壮大なから騒ぎ」たるオリンピックはこの本の中で死を宣告されており、もはや蘇生される可能性はなさそうだ。

ところが、一つ一つの論考をつぶさに見ていくと、どうも少しこうした全体的印象とは異なる記述が垣間見られることに気づくだろう。例えば、『反オリンピック宣言』同様、プレーする側、スポーツする主体の側から議論を投げかけているデイヴィッド・トリーズマンが「政治対立」という章のまとめに述べている次のような文章。

しかし、肉体的・芸術的文化としてのオリンピックが、他の形態の人間活動と同じように政治的であると認識したとしても、その価値はいささかも減少しないだろう。車の排気ガスが生み出すスモッグを通してロサンゼルスへ目を向ける全世界の約半数の人は、肉体的躍動の素晴らしさを目撃して、その魅力にうっとりするだろう。また同時にありきたりの批判者がなんだかんだとごたくを並べても、世界の人々はその政治的なものに引きつけられるだろう。それは不幸な出来事に人々がいまわしいほどに陶酔するからではない。そこに内包された政治紛争が気になるからなのだ。（同書一〇一頁）

オリンピックというスペクタクルの観客は、実際にスタジアムにいようがテレビ画面の前にいようが、餌につられて一斉に同じ方向をむく鰯ではないということが言われている。集団的陶酔ではなく、政治が「気になる」からこそ一瞬の、「今夜此処での一《ひ》と殷盛《さか》り」（中原中也）に引きつけられるのである。観客はもう気づいているのだ、オリンピックは単なる「サーカス」ではないということに。なすところを知っているのである。ロンドンの老舗サッカークラブ、トットナム・ホットスパーの元練習生にして、イングランド・サッカー協会の会長も務めたこの労働党の政治家は、人々はオリンピックの「ありきたりの批判者」たちの思惑とは逆を向いていると指摘しているのである。そしてこの指摘は圧倒的に正しいだろう。それでもオリンピックはやってくるものとなっている。では「ありきたり」ではない批判はどのように可能だろうか。いくつかのオプションが考えられるとしても、それらがどの程度「ありきたり」でないかを見極めるのは、なかなか困難な作業であろう。

2　「どうせやるなら」派という多数派

それでも、トライはしてみよう。現状のオリンピックを正面から礼賛し求める人々や力は、ひとまず放っておく。そうではなく、「ありきたり」ではないと本人たちは思い込んではいるが、己のなすところの帰結への想像力を著しく欠いているがゆえに、おそらくお仕置きが必要な立場や考え方がある。二〇二〇年東京大会が自然災害や人的災害もなく成立し、なんだかんだ言っても「成功」という言葉でまとめられるとき、それに最も貢献するのは「手放し礼賛」派でも「困難を乗り越え頑張れ」派でもなく、「どうせやるなら」派とでも言えるような人々ではないだろうか。別段、党派性を際だたせるつもりはない。しかし問題を問題として対立点をあぶり出すためには、このようなラベリングも、多少憂鬱ではあれ時には必要悪なのだ。

この「どうせやるなら」派は、オリンピックに対する「ありきたり」な批判、つまり「サーカス」としてのオリンピックという見解を一旦受け入れる。だから、初期設定においては批判的であり、できるならやるべきではないと思っている。しかし、招致活動が終わり、税金が捨てられ、インフラ整備を含む準備が始められ、開催権の返上や中止が逆に莫大なコストを必要としてしまうということを理由に、事実上後戻りできないと結論づけて、むしろそれまでかかった投資をどのようにすれば「資本貴族」たちの手から奪うことができるのかを提案することで、言わばオリンピックの換骨奪胎を目指す戦略家集団がこの党派である。オリンピックを「機会」ととらえ、統治側の計画を逆手にとって、本当に市民のためになると考えられる、都市の再開発も含めた「オルタナティヴ」を求めようというのである。やるなら参加型で、盛り上がって楽しめる、新しい発想での開催を。とはいえ、その実現の仕方をめぐっては、いくつかの多様な方向性がある。

　オリンピックとは競技者と運営者、スポンサー企業と観客、つまり顧客だけのものではなく、市民参加という名のヴォランティアによる協力なしには実現不可能なメガ・イヴェントである。それを逆手に取るのが、まさにそのヴォランティアを呼びかけることで、東京だけではなく国民みなで盛り上げていきましょう、という取り組みである。この種の取り組みは、ペースが早い。招致活動中にはすでに、「2020年東京オリンピック招致学生団体関西支部」なる団体が声を上げていた。関西でも学生ヴォランティアを集い、企業やスポーツ界を巻き込んで東京にオリンピックを招く運動を展開しよう、という活動団体であったようだ。[*1] もちろんこれは「動員」とは呼ばれない。あくまで自発的な行為として呼びかけられる。

「オルタナティヴ」をもっとも強調するのは、スポーツ・イヴェントの観客にとどまることをやめ、オリンピックという商業イヴェントの受動的な消費者になることをやめ、これを「機会」に新しい価値や意味を作りだそう、という考え方である。このなかには文字通り「東京2020オルタナティブ・オリンピック・プロジェクト」と銘打ったオリンピックの「再設計」を唱える人たちがいて、メダルの獲得数を競う勝利至上主義や環境破壊と都市機能の分断を招く開催地のジェントリフィケーションを批判する。[*2] この人たちは基本的にコスモポリタンであり、特定の国民や人種によって競技するアスリートを区別することを拒み、身体のサイボーグ化も視野に入れてパラリンピックを再評価し、健常者の競技と同等もしくはそれ以上の価値を積極的に与えようという。技術への目配りを大切にする視座は、ホログラフィによって街角に巨大なプロジェクション・マッピング機能を遍在させ、アスリートの躍動を体感できる中継システムを提案することなどにも見て取れる。とにかく明るく、未来志向で、理論的にも注意深く目配りされた周到なマーケティング能力に裏付けられた代替案。つまり、「批判するだけではなく代替案を出せ」という権威主義に対して、文化イヴェントであることを再び強調し、いまどきの価値の再創造という体裁での「代替案」作りをすることで、はっきりと対峙しているのである。

　ところが、比較的若く、高学歴で、優秀で、スタイルや技術にも精通した起業家気質の男子たちが、「僕らにもできることはある」と一生懸命考え上げたさまざまな提案を読み通すなかで、最初から最後までわからない問題がある。それは、彼らが、「オリンピックってやってもいいものだ」という前提には一切触れていないということ。「やらない」という選択肢を切り捨てることでしか成り立たない分厚い言説の束が、ここに残されているだけなのだ。やることが前提だから、「どうせやる」ことになるのだから、「オリンピック破壊計画」というセキュリティ・シュミレーションまでが提案され、テロによる妨害・破壊が想定内の事態であることを明示すると同時に、円暴落による東京大会の「自壊」までも視野に入れている。とても勇気ある「代替案」のオン・パレードなのだ。当たり前だろう、徹底して「どうせやるなら」派なのだから。しかし、「やらない」という選択肢をはじめから想定しないことによってできあがる「オルタナティヴ」は、批判の対象である「資本貴族」たちと市場というメタな価値を共有したままである。スポンサーによる協賛金だろうが放映権料だろうが、クラウド・ファンディングだろうが、資本の流れを変えるための方策を豊富に蓄積することはできても、その流れを寸断したり干上がらせたりすることはできないし、するつもりもなさそうだ。創造と破壊へのドキドキするような期待と妄想が、ここにも巣食っている。

そういう意味でこの「オルタナティブ・オリンピック・プロジェクト」は、ちょっと異なるビジネス・モデルの提供でしかない。それは、少し違った「サーカス」を見せようということでしかないのだろう、お客さんも参加できる「サーカス」を。この人たちはそれでいいと思っているようだし、そういうことが好きなようだ。でも、それが東京大会に向けての環境を少しだけざわつかせることで、むしろ「多様な声がある」日本社会の健全さをアピールすることになってしまっているということに対して、彼らはどう思うのだろう。

次なる「どうせやるなら」派は、少し手強い。オリンピックに必要な巨大な建築物を作ることができる人たちとその周囲のイデオローグたちだからだ。シンプルな話である。国立競技場を建て替えるためにデザイン・コンペをしましょう。しかしだれからも一つも出展作品が届かない。こんな状況を妄想してみる。建築家による徹底したオリンピック・ボイコットを夢見るなど、寝言は寝てから言えと言われるだろう。しかしだれも出展しなければ政府、ＪＯＣ（日本オリンピック委員会）、招致委員会などがだれか特定の建築家に依頼しなければならなくなるのであり、その依頼の顚末次第では、一見健全に見えてきた公募によるコンペの裏側にあるからくりが明らかになるきっかけになるかもしれない。あくまでもからくりがあれば、の話であるが。ともかく、種々の競技場、選手村などの宿泊施設、公共交通のインフラのデザインを手掛ける建築家やその周辺のイデオローグたちは、オリンピックを前にして巨大な利害団体、圧力団体を形成するといっても過言ではない。そういう人たちがいないとオリンピックは

＊1 「2020年東京オリンピック招致学生団体関西支部」。http://gakusei-kichi.com/p=6488

＊2 『PLANETS Vol. 9 東京2020オルタナティブ・オリンピック・プロジェクト』第二次惑星開発委員会／PLANETS、二〇一五年。

成り立たなくなっているのだし、メイン会場のデザインとその周囲のジェントリフィケーションは、もはや現代オリンピックに欠かせない風物詩となっているからだ。しかし建築家とそのイデオローグたちは、オリンピックに関する仕事を社会的要請として受け取る。個人の作品を世に問うということではなく、あくまでもオリンピックという公的な目的の実現に向けた、必要な手続き、請負仕事だと。

もちろん、そんなことに価値を見出さず、見向きもしない建築家はたくさんいるだろうし、オリンピックのメイン会場をデザインすることが究極の目標であるなどと公言してはばからない人はなかなかいないだろう。ただ、プロフェッショナルとしての仕事が公共事業として要請されるならば、建築という分野の社会的正当性と存在意義は公的利害に与するものとして承認される。肥大化したオリンピックには反対ではあるが、社会の要求に応えるのがプロの仕事だという信念のもとに、「どうせやるなら」と考えている建築家やそのイデオローグたちはけっこう多いのではないか。社会的要請という言葉の「社会」とは何かなどと問い返すのは、かえすがえす野暮なのだろう。しかし、多数派に裏付けられた政府の要請であれ、「結局みなはオリンピックを望み、楽しみにしている」という漠とした空気感であれ、社会をなんとなく指し示しながらオリンピックのプロジェクトを否定しないのは、自分たちの行いを自分以外の何か、だれか、言ってみれば他人のせいにするということと同じではないか。オリンピックの何かに取り組む根拠を先送りし、その根拠の妥当性を他者の判断に委ねているだけだ。無論それも一つの見識ではあるだろうし、責任の取れる主体たれ、と訓示を垂れたいわけでもない。ただ、決定を他者の手に委ねたままであることと自己が非決定を導くものだということが対になったまま、他者との応答、社会との共鳴、相互性、互酬性、社会的還元といった言葉が、リベラリズムに有無を言わさぬ説得力を与えている状態が、とても面妖に思われるのである。あなたたちが作ったもののせいで、住んでいた場所から追い出され、生活圏を奪われた人たちがいるんですよ。オリンピックのスタジアムも、ダムも、おそらく原発も同じことなのだが、作る根拠にしている「社会」との折り合いをつけぬまま文化イヴェントだから許されるという思い込みがあるとしたら、それはつくづくどうかしているとしか言いようがあるまい。

もし近代社会が官僚化された鉄の檻を張り巡らしたものであるならば、檻の形や角度や格子の大きさのいかんにかかわらず、自分も決定を委ねた他者も檻の中にいることになる。檻に収監された、業務に忠実な、つまり「凡庸さ」を遺憾なく発揮できる人こそがもっとも効果的に貢献する人材となる。なぜユダヤ人をガス室に送ったのですか？　それが私に課された仕事だったからです。匿名のアイヒマン予備軍たちにとって、他性の集合体である社会が求めるならば、アウシュヴィッツででも作業するということだ。繰り返すが、それもまた一つの見識であることに変わりはない。近代の労働とはおそらくそういうものなのだから、何が悪いのだという反論は可能だ。物理的であれ非物理的であれ、また情動的なものであれ、外部の要請に基づく行為、創意工夫、活動は結局その外部の責任であり、自分の技術と思考はその要請のエージェントにすぎないとき、疎外された労働まであと一歩である。

　消極的ではあれオリンピック開催に肯定的にたずさわることが社会との契約に基づくものだと考える限り、その思考の主は永遠にオリンピックの外部にいる。それゆえ、その立場からは、オリンピックの組織と運営にたずさわるもの、アスリートとして参加するもの、ヴォランティアとして関与するものを外野からとやかく批判するのは下品でけしからん、などとは言えないのである。自分以外の外部に責任の所在を想定しなければ発話できないものが、「オリンピック批判は外在的だ、中でもがんばってる人がいるんだ」などとは言えないということだ。がんばってる人は、どこにでもいる。オリンピックが税金を使って運営されている限り、納税者であり有権者であるものが反対を唱えることは、外在的でもなんでもない。千歩ゆずって外在的批判が下品だという見解を受け入れたとしても、『反オリンピック宣言』と『サーカス』に寄稿した先駆者たちには現役でスポーツに関わっている人間が多数含まれていたのだから、批判の主体を内部と外部で分けることが三〇年以上前から無意味だったことは明らかなのである。

3　資源としての二〇二〇年東京大会

「どうせやるなら」派の最後に紹介したいのは、「東京人」たちだ。同名の雑誌とはとりあえずそれほど関係はない。これは都市の再価値づけを図るという点で先に触れた若手インテリたちと同じ土俵に立っているように見える。ただ彼らが新たな景観や技術の導入によって都市空間を再提示しようとするのに対し、この立場は既存の歴史に依拠した東京の磁場の組み換えと、文化的価値の配置転換をその中心課題としている。そうした試みを先導するのが、東京文化資源会議なる組織である。ホームページによる説明では、そのプロジェクトは「内閣府、国土交通省、文化庁、大学、民間研究機関、企業等、様々な分野の専門家、実践者の有志が集まり」、「上野、本郷、谷根千、神保町、秋葉原、神田、根岸等の特色ある文化を保有する地域を中核とした上野寛永寺から旧江戸城に至る東京都心北部一帯に残り、育まれているソフト、ハードあわせた様々な文化資源を活かしたプロジェクトを進めていくことで、２０２０年以降の新たな東京をつくっていこうというもの」だそうだ。[*3]

　長い資本主義の道程は、その断末魔に近いネオリベラリズム化の過程で、労働する人間を交換可能、リサイクル可能な資源に変えた。臓器移植に関する論争は人体を資源とするということか否かをめぐっていまだに続いているし、先端医療における遺伝子の取り扱いもまた、ヒト胚の情報をある種の資源と考える発想である。そして、文化である。時代の流れと言ってしまえばそれまでだろう。無関係だとは述べたが、雑誌『東京人』が中央線沿線について特集したがるのは谷中、根津、千駄木あたりのいわゆる「谷根千」界隈だから、どこかで共鳴するのだろうか。いずれにせよ、関東大震災、東京大空襲、六四年の東京オリンピックを経てその注目度が相対的に低下してしまった地域の価値を、産官学で連携してもう一回再発見してもらおうという試みだと理解すればよいだろう。渋谷、青山、六本木が大好きでない限り何ら文句をつける筋合いではなさそうに聞こえるこの説明の文言のなかで、またもや所与の条件として描かれているのが二〇二〇年東京大会なのだ。東京へのオリンピック招致決定後に発足したこの組織が、「2020年以降の新たな東京をつくっていこう」とするのは不思議ではないが、下町情緒の残る山の手をプロモートするのになぜオリンピックが契機とならなければならないのだろうか。

　東京芸術大学大学院国際芸術創造研究科の新設を記念して行われたシンポジウム、「芸術文化の創造と大学の未来」における吉見俊哉の講演の中に、その理由を読み取ることができる。当の文化資源会議の幹事長を務める吉見の講演は、別の会議で行われた別の講演とほぼ同じ内容であるため、そこから読める彼の説明を眺めてみよう。

> 2020年の東京開催について、世界の支持があったのは事実ですが、それは東北の震災復興と対であったはずで、オリンピックに向けた首都の未来と東北・地方の未来が一体をなさなければならなかった。しかしながら、その後の新国立競技場やエンブレムの問題、そして東北復興、福島の現状、すべてにおいて問題だらけです。
>
> 　なぜこんなことになっているのか、一番大きな理由は、1964年からの価値転換ができていないからです。1964年のときの価値とは、その年に開催された東京オリンピックの標語でもありましたが「早く、力強く、成長する」でした。当時は高度経済成長に入っていく時期ですから、右肩上がりの経済のなかで、その起爆剤としてオリンピックは開催されたのです。
>
> 　日本の経済から言えば、右肩上がりの時代は終わり、未来に高度経済成長はありえません。人口も経済も縮減期に入っている。そのなかで私たちは、豊かさの意味そのものを問い直さなければならない。成熟社会とよく言われますが、それは循環型社会のことだと思います。ペットボトルやレアメタルだけでなく、私たちの文化や

知識自体を循環させて、クオリティを上げるプロセスに入っていく。そうした循環型社会への転換の仕組みとしてオリンピックはあるべきだと、私は思います。*4

クリアである。「サーカス」としての二〇二〇年大会を批判し、それが批判されるべき理由が一九六四年大会と変わらぬ価値のままに行われようとしているから、ということなのだ。それを踏まえたうえで、この見事なまでに「どうせやるなら」派を代表するような言葉群の、看過できない問題点を挙げておこう。

まず、「世界の支持」などない。それは、安倍晋三による嘘を嘘と知りながら利害を優先させた政治判断にすぎない。次に、成長から成熟した循環型社会へという価値変容を促そうというメッセージは、リレハンメルやヴァンクーバーの冬季五輪の時から言われ続けていることであり、そしてずっと裏切られ続けてきた夢でもあるということだ。本書にも収められているアメリカの社会学者ジュールズ・ボイコフは、オリンピックを「祝賀資本主義」という概念で説明しようと試みているが、その「祝賀資本主義」の五番目の特徴として、「持続可能性」を高らかに謳うことを挙げている。*5 フィットネスはばっちりだ。次に、東京大会の招致と開催が東北地方の震災からの復興と「対になって」いなければならないという指摘。これは東北の復興、福島の原発事故後の処理と対策、東日本全域にわたる放射能汚染への対策と、オリンピックが一体となって云々、ということなのだが、それはどういう意味なのだろう。オリンピックが震災のダメージから二度と抜け出せない地域、共同体、人間を救うということだろうか。それとも、オリンピックの開催が何かよい効果を東北にもたらさねばならない、そういうものでなければ開催の意味がない、ということだろうか。善意で受け止めれば、そういうことだろう。しかし二〇二〇年にオリンピックを東京で開催することにより、何がどう転べば福島第一原発からダダ漏れの放射性物質を制御することができ、再び飯舘村で牛の放牧をすることができ、離散した家族や親族を再び結びつけることができ、失われた命への服喪を完了することができるというのだろうか。耳当たりも見映えもよい。一見、オリンピックを梃子にして、そこで終わらずに、社会生活のより一般的な利益を作り出すきっかけにしようという意気に溢れているように見える。しかし、このような立場が「なるほど、うまい

＊3　http://tohbun.jp/about/
＊4　吉見俊哉「ポスト2020の東京ビジョン：21世紀の戊辰戦争は可能か?」。http://artscommons.asia/wp-content/uploads/2016/05/160512_forum0313_p13-15_yoshimi.pdf
＊5　本書掲載のジュールズ・ボイコフ「反オリンピック」および訳者解説を参照。

こと考えるな」と頷かれて合意を得ることによって、当のオリンピックは生き残ってしまうのである。オリンピックはそれを開催し、閉幕することで、次の時間軸における出来事の資源となることを期待されている。オリンピックという出来事自体が変成して、まるで資本のように投資される機能を担うのである。

もちろん、文化を資源化するために動いている産官学の連中に何かを期待するのはそもそも間違っているだろう。「文化資源の全国的活用」を謳い文句にしながら、そこでイニシアティヴを取ろうとする最高学府東京大学文科系が、官をうまく使いこなしながら、地域の活性化戦略とタイアップしての起死回生をもくろむ作戦だというだけのことかもしれないのだから。所詮本郷界隈のことでオリンピックや震災後の東北を巻き込んでもらっても、困るのである。東京のごく一部の地域の生き残りのために、東北のみならず、世界中からやってくる人間たちを好都合な資源として利用しようというのだろうか。その発想は、首都の電力供給機能の健全化のために福島に原子力発電所を備えつけた発想と、どこか親和的ではないだろうか。なにより、これは別の形のオリンピックの政治利用ではないか。もちろん政治利用という身構え自体を否定するのではない。ただ、それによって人はオリンピックが気になってしまうとトリーズマンが書いていた、まさにその通りの末路へと至る青写真がはっきりと見える。「21世紀の戊辰戦争は可能か？」という講演タイトルの揚げ足を取って、「なんだお前は戦争がしたいのか」などと戦後平和主義的態度で迫ることも粋ではないだろう。ただ、上野寛永寺境内を中心に籠もる彰義隊に向かって打ち込むために、大村益次郎が当時日本に二台しかなかったアームストロング砲を備えつけさせたのは、旧加賀藩邸、現在の東京大学本郷キャンパスだったということは記しておこう。新たな戊辰戦争を経た時、オリンピックはまだあるだろうか。東京のごく一部のことは、東京のごく一部の人たちでやってもらって、いっこうにかまわないのだ。

4　黙示録的「ディストピア待望」派

「どうせやるなら」派は、「うまくやる」ことができると思っている。流用や奪用によって元来の意味や価値を変容させ、本歌取りの手法をうまいこと使いこなせば、オリンピックを食うことはできても食われることはないと思っている。それが、オリンピックの存続を陰で支えるもう一方の党派である「ディストピア待望」派との最大の違いだ。「ディストピア待望」派の基本的な主張はこうだ。オリンピックを一度中止にする程度では、別の場所・別の機会にそれに代わる資本の劇場が作られるだけであり、それならばいっそオリンピックを派手に開催することで世界が直面する矛盾を吐き出させてしまえ、というものだ。税金や投下された資本を無駄に使い尽くし、勝利（メダル）至上主義は周到に仕組まれたドーピング技術によってアスリートが長らく背負うことを期待されてきた人間性を剝奪し尽くし、スペクタクルを極限まで推し進めて世界の現実を覆い隠す。金と欲、上昇志向に虚栄心、人間の内面から湧き出るとともに利益という形象をともなう「膿」を出してしまうには、オリンピックは最高の舞台だ。そしてこれらのからくりがすべて露わになった時、ディストピアとしてのオリンピックは、その機能を停止し存在意義を失うだろう。「ディストピア待望」派は、結局「うまくいかなくなる」と思っているのだ。

オリンピックをディストピアとして見事に描き出したのは、ユダヤ系フランス人の作家ジョルジュ・ペレックの『Wあるいは子供の頃の思い出』[*6]である。Wは架空の場所である。それは「オリンピックの理念」によって支配された、住人がアスリートとその世話をする人間ばかりの場所で、毎日いくつもの競技が戦われ、勝者は勝者であり続ける限り奉られ、敗者には死が待っている。Wでは、

「生存競争」がここでは掟なのだ。闘争は当たり前としても、Wの人間を活気づけているのは〈スポーツのためのスポーツ〉、壮挙のための壮挙に対する愛着ではなく、勝利への飢え、万難を排しての勝利への渇望である。

（一二四頁）

勝利至上主義などという生易しいものではない。勝利至上主義を批判するものは、そうではないスポーツのあり方を、もしかしたら失われてしまったスポーツ本来の姿というものを、草野球や路地裏のリフティングに求めている。夢想している。だがWのアスリートにとって、勝利以外の選択肢は敗北ではなく死なのである。生の可能性を極限まで条件化したこのディストピアは、ペレックが自分の母親を殺害したホロコーストを具現化したものだと解釈されている。強盗、レイプ、暴力は日常茶飯事であり、むしろ奨励され、一見無秩序が横行しているように見えるが、唯一無二の場所であるWでしか通用しない掟があり、それを知っていながらアスリートたちはWにやってくる。無秩序の秩序化と非合理性の合理化が、オリンピック競技を、人が生き残るための手段にすると同時に、処刑や拷問によって敗者を死に至らしめる手段にもしてしまっている。

オリンピックを中止にしても「資本貴族」たちはまた別のオリンピックのようなスペクタクルをつくり上げるのだからこのままやり尽くしてしまえ、という「ディストピア待望」派は、どこかでこのペレックのヴィジョンを踏襲している。そこに希望はなく、尽き果て、滅びゆく黙示録的世界が広がっているだけだ。スポーツ競技をすればするほど、競技性

*6　酒詰治男訳、水声社、二〇一三年。

を高めれば高めるほど、死に向かう重力は増していく。しかし、Wを本当に統治しているのはだれなのか、何なのかを最後まで明らかにしないペレックとは異なり、「ディストピア待望」派は永続的な「資本貴族」の支配を認めてはいる。この立場は、ある種の柔軟性を欠いた重力のフォーマットに則って、図式的にスポーツを理解しているのではないだろうか。比重のあるものに引きずられるのだ、スポーツは。フランスの社会学者ジャン・マリー＝ブロームは、その著『スポーツ——計測された時間の牢獄』のなかで次のようにスポーツを定位している。

> スポーツはブルジョワ社会における生産諸力の発展に依存している。スポーツにおける技術の進歩は、資本主義の技術的科学的発展に緊密に従っている。ブルジョワ・スポーツは階級的制度であり、資本主義生産関係と階級関係の枠組みへと全体として統合されている。他の階級制度、たとえば大学や軍隊のような（…）上部構造の現象として、資本主義社会における他のすべての上部構造レヴェルと、スポーツはつながっている。スポーツの組織的一体感は、ブルジョワ国家の抑圧的制御によって確保されたものだ。さらにスポーツは、マス・メディアにより、巨大なスケールで、イデオロギーとして伝達されるが、同時に支配ブルジョワ階級の一部なのである。[*7]

逆に言えば、資本主義が生き残り、ブルジョワ階級が生き残る限り、スポーツはなくならないということだ。このラディカルなスポーツ社会学的見地は、冷戦初期の状況の中で非常に現実味を持っていた。ソ連の指導者スターリンが一九四八年のロンドン大会への選手派遣中止を決めたのは、チャーチルによる「鉄のカーテン演説」以降の反米冷戦政策を反映していたというよりも、そもそも「スターリンはスポーツがあまりにも個人主義的で共産主義には合わないものと考えていた」からだという。[*8]このスターリンと同じ理由で選手派遣を中止したり、オリンピックそのものを中止にしたりすることができる可能性は、もはやないだろう。ただ、スポーツが共産主義に合わないものという認識は、「どうせやるなら」派が見落としがちな視点、つまり競技者、選手、アスリートへの視点を保持しているものだ。オリンピックをスポーツのイヴェントだとみなしているのだから。少しおかしな話ではある。オリンピックは、いつの間にかスポーツを消し去ってしまった。「ディストピア待望」派も、アスリートに向ける眼差しはとても薄いものだ。アスリートは終末論を彩る数ある登場人物の一人にすぎない。アスリートの不在。それは「サーカス」団員の不在。

5 「サーカス」団員の不在

オリンピックを批判し、二〇二〇年東京大会中止を求める数少ない言説の中に、アスリートの居場所はあるか。「どうせやるなら」派の多様な「オルタナティヴ」というアイデアの中に、アスリートはいるか。「ディストピア待望」派の目には、アスリートがしっかり映ってはいるだろう。しかしオリンピックを滅ぼすための消えゆく媒介者としての、それである。「サーカス」の団員がそれなりのパフォーマンスを披露するためには、それなりに過酷なトレーニングが必要なのに。

ここで、これまで本論で展開してきた与太話の前提をひっくり返さねばならない。問題の「サーカス」に関してである。その言語は circenses（「キルケンサス」）。このキルケンセス、実は「ゆあーん ゆよーん ゆやゆよん」と揺れる空中ブランコもなければ、狂言回したるピエロもいなかった。ユウェナリスが想定していたのは、馬引き戦車による競馬や古代ローマの闘技場、コロッセウムで行われる闘技だったからである。それゆえ、むしろスポーツ競技の祭典である現代オリンピックにふさわしいと考えることもできる。そしてそこで戦っていたのはグラディエイター、戦闘奴隷だった。この「サーカス」の実態の取り違えは、実に重要なことを示唆している。闘技場の中はまるでペレックのWである。勝利か死しかない。逃げ場はない。戦うのは奴隷、すなわち社会的存在を抹消された生命体ゆえに、社会的には死の世界に生きるという矛盾を背負わされたファイティング・マシーンである。死をかけ、武器も多様で、徒士もいれば戦車もいれば、虎や象などの動物までも参戦する闘技場においては、戦いの最中に腕を切り取られようが足を嚙み切られようが、最後に勝てばよいのだ。古代の「サーカス」においてはオリンピアンとパラリンピアンの区別などなかったのである。

近代スポーツが躍起になって排除してきた血なまぐさい平等性が確保されているなかに、「障害者がやる」から「障害を持っていてもできる」への移行期にあるパラリンピック[*9]が必要としている平等性を、こんなにも残酷な形で確認することができる。オリンピックはもはや単独では成り立たず、必ずパラリンピックの後催と抱き合わせなのだから、もしオリンピックを否定するならパラリンピックも否定することになる、それは障害者差別ではないのか。普段恵まれない競技環境でトレーニングするしかないパラリンピアンの機会を奪うのか、それは障害者差別ではないのか。このような声に対しては、オリンピックもパラリンピックも、原則的に残酷な見世物なのだと返答するしかないだろう。パラリンピアンの置

＊7 Jean-Marie Brohm *Sport: A Prison of Measured Time*, Pluto 1989(1978), pp. 47-8.

＊8 Janie Hampton 'The 1948 London Olympics'. http://www.totalpolitics.com/history/203762/the-1948-london-olympics.thtml

＊9 高橋明『障害者とスポーツ』岩波新書、二〇〇四年。

かれた立場は、これから述べるオリンピック・アスリートの立場と、文字通り並行するものとして考えるべきなのである。したがって、これからアスリートと名指すものは、オリンピアンもパラリンピアンもともに含むことになる。

「どうせやるなら」派も「ディストピア待望」派も、自分たちの見解がアスリートに届くとは思ってもいないだろうし、はじめからそんな事態を想定してもいないし、おそらくそうするつもりもない。前者はあくまでもオリンピックの受け手から積極的な参加者へという主旨の主張であり、そこでの参加とは標準記録を突破して世界記録保持者と同じピッチに立つ、ということは含まれるわけがない。後者におけるアスリートは、滅ぼし、滅ぼされ、滅びていく、三途の河原で待つ露払いのようなものである。この盲点は、むしろ両派が共通してアスリートを遠ざけているからなのではないかとも思われるのだ。「オルタナティヴ」の担い手に、アスリートは含まれていない。かつてオリンピックはスポーツだけのイヴェントではなかった。一八九六年以来、博覧会的な催し、博物館的な展示、絵画や彫刻などのコンペを含む芸術祭を、スポーツ競技と同時並行でやってきた。冠をつけずにオリンピックと言えばスポーツの祭典を指すようになったのは、第二世界大戦中の長きにわたる中断を経た後からである。その初期の歴史を踏まえてかどうかは知らないが、二〇二〇年東京大会にも「文化プログラム」なるものが企画されている。

皮肉なことに、このようなイヴェントの構成の仕方もまた、アスリートを競技だけする身体という存在へとどんどん追い込んでいく理由になるであろう。

オリンピックが物質的利益も情動的利益もともに生み出すならば、競技する側と競技させる側（観客も含む）の社会関係は、そうした利益を生み出す力と矛盾している。熱狂、失望、観察によって生まれる情動のエネルギー。アスリートの身体が舞うたびに躍動するロゴが導く経済的利害。それらを生産している力の源泉はアスリートにあるはずなのに、その結果生み出される利益は、スタジアムなどの環境を用意する、競技させる側に蓄積されるという矛盾。オリンピックを批判的に理解しようとする言説になかなかアスリートが関われないのは、社会関係と力との矛盾による自身の力の相対的剥奪感が、アスリートたち自身の声もミュートさせてしまっているからなのだろうか。バルセロナ夏季大会女子マラソン銀メダリスト有森裕子は、新国立競技場や大会ロゴの問題などに関連して次のように発言している。

ほとんどのアスリートが言いたいこともあると思うし、意見もあると思う。アスリートは協会に属し、そこで育ててもらい、皆さんの応援を受けて競技に没頭することが使命。その現場（協会）を多少なりとも触発するようなことはできない。その気持ちはくんでもらいたい。心から願うのは（…）オリンピックが、皆さんの負の要素のきっかけに思われるようなことは本望ではない。一人でも多くのオリンピアンが応援していただけるよう、何かできればと思い、この会場に来ました。（「東京新聞」二〇一五年七月八日）

引退し、国内外の陸連で委員を務める有森も、ここまでしか言えないのだ。いや、要職にあるからこそここまでしか言えないのか。いわんや現役アスリートをや、であろうか。アスリートが置かれた葛藤状況を伝えたかっただけであろう。有森の善意は疑いようがない。しかしこの発言は、オリンピックがせっかく勝手にぐらついてくれていた状態に安定剤を注入する結果となってしまった。そうだ、アスリートも大変なのだ、外野がとやかく言っても始まらないし、ともかく進むしかないな、というコンセンサスを再び定着させることになってしまったのである。結果、往年の名アスリートが現役アスリートを代表してしまい、気持ちをくんでもらうべきアスリート本人たちがカム・アウトする可能性を消してしまった。それは戦闘奴隷の地位へと後戻りしてしまったということだろうか。「サーカス」の団員はやはりずっと不在のままなのだろうか。しかしかつて、一九八〇年、JOCがモスクワ夏季大会への選手派遣を見送ることを決めたあの年、アスリートたちは従順な身体であることを拒否していたのではなかったか。山下泰裕（柔道、ロス・アンジェルス金）や高田裕司（レスリング、モントリオール金、ロス・アンジェルス銅）は、公の場で堂々と感情を発露させ、声と身体で異議を申し立てた。一方、瀬古利彦（マラソン）は、キャリアのピークを逃し、後年になってモスクワに出られなかった意味を改めて噛み締めているというが、出場できないことがわかった時には意外と冷静だったという。

みなさんが悔しい、悔しいと言わせたがるでしょ。でもそんなのなかった。意外とね、悔しさはなかった。われわれ選手はひとつの大会がなくなっても、すぐ次があるから。そんなに未練がましくやっていられないんだよ。次の試合は待ってくれない。すぐ切り替えないと損ですもん。[*10]

オリンピックに出られないということが悲劇なら、その主人公はわりと陽気なままである。オリンピックも一つの試合にすぎないからだ。この陽気さは、二〇二〇年東京大会を中止させるために何をしてくれるだろう。もちろん、スポーツをスポーツとして再優先させることをあえて考えてみてもよい。

＊10　松瀬学『五輪ボイコット――幻のモスクワ、28年目の証言』新潮社、二〇〇八年、二九頁。

もうオリンピックは捨てるのだ。オリンピックはスポーツではないという価値を作り出し、アスリートをオリンピックへの接続から断絶させるのである。それは不可能に聞こえるかもしれないが、実はその条件はすでに整っている。多木浩二は『スポーツを考える——身体・資本・ナショナリズム』（ちくま新書、一九九七）において、現代スポーツが分極化されている状況を次のように記している。

スポーツの変容は、スポーツ自体にあるというより、スポーツを言説化するメディア社会のなかにある。たしかにかつての「理想」がいまでも生きている場所を探すなら、プロ・スポーツやオリンピックやワールド・カップにではなく、学校とか社会体育とかのなかにしかないだろう。それは近代の規律・訓練の身体の名残が生きている場所だからである。（一九九頁）

スポーツが、プロ・アスリートが、グローバルに競い合うという一方の極を到達すべき頂上だと措定しているように見えたとしても、そのそもそもの近代的「理想」である健全な肉体や教育的成長というものは、もはやそうしたメガ・イヴェントでは成立しえないし、また求められるものでもないのである。クーベルタン男爵がパブリック・スクールの校庭で「発見」した理想と美徳は、世界を何周かし、時代を幾通りかして、元に戻ったのだろう。近代オリンピックは、その能力と領域ではとうてい達成不可能な理想を掲げて発明された。理念も理想も、それがオリンピックの現場で具現化されたことは、一度もない。想定されていた理念とそれが実施されることになるはずの現場とは、はじめからマッチ・アップしていなかったのだ。クーベルタンも途中で気づいたのではないか、これはやればやるほど矛盾が培養されてしまう、ということに。オリンピックを介錯してやらねばならない。

＊＊＊

あまりにも同調的な言説が溢れているなかで、誰も何も言わないのは、戦争が終わってから「本当はあの戦争には反対だった」というような、後出しジャンケンのインフレを招くだけではないのか。そうではなくちゃんと反対している人間がいるということを、それもまたちゃんと言葉で表現したい、そのように考えこの企画を立てた。冒頭で触れたように、大手新聞四社を含むマス・メディアがこぞって協賛企業になってしまった今では、オリンピックへの異議申し立てはほぼ不可能なのではないかとさえ思われる。

そんな面妖さにあふれた環境のなかで、編者の呼びかけた趣旨に理解を示してくれた執筆者と翻訳者の皆さんに心から御礼申し上げる。「旬」を逃さぬようにと拙速な闘いを強いてしまったかもしれないが、おかげさまで、全員前がかりの超攻撃的な布陣を敷くことができた。また、版元である航思社の大村智さんには、難破しかけて崩壊寸前だった反オリンピック本を出すという企画自体を救っていただいた。その後も迷惑のかけ通しであったが、最後まで粘り強いマークを外さぬ大村さんが編集の労をとってくださらなければ、この本の命のみならず、東京オリンピックに対してきちんと異議を申し立てるというモメンタムまでも薄れてしまっていたかもしれない。本書出版のための航路を開き、光を当て続けてくれただけではなく、優れた羅針盤として作業を導いていただいた。海より深く、感謝したい。

リオ大会の開催に合わせたタイミングでこの本を出すことの意義は深いし、出版言論界がまるで萎縮しているかのような状況の中で、本書が、本当は危機感を持って反対しているのになかなかプラットフォームがないという人に手にとってもらえるような書物であることを、切に願う。

執筆者紹介（掲載順）

鵜飼 哲（うかい・さとし）一橋大学大学院言語社会研究科教授（二〇世紀フランスの文学・思想）。一九五五年生まれ。著書に『主権のかなたで』（岩波書店、二〇〇八年）、訳書にJ・デリダ『友愛のポリティックス』（共訳、みすず書房、二〇〇三年）など。

池内 了（いけうち・さとる）総合研究大学院大学名誉教授、名古屋大学名誉教授（宇宙物理学）。一九四四年生まれ。著書に『人間だけでは生きられない――「科学者として東京オリンピックに反対します」』（興山舎、二〇一四年）、『科学者と戦争』（岩波新書、二〇一六年）など。

塚原東吾（つかはら・とうご）神戸大学大学院国際文化学研究科教授（科学社会学・科学技術史）。一九六一年生まれ。著書に『科学機器の歴史』（編著、日本評論社、二〇一五年）、訳書にロー・ミンチェン『医師の社会史』（法政大学出版局、二〇一四年）など。

阿部 潔（あべ・きよし）関西学院大学社会学部教授（メディア／コミュニケーション論）。一九六四年生まれ。著書に『監視デフォルト社会』（青弓社、二〇一四年）、訳書にW・ウォルターズ『統治性』（共訳、月曜社、二〇一六年）など。

石川義正（いしかわ・よしまさ）文芸評論家。一九六六年生まれ。著書に『錯乱の日本文学――建築／小説をめざして』（航思社、二〇一六年）、論考に「祝祭とポルノグラフィ――磯崎新『偶有性操縦法』と蓮實重彥『伯爵夫人』をめぐって」（10+1website）など。

酒井隆史（さかい・たかし）大阪府立大学教授（社会思想史）。一九六五年生まれ。著書に『暴力の哲学』（河出文庫、二〇一六年）、『通天閣――日本資本主義発達史』（青土社、二〇一一年）など。

原口 剛（はらぐち・たけし）神戸大学大学院人文学研究科准教授（社会地理学・都市論）。一九七六年生まれ。著書に『叫びの都市――寄せ場、釜ヶ崎、流動的下層労働者』（洛北出版、二〇一六年）、訳書にN・スミス『ジェントリフィケーションと報復都市』（ミネルヴァ書房、二〇一四年）など。

小川てつオ（おがわ・てつお）野宿者。一九七〇年生まれ。論考に「オリンピックにおける排除の問題」（『現代思想』二〇一三年一二月号）、「ホームレス文化を考える」（『現代思想』二〇〇六年八月号）など。

ジュールズ・ボイコフ（Jules Boykoff）パシフィック大学准教授（政治思想、社会運動）。元プロ・サッカー選手。詳細は訳者解説を参照。

鈴木直文（すずき・なおふみ）一橋大学大学院社会学研究科准教授（スポーツ社会学）。一九七五年生まれ。著書に『承認――社会哲学と社会政策の対話』（共著、法政大学出版局、二〇一六年）、論考に「東京２０２０と都市開発――なぜ約束は果たされないのか？」（『東京』二〇一五年一二月号）など。

フィル・コーエン（Phil Cohen）イースト・ロンドン大学名誉教授（文化社会学）。一九四三年生まれ。詳細は訳者解説を参照。

小美濃 彰（おみの・あきら）東京外国語大学大学院博士前期課程在籍（都市史、地域研究）。一九九二年生まれ。

友常 勉（ともつね・つとむ）東京外国語大学大学院国際日本学研究院准教授（地域研究、思想史）。一九六四年生まれ。著書に『戦後部落解放運動史』（河出書房新社、二〇一二年）、『脱構成的叛乱』（以文社、二〇一〇年）など。

小泉義之（こいずみ・よしゆき）立命館大学大学院先端総合学術研究科教授（哲学・倫理学）。一九五四年生まれ。著書に『現代思想と政治』（共著、平凡社、二〇一六年）、『ドゥルーズと狂気』（河出書房新社、二〇一四年）など。

山本敦久（やまもと・あつひさ）成城大学社会イノベーション学部准教授（スポーツ社会学）。一九七三年生まれ。著書に『身体と教養』（編著、ナカニシヤ出版、二〇一六年）、『オリンピック・スタディーズ』（共著、せりか書房、二〇〇四年）など。

テリエ・ハーコンセン（Terje Håkonsen）プロ・スノーボーダー。一九七四年生まれ。ＩＳＦハーフパイプ世界選手権で三連覇（一九九三、九五、九七）、ヨーロッパ選手権で五度（一九九一～九四、九七）、ＵＳオープンで三度（一九九二、九三、九五）優勝など。

小笠原博毅（おがさわら・ひろき）神戸大学大学院国際文化学研究科教授（文化研究）。一九六八年生まれ。著書に『黒い大西洋と知識人の現在』（編著、松籟社、二〇〇九年）、訳書にＪ・プロクター『スチュアート・ホール』（青土社、二〇〇六年）など。

反東京《はんとうきょう》オリンピック宣言《せんげん》

編著者　小笠原博毅・山本敦久
発行者　大村　智
発行所　株式会社 航思社
〒113-0033 東京都文京区本郷1-25-28-201
TEL. 03（6801）6383 ／ FAX. 03（3818）1905
http://www.koshisha.co.jp
振替口座　00100-9-504724
装　丁　前田晃伸
印刷・製本　倉敷印刷株式会社

2016年 8 月30日　初版第 1 刷発行
2017年 3 月 2 日　初版第 4 刷発行

ISBN978-4-906738-20-5　C0030
Printed in Japan

資本の専制、奴隷の叛逆

「南欧」先鋭思想家８人に訊くヨーロッパ情勢徹底分析

廣瀬 純

四六判 並製 384 頁　本体 2700 円

ディストピアに身を沈め ユートピアへ突き抜けよ。 スペイン、ギリシャ、イタリアの最先端政治理論家が「絶望するヨーロッパ」をラディカルに分析。安倍自公政権下で進む、資本による民衆の奴隷化に叛逆、攻勢に転ずる手がかりとして。

デモクラシー・プロジェクト

オキュパイ運動・直接民主主義・集合的想像力

デヴィッド・グレーバー 著　木下ちがや・江上賢一郎・原民樹 訳

四六判 並製 368 頁　本体 3400 円

これが真の民主主義だ 「我々は 99%だ！」を合言葉に、格差是正や債務帳消しを求めて公園を占拠したオキュパイ運動。世界各地に広まった運動を理論的に主導したアナキスト人類学者が、運動のなかで考え、実践・提唱する「真の民主主義」。

天皇制の隠語

絓 秀実

四六判 上製 474 頁　本体 3500 円

反資本主義へ！ 公共性／市民社会論、新しい社会運動、文学、映画、アート……様々な「運動」は、なぜかくも資本主義に屈するのか。日本資本主義論争からひもとき、小林秀雄から柄谷行人までの文芸批評に伏在する「天皇制」をめぐる問題を剔出する表題作のほか、23 篇のポレミックな論考で闘争の新たな座標軸を描く。

ヤサグレたちの街頭　瑕疵存在の政治経済学批判 序説

長原 豊

四六判 上製 512 頁　本体 4200 円

ドゥルーズ＝ガタリからマルクスへ、マルクスからドゥルーズ＝ガタリへ

『アンチ・オイディプス』『千のプラトー』と『資本論』『経済学批判要綱』を、ネグリやヴィルノ、宇野弘蔵、ケインズなどを介しつつ往還して切り拓くラディカルな未踏の地平。政治経済（学）批判――その鼓膜を破裂させるほどに鳴り響かせる。

錯乱の日本文学　建築／小説をめざして

石川義正

四六判 上製 344 頁　本体 3200 円

もはや「小説は芸術ではない」 「総力戦」の時代におけるデザインと代表＝表象をめぐる、大江健三郎、村上春樹、小島信夫、大岡昇平を中心にした小説と、磯崎新、原広司、伊東豊雄、コールハースらの建築とのキアスム。